MÉMENTO
DU BACCALAURÉAT

CLASSIQUE ET MODERNE

Rédigé conformément aux programmes officiels

ENSEIGNEMENT CLASSIQUE
Première partie

ENSEIGNEMENT MODERNE
Première partie

HISTOIRE DE LA FRANCE ET DE L'EUROPE
De 1610 à 1789

PAR

G. DUCOUDRAY
Agrégé d'histoire

PRIX : 2.00

PARIS
LIBRAIRIE HACHETTE ET Cⁱᵉ
79, BOULEVARD SAINT-GERMAIN, 79

MÉMENTO
DU BACCALAURÉAT
DE L'ENSEIGNEMENT SECONDAIRE

rédigé conformément aux programmes officiels

HISTOIRE

A LA MÊME LIBRAIRIE

Ducoudray, agrégé d'histoire : *Nouveau cours d'histoire,*
à l'usage de l'enseignement moderne, avec gravures et cartes,
in-16 cartonné :

> *Histoire de l'Europe et de la France jusqu'en 1270.* Classe de
> Quatrième. 1 volume . . . . 2 fr. 50
>
> *Histoire de l'Europe et de la France, de 1270 à 1610.* Classe de
> Troisième. 1 volume . . . . 2 fr. 50
>
> *Histoire de l'Europe et de la France, de 1610 à 1789.* Classe de
> Seconde. 1 volume . . . . 2 fr. 50
>
> *Abrégé d'histoire contemporaine de 1789 à 1889* (classe de Pre-
> mière) . . . . 3 fr.
>
> *Histoire sommaire de la civilisation jusqu'en 1789* (classe de Pre-
> mière) . . . . 4 fr.

Duruy (Victor), de l'Académie française, de l'Académie des
inscriptions et belles-lettres et de l'Académie des sciences
morales et politiques : *Cours d'histoire* à l'usage de l'enseignement classique et moderne. Nouvelle édition, complétée et
remaniée conformément aux programmes du 28 janvier 1890,
sous la direction de M. E. Lavisse, professeur à la Faculté des
lettres de Paris, avec grav. et cartes, in-16 cart. toile :

> *Histoire de l'Europe et de la France, jusqu'en 1270* (classe de
> Troisième), par M. Parmentier. 31ᵉ édition. 1 volume . . 4 fr. 50
>
> *Histoire de l'Europe et de la France, de 1270 à 1610* (classe de
> Seconde), par M. Mariéjol, professeur à la Faculté des lettres de
> Lyon. 25ᵉ édition. 1 volume . . . . 5 fr.
>
> *Histoire de l'Europe et de la France, de 1610 à 1789* (classe de
> Rhétorique), par M. Lacour-Gayet, professeur au lycée Saint-Louis.
> 25ᵉ édition. 1 volume . . . . 5 fr.

40965. — Imprimerie LAHURE, 9, rue de Fleurus, à Paris.

MÉMENTO
DU BACCALAURÉAT
CLASSIQUE ET MODERNE

Rédigé conformément aux programmes officiels

ENSEIGNEMENT CLASSIQUE	ENSEIGNEMENT MODERNE
Première partie	Première partie

HISTOIRE DE LA FRANCE ET DE L'EUROPE
De 1610 à 1789

PAR

G. DUCOUDRAY
Agrégé d'histoire

NOUVELLE ÉDITION REVUE

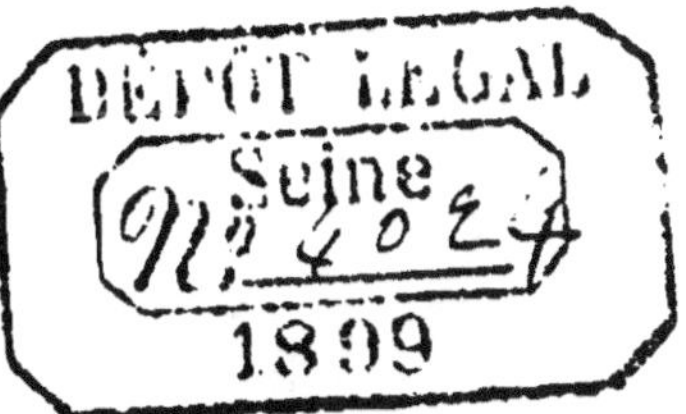

PARIS
LIBRAIRIE HACHETTE ET Cie
79, BOULEVARD SAINT-GERMAIN, 79

1900

HISTOIRE

HISTOIRE DE L'EUROPE ET DE LA FRANCE
DE 1610 A 1789

I. — La France, de l'avènement de Louis XIII à la mort de Mazarin.

Les États de 1614. — Richelieu; lutte contre les protestants et les grands. — Accroissement de l'autorité monarchique. — Marine et colonies. — Minorité de Louis XIV. Mazarin et la Fronde.

I. — RÈGNE DE LOUIS XIII. — RICHELIEU.

L'Europe et la France en 1610. — L'année 1610 est une date importante de l'histoire, parce qu'elle ouvre une période nouvelle des temps modernes.

L'Europe est à peu près constituée. La grande monarchie de Charles-Quint, qui avait menacé son indépendance, était décidément partagée en *deux* monarchies, encore redoutables par leur alliance, mais non plus étroitement unies. La branche espagnole de la maison d'Autriche tenait la péninsule ibérique tout entière (*Espagne et Portugal* depuis 1580). Elle possédait encore les provinces françaises de *Roussillon*, de *Cerdagne*, de *Franche-Comté*, d'*Artois*, de *Flandre*, puis les dix *provinces belges*. En Italie, elle tenait le *Milanais*, le *royaume de Naples*, la *Sicile* et la *Sardaigne*. Enfin ses immenses colonies : dans l'Amérique du Nord, le *Mexique*, la *Floride* ; dans l'Amérique centrale, le *Yucatan*, le *Honduras*, plus les *An-*

tilles (Cuba, Haïti, Porto-Rico, la Jamaïque, la Guadeloupe), s'étaient augmentées des colonies portugaises, qui, des *Açores*, des côtes du *Sénégal* et de la *Guinée*, se prolongeaient sur la côte orientale d'Afrique par *Sofala*, *Quiloa*, *Mozambique*, *Mélinde*, l'île de *Socotora*, jusqu'à l'Asie, où s'échelonnaient les comptoirs d'*Aden*, *Ormuz*, *Calicut*, *Cochin*, *Diu*, *Goa*, l'île de *Ceylan*, *Negapatam*, *Malacca*, *Macao*, et se prolongeaient jusque dans l'Océanie, encore à peine connue (*Ternate*, *Timor* venant s'ajouter aux colonies espagnoles des *Philippines*). La monarchie d'Espagne était certainement la plus puissante et la plus riche en apparence. Mais l'ambition de Philippe II lui avait porté un coup fatal, et la décadence s'accentuera sous ses successeurs, *Philippe III* (1598-1621), *Philippe IV* (1621-1665), *Charles II* (1665-1700).

La **branche allemande** de la maison d'Autriche dominait tout le centre de l'Europe par ses *États héréditaires* (*Autriche*, *Styrie*, etc.), ses couronnes électives (*Bohême*, *Hongrie*) et la suprématie que lui assurait la couronne impériale sur tous les princes de l'*Allemagne*. Par le *Tyrol*, elle donnait presque la main aux Espagnols, qui occupaient le nord de l'Italie; par la *Souabe* autrichienne, le *Brisgau*, l'*Alsace*, elle enveloppait et menaçait la France. Mais cette maison, dirigée par un faible empereur, *Rodolphe II* (1576-1612), avait peine à maintenir son autorité sur tant de pays divers, et, de plus, les troubles religieux recommençaient à désoler l'Allemagne, divisée entre deux ligues, l'*Union évangélique* et la *Ligue catholique*.

Les querelles religieuses agitaient aussi les treize cantons de la Suisse, et ce pays qui, après avoir conquis son indépendance, avait un moment joué un rôle dans les affaires européennes, allait de plus en plus se consacrer à ses affaires intérieures.

L'Italie avait perdu son indépendance. Elle subissait au nord et au midi la domination espagnole. Et les États demeurés libres : *grand-duché de Toscane*, *États de l'Église*, *républiques de Gênes* et de *Venise*, duchés de *Parme*, de *Modène*, de *Mantoue*, de *Montferrat*, de *Savoie*, ne pouvaient, à cause de leur faiblesse, que se laisser conduire, soit par les rois d'Espagne, soit par les princes allemands.

Les anciens royaumes déclinaient. De nouveaux États grandissaient. Des terres noyées de la **Hollande**, une république forte et vigoureuse avait surgi. Dès 1609, les Hollandais avaient enfin forcé Philippe III à conclure avec eux une trêve, recon-

naissance tacite de leur liberté. Ne pouvant s'agrandir du côté
de la terre, ayant peu de ressources dans leurs campagnes, les
Hollandais se lancèrent hardiment sur les mers. Une ardeur
immense s'empara de ce petit peuple de pêcheurs et de marchands. Il développa sa marine, eut des établissements dans
l'Inde, en Océanie (*Java*), et devint rapidement une des puissances les plus riches, les plus redoutables de l'Europe.

L'Angleterre, elle aussi, sous le règne de la fière *Élisabeth*,
avait développé sa marine, son commerce, ses colonies. Elle
commençait à être une puissance industrieuse et riche. Sans
doute cette prospérité allait être arrêtée par des troubles politiques et religieux qu'amena le déplorable gouvernement des
*Stuarts : Jacques I*ᵉʳ (1603-1625), *Charles I*ᵉʳ (1625-1649). Mais
deux révolutions successives devaient amener l'établissement d'un
gouvernement libre et vraiment moderne.

On voyait sortir de l'ombre les **États scandinaves** (*Danemark, Suède et Norvège*), qui profitèrent des divisions de
l'Allemagne pour s'agrandir à ses dépens. Protecteurs des princes
protestants, ils interviendront dans la guerre de Trente Ans, mais
leur grandeur sera éphémère.

La Russie, quoique affranchie des Mongols depuis le xvᵉ siècle,
ne comptait pas encore. C'était la **Pologne** qui semblait appelée
à dominer l'est de l'Europe. Agrandie de la *Lithuanie* depuis
1569, elle s'étendait de l'extrémité des *Carpathes*, au sud, jusqu'à la mer *Baltique*, au nord ; de l'*Oder*, à l'ouest, jusqu'aux
sources du *Dniéper* et du *Volga*, à l'est. La brillante cavalerie
polonaise avait acquis une glorieuse réputation par ses luttes
acharnées contre l'ennemi commun de l'Europe chrétienne :
l'Empire ottoman.

Cet empire, si fort, si menaçant au xvɪᵉ siècle, commençait à
décliner. Le flot de l'invasion musulmane qui avait, par deux
reprises, battu les murs de Vienne, avait décidément reculé.
Mais les Turcs occupaient encore, au nord du Danube, le banat
de *Temesvar*, une partie de la vallée de la Drave, le pays entre
la *Save* et la *Drave*. Et, durant deux siècles encore, ils oppo-
seront une résistance opiniâtre à tous les efforts des puissances
orientales qui chercheront à les rejeter dans la péninsule des
Balkans et même hors de cette péninsule.

Le dix-septième siècle. — Le xvɪɪᵉ siècle va voir s'établir
un système d'*équilibre* entre les diverses puissances de l'Europe.
Les guerres deviennent plus remarquables par les forces mises

en mouvement, la *stratégie*, la *tactique*. Contraste bizarre, les siècles où les guerres ont fait les plus affreuses moissons d'hommes voient en même temps l'humanité améliorer sa condition matérielle et morale. Le xviiᵉ siècle réalisera des progrès politiques, scientifiques, intellectuels qui contribueront surtout à le classer parmi les grands siècles.

La France et la maison de Bourbon. — Henri IV avait inauguré d'une façon brillante la maison de *Bourbon*. Trois souverains de cette famille, après lui, remplirent à eux seuls les deux siècles qui séparent son règne de la révolution de 1789. *Louis XIII*, ou plutôt Richelieu, *Louis XIV*, aidé de ses grands ministres, réalisent le rêve, sans cesse poursuivi par les rois, d'une France entièrement soumise et d'un pouvoir universellement respecté. Le gouvernement, malgré ses nombreuses erreurs, était alors en avance sur la société en bien des points : de là le progrès imposé, réglé par l'administration ; de là l'initiative des ministres substituée à celle des citoyens ; de là un despotisme qui fatiguera visiblement, sous *Louis XV*, les générations plus éclairées.

Le règne des princes de la maison de Bourbon, qui marque, à l'intérieur, le triomphe complet de la royauté et l'union intime, sous un maître, de toutes les parties de la France, est en outre une brillante époque où la France exerce en Europe la prépondérance. Une, elle devient forte. Soumise au dedans, fière au dehors, elle étend ses frontières, fait craindre ses armes, en même temps que rayonne le génie de ses écrivains.

Louis XIII (1610-1643) ; régence de Marie de Médicis ; le Parlement. — Henri IV, qui avait épousé, en 1600, *Marie de Médicis*, ne laissait qu'un fils, *Louis*, âgé de neuf ans. Suivant l'usage, la reine devait être régente, mais aucune loi précise ne lui conférait ce droit. Sans perdre de temps, afin d'écarter les princes du sang, notamment le prince de Condé, le duc d'Épernon courut au Parlement et, l'épée au côté, somma les magistrats, avec un air de maître, de déclarer Marie de Médicis régente. Les magistrats obéirent, heureux au fond qu'on invoquât leur autorité, et rédigèrent un arrêt conforme à la sommation qui leur était faite.

Le *Parlement de Paris* fut l'une des institutions les plus remarquables, quoique la plus étrange peut-être de l'ancienne monarchie. Remontant aux origines mêmes de la royauté capétienne, mais ayant commencé sous le règne de saint Louis à tenir régulièrement ses archives en 1254, date qu'on peut regarder comme son vrai point de départ, le Parlement de Paris n'était autre que l'ancienne cour féodale du roi. Composé des grands officiers du roi, des vassaux du domaine royal, des *pairs* ou grands vassaux, le Parlement comptait des seigneurs et des clercs. Il n'avait pas d'attributions nettement définies et pouvait ainsi les réclamer toutes. Conseil politique, tribunal privilégié pour beaucoup de seigneurs, les églises, les communautés, tribunal d'appel, arbitre entre les juridictions multiples dont la féodalité avait embarrassé le territoire, le Parlement connaissait des affaires les plus importantes au civil comme au criminel. Son droit d'*enregistrer* et de *vérifier* les édits relatifs aux impôts, aux créations d'*offices* nouveaux le constituait en autorité administrative supérieure. Il fut amené par là à faire des *remontrances*, autorisées à partir de Louis XI et toujours redoutées, quoiqu'elles fussent, au fond, sans efficacité[1].

Bien que composé de fils de légistes, corps de magistrats ayant, surtout depuis l'édit de la *Paulette* (sous Henri IV), la propriété de leurs charges payées à beaux deniers comptants, le Parlement se comparait volontiers au Sénat romain. Voici la royauté elle-même qui lui défère la question de la régence, réservée d'habitude aux États généraux. Elle semble lui reconnaître des droits politiques et qualité pour représenter la nation. Ce précédent ne sera point perdu. Au XVIIe siècle le Parlement essayera de jouer un grand rôle politique et y réussira un moment.

Marie de Médicis; Concini. — Sans esprit bien qu'Italienne, sans distinction comme sans beauté, Marie de Médicis était une femme vaine, frivole et pourtant ambitieuse. Elle n'avait point l'intelligence et la finesse héréditaires dans la famille des Médicis, dont elle ne suivit les traditions que pour la protection des arts. Elle n'était point femme à comprendre, encore moins à continuer le gouvernement de Henri IV. Elle disgracia Sully et accorda toute sa faveur à un Florentin, *Concini*, qui la dominait par sa femme Léonora Galigaï.

Des princes et des seigneurs (prince de Condé, ducs de Mayenne,

---

1. Le Parlement comprenait : la *Grand'Chambre* ou des jugements sur plaidoiries, une Chambre des *Requêtes* et des Chambres des *Enquêtes*, dont le nombre s'éleva jusqu'à cinq. Elles jugeaient les procès d'après enquête, sur instruction par écrit et rapport. La *Chambre criminelle* ou *Tournelle*, ainsi appelée du local qu'elle occupait dans une tour du palais, jugeait les causes criminelles.

de Vendôme, de Longueville, de Luxembourg, de Nevers, de Retz) se firent distribuer des pensions, gaspillèrent l'épargne laissée par Henri IV dans les caves de la Bastille, puis se révoltèrent pour obtenir davantage, *traité de Sainte-Menehould* (1614).

États Généraux de 1614. — Afin de colorer leur révolte du prétexte du bien public, les seigneurs demandèrent la convocation des *États généraux*, sur lesquels la régente comptait, de son côté, pour résister aux prétentions exagérées des grands.

Depuis l'époque où Philippe le Bel les avait rassemblés pour la première fois, en 1302, on ne les avait réunis que douze fois dans l'espace de trois cents ans. Les élections se firent régulièrement et furent favorables à la régente. Le *clergé* comptait 140 membres, la *noblesse* 132, et le *tiers état* 192, ce qui portait à 464 le nombre des députés. Ils se réunirent à Paris, au couvent des Augustins, dans trois salles particulières. On pouvait espérer d'heureux résultats de cette assemblée. tenue à une époque relativement calme. L'expérience de l'absolutisme avait été assez longue, et en présence d'une reine étrangère, d'un favori italien, il semblait que les États pouvaient revendiquer hautement le gouvernement de la France. Mais cette session, qui paraissait devoir être grandiose, allait, vaine et stérile, entraîner la ruine même de l'institution des États généraux.

Le clergé proposa d'abord la rédaction d'un *cahier commun*; le tiers état ne comprit pas ce que pouvait avoir d'avantageux la fusion des cahiers, et la cour se hâta de signifier à l'assemblée d'avoir à dresser les cahiers par *Ordres*. Lorsqu'il s'agit de signaler les abus, chacun des Ordres privilégiés s'attacha à se défendre sans se préoccuper de l'intérêt public.

Les conflits s'engagèrent surtout entre le tiers et la noblesse. Le règne de Henri IV avait développé la richesse de la bourgeoisie, et celle-ci naturellement tenait un langage plus fier qu'autrefois. « La noblesse, osa dire le député du tiers, *Savaron*, s'est retirée elle-même de l'honneur; elle sert le roi à prix d'argent. » Le président de la noblesse, le baron de *Senecey*, se plaignit à la régente de l'insolence du tiers, qui avait osé appeler les seigneurs « ses frères aînés ». Il ne pouvait supporter l'orgueil de ces « valets », qui se prétendaient égaux à leurs maîtres.

Après plusieurs semaines de discussions irritantes eut lieu, le 23 février 1615, la présentation des cahiers. *Richelieu*, évêque de Luçon, porta la parole au nom du clergé, et son discours habile le signala déjà comme un homme politique. *Robert*

Miron prononça, au nom du tiers, un discours des plus éloquents et peignit sous les plus tristes couleurs la situation du peuple. Les progrès du tiers état s'affirmaient, ses réclamations devenaient sérieuses; aussi, après avoir obtenu quelques subsides, la reine renvoya-t-elle brusquement les députés avec quelques promesses; les députés du tiers trouvèrent la salle fermée et essayèrent en vain de recouvrer le droit de siéger : ils durent se disperser; *ce furent les derniers États généraux avant ceux de* 1789.

Les seigneurs prirent de nouveau les armes, parce qu'ils étaient mécontents du mariage du jeune roi avec une infante d'Espagne, *Anne d'Autriche.* Mais Marie de Médicis acheta la paix à *Loudun*[1] (1616), et, quand ils eurent reçu de grosses pensions, les seigneurs crurent avoir assez fait pour le peuple. Concini leur donnait l'exemple : marquis d'Ancre[2], maréchal de France, il amassait une fortune scandaleuse. Toutefois le prince de Condé le gênait. Revenu à la cour, celui-ci paraissait vouloir prendre en main le pouvoir et comptait sur l'appui des princes. Concini, d'accord avec la reine mère, osa faire arrêter le premier prince du sang et l'envoyer à Vincennes. Mais son triomphe fut court.

Mort de Concini (1617); Albert de Luynes. — Majeur depuis 1614, le jeune roi Louis XIII ne paraissait pas pressé de prendre le pouvoir. D'un caractère peu gai, timide, ayant toujours l'air ennuyé, il n'était distrait que par l'exercice du cheval, le maniement des armes et les plaisirs de la chasse. Il se prit d'amitié pour un pauvre gentilhomme, *Albert de Luynes,* qui excellait à dresser les oiseaux de proie destinés à la chasse appelée la volerie. On avait créé en sa faveur une charge de « maître des oiseaux du roi ». Or ce gentilhomme, peu à peu, profita de son intimité avec Louis XIII pour éveiller dans l'âme de ce jeune homme tenu en tutelle le désir de régner. Il lui représenta que le vrai roi, c'était Concini, et qu'il fallait se défaire de cet étranger si insolent. Le capitaine des gardes, *Vitry,* en ayant reçu l'ordre, arrêta le maréchal d'Ancre sur un petit pont à l'entrée du Louvre, et le tua d'un coup de pistolet. « Maintenant je suis roi! » s'écria Louis XIII. Léonora Galigaï fut conduite au supplice comme sorcière. Le corps du

---

1. Chef-lieu d'arrondissement du département de la Vienne.
2. Ancre, bourg de la Somme, dont le nom fut changé en celui d'*Albert* après la transmission du marquisat à Albert de Luynes.

maréchal avait été saisi par la foule et déchiré par les rues. La reine mère, frappée de stupeur, dut se retirer à Blois (1617).

Ministère de Luynes; la guerre civile. — Il n'y eut en somme rien de changé : de Luynes remplaça Concini, devint duc et pair, et Louis XIII ne fut pas plus roi qu'auparavant. Albert de Luynes se fit donner la plus grande partie des biens de Concini, prit ses charges et ses dignités, et ne songea qu'à enrichir sa famille. Les seigneurs se révoltèrent deux fois pour soutenir la cause de Marie de Médicis, qui s'était évadée du château de Blois. Ces guerres ne furent marquées que par la rencontre des *Ponts-de-Cé*, sur la Loire (7 kilomètres au sud d'Angers) (1620), et se terminèrent par la paix d'*Angoulême*, que négocia Richelieu : en récompense il obtint le chapeau de cardinal. Marie de Médicis revint à Paris, où elle avait fait élever, sur l'emplacement d'un hôtel du duc de *Luxembourg*, un palais qui garda ce nom et qui rappelait les palais de Florence. Elle l'environna de magnifiques jardins.

Les *protestants*, toujours en défiance contre les catholiques, avaient partagé le pays où ils dominaient, en *provinces*, en *cercles*, et, avec leurs assemblées régulières, leurs places de sûreté, tendaient, à la faveur des troubles civils, à *former un État dans l'État*.

Il y avait là un réveil de la féodalité, sous ombre de religion. De Luynes, qui s'était fait donner l'épée de connétable quoiqu'il n'eût jamais fait la guerre, conduisit le roi et l'armée dans le Midi, où se trouvaient réunies les forces des protestants. Mais, inexpérimenté, il échoua au siège de *Montauban* et mourut avant la fin de la guerre[1] (1621). Le roi imposa l'année suivante aux réformés la paix de *Montpellier*, qui ne leur laissait d'autres places fortes que Montauban et la Rochelle (1622).

Avènement du cardinal de Richelieu au ministère; ses plans (1624). — Un conseiller de Marie de Médicis, revenu en faveur avec elle, l'évêque de Luçon[2], *Armand du Plessis de Richelieu*[3], avait obtenu le chapeau de cardinal et l'entrée au conseil (1624).

Altier, mais habile, il se détacha bientôt de la reine mère et

---

1. La seigneurie de Luynes, qui fut érigée en duché-pairie par Louis XIII, était située près de Tours.

2. Luçon, chef-lieu de canton de la Vendée.

3. Richelieu, chef-lieu de canton de l'arrondissement de Chinon (Indre-et-Loire).

s'imposa à Louis XIII, sous le nom duquel il régna véritable-
ment. Le roi ne l'aimait point, mais sentait la différence qu'il y
avait de lui aux intrigants qui n'avaient en vue que leur propre
fortune. Jamais prince plus timide ne soutint plus fermement
un ministre énergique en paraissant toujours prêt à l'abandonner. Aussi Richelieu ne craignit-il pas de faire tomber de
hautes têtes, presque toutes justement.

Richelieu se proposa trois choses distinctes et les mena de
front : 1° *détruire l'organisation des protestants comme parti
politique*; 2° *forcer les grands seigneurs à l'obéissance*;
3° *reprendre au dehors les plans de Henri IV et relever
l'influence de la France.*

**Richelieu et les grands; supplices de Chalais (1626) et de
Bouteville (1627).** — Richelieu débuta en enlevant aux Espagnols la *Valteline* (vallée supérieure de l'Adda), par laquelle
l'Espagne et l'Autriche essayaient de rejoindre leurs possessions
par l'Italie. « Le roi a changé de conseil, écrivait-il à un ambassadeur, et le ministère de maxime. On enverra une armée dans
la Valteline. » Ce pays fut rendu aux Suisses.

Le grand air du cardinal, son amour de la domination, lui
avaient tout de suite aliéné les courtisans. Groupés autour de la
reine mère jalouse de son ancienne créature, de la jeune reine
Anne d'Autriche, du frère de Louis XIII, l'étourdi et inconstant
Gaston d'Orléans, les courtisans et quelques seigneurs trament
des complots et menacent Richelieu dans son pouvoir, dans sa
vie même. Richelieu se montra impitoyable. Le jeune *comte de
Chalais* fut exécuté à Nantes (1626).

L'année suivante, le cardinal donna encore un terrible
exemple. Un édit avait défendu le duel, qui causait alors la
mort de beaucoup de gentilshommes. Le comte de *Bouteville*,
duelliste obstiné, brava l'édit et se battit, au grand jour, en
pleine place Royale[1], assisté du comte des Chapelles, contre
deux autres seigneurs, dont l'un fut tué; Richelieu, malgré les
instances des plus puissantes familles, fit décapiter Bouteville et
le comte des Chapelles (1627), montrant que nul seigneur n'était
au-dessus de la loi.

**Richelieu et les Protestants; siège de la Rochelle (1628);
paix d'Alais (1629).** — Se sentant plus libre, il voulut achever

---

1. Aujourd'hui la place des Vosges.

rapidement la soumission des protestants, contre lesquels une première expédition en 1625 avait été sans résultat. *La Rochelle*, leur place forte et leur port de mer, semblait la capitale d'une nouvelle Hollande.

La Rochelle était soutenue par les Anglais, qu'il fallait déloger de l'île de *Ré*. Enfin on parvient, malgré la flotte anglaise, à jeter dans l'île 6 000 soldats; les Anglais, vaincus dans une bataille sanglante, sont obligés de se retirer et d'abandonner la Rochelle à ses seules ressources.

On ne pouvait la réduire tant que son port serait ouvert aux flottes anglaises; il fallait le fermer et dompter la mer. Le cardinal de Richelieu commanda de construire en avant une digue d'environ (1566 mètres) de long. Du côté de la terre une circonvallation s'étendait sur plus de trois lieues, garnie de treize forts. La flotte anglaise parut deux fois en vue de la ville : deux fois elle fut écartée par l'artillerie qui tonnait de tous les forts de la digue.

La famine vainquit enfin le courage des Rochelois; et le maire *Guiton*, qui avait menacé de son poignard ceux qui parleraient de capituler, fut bien obligé de se rendre (28 octobre 1628). Les fortifications de la Rochelle furent rasées.

Le duc de Rohan tint encore la campagne avec l'armée protestante dans les provinces du Midi, mais il ne tarda pas à consentir à la paix d'**Alais** (1629). *Les protestants cessèrent de former un parti politique*, et Richelieu les laissa pratiquer leur culte en liberté.

Guerre de Mantoue; victoire du Pas de Suze (1629). — Richelieu se retourne aussitôt contre l'Italie, où il veut établir comme duc de Mantoue un prince français, le duc de Nevers. Louis XIII, toujours conduit par le cardinal, force au milieu des Alpes, dans une brillante action, le défilé qu'on appelle le *Pas de Suze*, que défendaient les troupes du duc de Savoie (1629). L'année suivante, le maréchal de Montmorency gagne, par sa valeur impétueuse, la bataille de *Veillane*[1] (1630). Casale[2], assiégé par les Espagnols, fut secouru, et la paix de *Cherasco* signée, grâce à l'intervention d'un envoyé du pape, *Jules Mazarin*. Le duc de Nevers obtenait le duché de Mantoue, et la France gardait Pignerol.

1. Veillane ou Avigliana, bourg du Piémont, a 24 kilomètres ouest de Turin.

2. Casale, sur la rive droite du Pô, ville forte du Piémont.

La journée des Dupes (1630). — Durant cette guerre, « un grand orage de cour », selon le mot de Richelieu lui-même, s'amoncela contre le ministre. Louis XIII avait dû abandonner l'armée; il était tombé malade et l'on crut à Lyon qu'il allait mourir. Les ennemis du cardinal, assidus auprès du roi, reprirent de l'empire sur lui et, quand ils le virent rétabli, le pressèrent de renvoyer un ministre trop puissant. Marie de Médicis exigea de son fils la disgrâce de Richelieu, le sommant de choisir « entre elle et un valet ». Louis céda et promit de renvoyer Richelieu. La cabale triomphait, et la foule des courtisans se pressait joyeuse dans les salons du Luxembourg. Richelieu désespérait. Cependant il tenta un dernier effort pour se défendre : il alla trouver le roi dans sa petite maison de chasse de Versailles, et un court entretien rétablit son crédit et son prestige. Ses ennemis, trop prompts à se réjouir, furent tout honteux; le vide se fit tout à coup au Luxembourg. Ce jour-là a gardé le nom de *journée des Dupes*, car les adversaires de Richelieu avaient été dupes de leurs illusions.

La reine mère, Marie de Médicis, fut reléguée à Compiègne; elle s'enfuit de là en Belgique, où elle mourut dans l'abandon et la misère. Le garde des sceaux Marillac fut emprisonné; son frère, le maréchal de *Marillac*, jugé comme coupable de concussions à l'armée d'Italie, périt deux ans plus tard sur l'échafaud.

Révolte et supplice de Henry de Montmorency (1632); conspiration et supplice de Cinq-Mars (1642). — Malgré ces leçons, le frère du roi, Gaston d'Orléans, ne cessait d'exciter ses amis contre le cardinal. Il entraîna dans son parti le maréchal de *Montmorency*, gouverneur du Languedoc. Montmorency lève une armée. Gaston court le rejoindre. Mais dans une courte action, à *Castelnaudary*, les révoltés furent vaincus. Gaston s'enfuit. Montmorency, blessé, fut pris. Le cardinal, décidé à frapper les esprits par un grand exemple, fit juger par le parlement de Toulouse le plus puissant des seigneurs et tomber sur l'échafaud une des plus illustres têtes de la noblesse (1632).

Le cardinal ne se départit de sa sévérité pour personne. Le duc de Lorraine vit son duché occupé militairement (1634). Le comte de Soissons, qui se révolta avec l'appui du duc de Bouillon, triompha des troupes royales au combat de la *Marfée* (1641), mais il fut tué, et le duc de Bouillon se hâta de demander la paix, qu'il obtint aux plus dures conditions.

Richelieu avait placé auprès du roi comme grand écuyer un jeune seigneur, le marquis de *Cinq-Mars*[1], pour mieux être informé de ce qui se passait à la cour. Léger et frivole, Cinq-Mars crut pouvoir aspirer aux plus hautes dignités et se laissa entraîner par les ennemis de Richelieu. Il trahit celui qui l'avait élevé, participa aux complots formés contre le cardinal et favorisés par les Espagnols, auxquels Richelieu faisait alors subir de grandes pertes (1642). Richelieu eut connaissance d'un traité secret signé par Cinq-Mars avec l'Espagne; alors le roi livra son favori à la vengeance du cardinal.

Cinq-Mars et son ami trop fidèle de Thou furent condamnés à mort. Ils montrèrent à leurs derniers moments, à Lyon, sur la place des Terreaux, un calme et une résignation qui achevèrent d'exciter profondément en leur faveur la compassion du peuple.

Administration intérieure : les intendants (1637). — Richelieu, par ces supplices multipliés, effraya ra noblesse et la courba sous sa main de fer. Pour rendre l'autorité royale absolue, il ne réunit point les États généraux et les remplaça par des assemblées de **notables**, fort restreintes et absolument à sa discrétion. Il réduisit le *Parlement* au silence.

Par une ordonnance rendue à la suite d'une assemblée de notables en 1626, il fit prescrire la *démolition des forteresses féodales*.

Depuis longtemps déjà il existait des *intendants de justice et de police* dans les provinces, mais ils n'étaient que des commissaires extraordinaires. Richelieu régularisa leurs commissions, les rendit fixes et ajouta aux attributions des intendants la surveillance des bureaux de finances. En un mot, il concentra entre leurs mains tous les pouvoirs. Il faut rapporter ce changement considérable à l'année 1637 et non 1635, comme on l'a dit souvent. Les *intendants* enlevèrent aux gouverneurs de province tout le pouvoir civil et financier et les réduisirent à un rôle de parade. Nommés et révoqués par le ministre, appartenant pour la plupart à la noblesse de robe ou à la bourgeoisie, ces officiers devinrent les instruments aveugles de la volonté royale.

De l'assemblée des notables de 1626 et de l'examen de cahiers des États de 1614 sortit une *grande ordonnance*, rédi-

---

[1]. Cinq-Mars, bourg de l'arrondissement de Chinon (Indre-et-Loire).

gée par une commission que présidait le garde des sceaux Michel de Marillac et que pour cela on appela plus tard, par dérision, le *Code Michau*. Cette ordonnance était un véritable code, en effet, malgré la confusion qui y régnait, comme dans toutes les ordonnances de l'ancienne monarchie. Elle ne comptait pas moins de 461 articles et embrassait toutes les parties de la législation : droit civil, droit criminel, police générale, affaires ecclésiastiques, instruction publique, justice, finances, commerce, armée, marine. C'est un des plus vastes monuments de l'ancien droit français.

L'armée, la marine ; les colonies. — Richelieu avait appliqué son génie et sa puissante volonté à relever la *marine* française, qui eut dès lors 38 vaisseaux. Il organisa aussi l'*armée*, abolit la charge trop indépendante de *connétable*, pourvut à l'entretien des troupes par des taxes spéciales, et l'armée comprit non plus des bandes, mais *vingt-neuf régiments*, désignés par des noms de provinces ou les *noms* des colonels auxquels ils appartenaient : c'est de cette époque que date la *puissance militaire de la France*, et c'est un cardinal qui l'a fondée.

Henri IV s'était déjà préoccupé des colonies. Au *Canada*, Champlain avait fondé *Québec* (1608), et la France possédait quelques ports en *Acadie*, l'île du *Cap-Breton* : il y avait un commencement de *Nouvelle France*, comme on appelait ces territoires. Richelieu encouragea la formation d'une Compagnie commerciale (1627), ayant la juridiction et la nomination de ses officiers. Il organisa aussi la Compagnie des *îles d'Amérique* (1635), pour l'exploitation des Antilles françaises (la Barbade, Saint-Christophe, la Martinique, Saint-Domingue) et pour celle de la *Guyane*. Enfin, il protégea aussi la Compagnie des *Indes occidentales* et celle d'*Afrique*.

Mais Richelieu avait besoin de beaucoup d'argent pour ses grandes guerres, ses grands travaux, et il ne se préoccupa point d'assurer des ressources régulières par une économe et sévère administration des finances. Il ne sut qu'augmenter les impôts et vivre d'expédients.

Richelieu, d'ailleurs, esprit élevé et supérieur, a su faire oublier les défauts de son administration et les rigueurs de sa politique par la protection accordée aux lettres et aux sciences (voir chap. v). Il les a surtout fait oublier par la grandeur de sa politique extérieure. Quand il mourut, en 1642, on eut le sentiment du vide que laissait ce génie vraiment étonnant.

II. — Minorité de Louis XIV. — Mazarin. — La Fronde.

Anne d'Autriche (1643-1661). — A la mort de Louis XIII, qui laissait un héritier âgé de cinq ans, la reine *Anne d'Autriche* prit en main la régence et, quoique la majorité de son fils eût été déclarée en 1651, garda l'autorité jusqu'en 1661. Anne fit casser par le Parlement le testament du feu roi, qui lui avait imposé un conseil de régence, et obtint le pouvoir sans conditions. Les magistrats prirent acte de ce service, qu'on réclamait d'eux pour la seconde fois, comme d'un second hommage à leur puissance.

Une régence confiée à Anne d'Autriche, l'ennemie de Richelieu, souriait à la noblesse, qui comptait annuler tous les effets de la politique du grand cardinal. Ces espérances furent trompées. Anne d'Autriche choisit pour ministre, et bientôt pour maître, un ami, un émule de Richelieu, le cardinal **Mazarin**, qui devait le continuer avec moins de grandeur, mais aussi avec moins de dureté à l'intérieur et avec autant d'éclat à l'extérieur.

Toutefois Mazarin ne ressemblait en rien à Richelieu, qui, « des marches du trône, avait plutôt foudroyé que gouverné ». Doué de beaucoup d'esprit, actif, il était souple et patient. Sa devise était : « Le temps et moi ». Il faisait de nombreuses libéralités pour se faire pardonner son origine étrangère. Ami du luxe, non du faste, il ne cherchait pas à en imposer à la noblesse, qu'il essayait plutôt de séduire. Il se faisait petit; on le crut faible et les troubles recommencèrent.

Embarras financiers; rôle du Parlement de Paris. — Les libéralités de Mazarin et de la reine épuisaient le Trésor, qui devait en outre suffire aux dépenses d'une grande guerre. Mazarin n'avait pas le génie d'ordre de Sully, et fut obligé d'aggraver les impôts, d'en rétablir d'anciens. Un vieil édit défendait de bâtir en dehors de la ville, dans une certaine zone. Mazarin fit *toiser*, mesurer les terrains qu'on avait pris pour bâtir, et exigea des sommes proportionnées à l'étendue des constructions; ce fut *l'édit du toisé*. L'*édit du tarif* frappa les marchandises entrant dans Paris. D'autres mesures atteignirent les magistrats du Parlement, qui alors prit fait et cause pour le peuple.

Le Parlement avait vu sa puissance politique grandir, parce

que les rois ne se souciaient point de convoquer les États généraux. Il avait, deux fois déjà, tranché la grave question de la régence. Il se considéra comme le vrai représentant de la nation tout entière, lui qui ne personnifiait en réalité que la *noblesse de robe*. Voyant que ses remontrances n'aboutissaient point, il appela à faire cause commune avec lui la *Chambre des Comptes*, le *Grand Conseil*, la *Cour des Aides*; il rendit, dans la salle de Saint-Louis, un **Arrêt** d'union qui faisait *de toutes ces cours souveraines un corps puissant* et qui leur attribuait le droit de rédiger une nouvelle règle fondamentale de la monarchie (mai 1648).

La Fronde.—La reine interdit ces assemblées; puis, au milieu de ces troubles, le mot de *fronde* devint un mot de ralliement. Suivant certains mémoires (Mademoiselle de Montpensier), Bachaumont aurait mis ce mot à la mode en se servant de l'expression « je fronderai » Selon d'autres, le mot aurait été une allusion peu bienveillante à la timidité des magistrats, que l'on comparait à des enfants jouant « à la fronde », se jetant des pierres dans les fossés, mais prompts à se disperser dès que paraissait le lieutenant civil.

Quelle que soit l'origine de ce mot, la Fronde fut une guerre civile commencée pour des causes sérieuses, mais conduite d'une manière si frivole, qu'on la compara à un jeu d'enfants. Première tentative essayée pour établir un gouvernement régulier, et en même temps dernier réveil de la féodalité, elle marqua la fin des guerres civiles sous la monarchie et fut comme un lointain prélude de la révolution de 1789.

La journée des Barricades (26 août 1648). — Mazarin profita de la victoire de *Lens* pour frapper ses ennemis intérieurs. Le jour même où l'on chantait le *Te Deum*, il fit arrêter trois des plus opiniâtres magistrats : Novion-Blancménil, Charton et Broussel (26 août 1648). Paris se souleva aussitôt, des barricades se formèrent. Le Parlement alla au Palais-Royal réclamer la liberté de ses membres. Il n'obtint rien. Comme il revenait, le président Mathieu Molé est menacé par la populace: « Tourne, traître, lui dit-on, et, si tu ne veux être massacré toi et les tiens, ramène-nous Broussel ou Mazarin en otage. — Quand vous m'aurez tué, répondit froidement Mathieu Molé, il ne me faudra que six pieds de terre. » Il retourna du même pas au Palais-Royal, et cette fois, grâce à l'émeute qui grandissait, il réussit. Un des chefs de cette nouvelle révolution était *Paul de*

Gondi, coadjuteur de l'archevêque de Paris, bientôt *cardinal de Retz*, ambitieux turbulent qui voulait prendre la place de l'habile Mazarin.

Mais le Parlement poursuit l'œuvre qu'il a entreprise : par sa *Déclaration du 16 octobre* 1648, il intervient dans le gouvernement de l'État, et revendique sa souveraineté en matière de procès : aucun de ses arrêts ne pourra être cassé. Des princes, Conti, frère de Condé, le duc de Longueville, le comte de Beaufort, le duc de Bouillon, le vicomte de Turenne, le duc de la Rochefoucauld, soutiennent le Parlement. Anne d'Autriche, effrayée, quitte Paris en secret avec le jeune roi (6 janvier 1649) ; elle s'enfuit à Saint-Germain, où la cour coucha presque sur la paille, en plein hiver.

La guerre commença. On nomma dans la Grand'Chambre les généraux d'une armée qu'on n'avait pas. On leva douze mille hommes par arrêt du Parlement ; chaque porte cochère fournit un homme et un cheval : cette troupe fut appelée la cavalerie des *portes cochères*. Le coadjuteur avait un régiment à lui, qu'on nommait *régiment de Corinthe*, parce que le coadjuteur était archevêque titulaire de Corinthe.

Des femmes romanesques ou intrigantes, les duchesses de Longueville, de Chevreuse, de Bouillon, viennent avec leurs enfants habiter l'Hôtel de Ville et se présentent comme gages de la bonne foi de leurs maris. « On vit alors, écrit Paul de Gondi, un mélange d'écharpes bleues de dames, de cuirasses, de violons dans les salles de l'Hôtel de Ville, de tambours et de trompettes sur la place, spectacle qui se trouve plutôt dans les romans qu'ailleurs. » Les bourgeois partent en campagne ornés de rubans, se font battre et rentrent dans Paris, au milieu des huées et des chansons. Ce fut la première période de la Fronde, dite *Fronde parlementaire*, période à moitié bouffonne, où tout se tournait en raillerie, et qui aboutit à la paix de *Rueil* (11 mars 1649).

Le prince de Condé. — Le prince de Condé avait défendu Mazarin et la cour. Son orgueil choqua ensuite le ministre et la reine. L'éloignement dans lequel on voulut le tenir le décida à se rapprocher des seigneurs du parti de la Fronde. Mazarin fit alors (18 janvier 1650) arrêter le vainqueur de Lens, son frère Conti et le duc de Longueville. Il les fit conduire à Vincennes, et de là au Havre. Mais les seigneurs partisans de Condé soulevèrent les provinces : une autre Fronde commença, la *Fronde* *féodale*, la *jeune Fronde*. Turenne se joignit aux Espagnols, mais il fut battu près de *Rethel* par le maréchal du Plessis-Praslin (décembre 1650).

Mazarin, pourtant si habile, ne sut pas regagner les parlementaires après avoir mécontenté les seigneurs. Paul de Gondi, n'obtenant pas le chapeau de cardinal qui lui avait été promis, et se croyant joué, rapprocha les princes et le Parlement : il unit les deux Frondes. L'exil de Mazarin fut réclamé par les magistrats comme par les seigneurs, avec une unanimité qui força le ministre à plier. Mazarin alla lui-même délivrer le prince de Condé, et se retira à Cologne (6 février 1651), attendant la division de ses ennemis.

Cette discorde ne tarda pas à se produire. Les seigneurs ne voulaient que recouvrer leur ancienne indépendance. Condé se brouilla avec les parlementaires et résolut de se rendre le maître du pouvoir avec l'appui des Espagnols. Il alla en même temps soulever la Guyenne, l'Anjou et le Poitou. Mazarin rentre aussitôt en France avec une petite armée, et promène le jeune roi (qui a été déclaré majeur) dans les provinces du Centre pour affermir leur fidélité. Condé accourt du Midi et surprend les quartiers de l'armée royale à *Bléneau* (Yonne), le 7 avril 1652; mais Turenne, que Mazarin a ramené au parti du roi, était là. A la vue de la disposition des troupes ennemies, Turenne dit: « Monsieur le prince est arrivé; c'est lui qui commande son armée ». Il conduisit l'armée royale avec prudence et arrêta les succès de Condé. Celui-ci se dirigea alors sur Paris; Turenne le suivit.

Combat de la porte Saint-Antoine (1652). — La haine que les Parisiens nourrissaient contre Mazarin les disposait à souhaiter le succès de Condé. Le 2 juillet 1652, les deux grands généraux se mesurèrent devant la porte *Saint-Antoine*. L'armée de Condé, fort maltraitée, trouva un refuge dans Paris grâce à Mademoiselle de *Montpensier*, fille de Gaston d'Orléans, qui lui fit ouvrir les portes et vint elle-même faire tirer le canon de la Bastille contre les troupes royales. Faisant allusion à des ambitions qu'on soupçonnait et à des projets de mariage entre le jeune roi et Mademoiselle, Mazarin ne put s'empêcher de dire : « Ce coup de canon a tué son mari ».

Condé resta peu de temps à Paris, où il laissa s'accomplir un odieux massacre des partisans de Mazarin à l'Hôtel de Ville, et alla rejoindre les Espagnols. Le Parlement comprit enfin que les seigneurs ne luttaient que pour satisfaire leur orgueil, leur esprit d'aventure, et se souciaient peu des libertés publiques. Il négocia avec la cour, obtint une satisfaction par l'éloignement momentané de Mazarin (août 1652), et le roi entra dans Paris après avoir publié une amnistie. Au mois de mars 1653, Mazarin revint triomphant; le Parlement s'inclina devant lui; la véritable guerre de la Fronde était terminée.

Guerre avec l'Espagne. — Toutefois on peut la regarder comme se prolongeant jusqu'en 1659; mais cette dernière période fut plutôt la continuation de la lutte contre l'Espagne. Condé, devenu le chef des Espagnols qu'il avait tant de fois vaincus, perdit son bonheur au milieu des armées étrangères. Il fut chassé de la Picardie par Turenne (1653), forcé de lever le siège d'*Arras* (1654), et enfin fut battu, près de Dunkerque, à la journée des *Dunes* (1658), qui décida l'Espagne à demander la paix (1659). Ce fut la paix des **Pyrénées** (voir chap. ii).

La Fronde eut pour résultat de démontrer l'impuissance de la noblesse à renouer ses anciennes ligues, et la division des classes en France. Louis XIV sortit triomphant de cette lutte, qui le disposa à abuser de sa victoire et à exercer un pouvoir absolu. Le Parlement, un moment maître de l'autorité, se vit réduit à ses fonctions judiciaires, humilié même par Louis XIV au point d'être obligé plus tard d'apporter ses registres pour qu'on y déchirât tous les arrêts rendus pendant la Fronde. Cette guerre, si sérieuse dans ses motifs, mais si follement conduite, aboutit donc à un asservissement de la noblesse, de la magistrature, du peuple, asservissement qui enfla l'orgueil de Louis XIV.

II. — Politique européenne. — Guerre de Trente Ans.

La maison d'Autriche. — Les catholiques et les protestants en Allemagne. — La guerre de Trente Ans; intérêts des puissances qui y sont engagées ; les armées et les bandes; grands généraux, principales actions militaires. — La paix de Westphalie et la paix des Pyrénées.

I — LES CAUSES ET LES PRÉLIMINAIRES DE LA GUERRE DE TRENTE ANS.

Causes principales de la guerre de Trente Ans. — La guerre de Trente Ans, l'un des plus graves ébranlements dont l'Europe ait gardé le souvenir, fut à la fois la suite des guerres religieuses en Allemagne et le commencement des grandes guerres européennes.

La paix d'Augsbourg, en 1555, avait sans doute mis fin aux guerres de religion; mais, d'après la clause du **réservat ecclésiastique**, tout évêque-prince qui se convertirait au protestantisme devait renoncer aux domaines ecclésiastiques. Or les dignitaires de l'Église, en renonçant à la religion qui leur avait valu une fortune et une souveraineté temporelle, entendaient garder souveraineté et fortune. Ils prétendaient *séculariser* les domaines, rendre au monde (*au siècle*), en se les appropriant, les biens qu'ils avaient reçus comme membres du clergé. Ils abandonnaient volontiers la mitre, non la couronne.

Ces usurpations, que les luthériens approuvaient quand elles tournaient à leur profit, leur devenaient indifférentes quand elles étaient le fait des calvinistes. Les luthériens ne consentaient point à faire bénéficier ceux-ci des privilèges accordés par la paix d'Augsbourg à la religion protestante. Seconde cause de troubles, car les princes persécuteront les calvinistes et s'enhardiront ainsi contre les luthériens.

Les empereurs qui avaient succédé à *Ferdinand I⁰ʳ*, frère de Charles-Quint, *Maximilien II* (1564-1576), *Rodolphe II* (1576-1612), *Mathias* (1612-1619), avaient été d'une insigne faiblesse. Mais d'autres souverains allaient bientôt reprendre la politique de Charles-Quint et veiller à la stricte exécution du réservat en Allemagne. Profitant des querelles religieuses, ils cherchent à imposer aux princes une obéissance complète, à unifier, sous leur sceptre, tout le pays compris entre le Rhin, l'Oder, les Carpathes et les Alpes. C'est contre cette ambition que se révolte l'Allemagne, attachée à ses souverainetés locales, essentiellement *particulariste*, comme on dit. C'est la troisième et principale cause de la guerre de Trente Ans, qui fut la *lutte de l'Allemagne protestante et féodale contre la maison d'Autriche.*

Causes secondaires et immédiates. — Comme il arrive toujours, de petits conflits précédèrent et amenèrent la grande lutte. Les protestants essayèrent d'envahir les riches principautés ecclésiastiques, à Cologne, Strasbourg, Aix-la-Chapelle, Donauwerth. En 1609 des prétendants catholiques et protestants se disputèrent la *succession des duchés de Clèves et de Juliers.* Henri IV allait prendre part à cette querelle, afin d'assurer ces duchés à une maison protestante et d'arrêter les progrès de la maison d'Autriche, lorsqu'il périt assassiné. Sa mort suspendit la lutte, mais l'Allemagne paraissait déjà divisée en deux camps : l'*Union évangélique* (1608), qui avait pour protecteur l'électeur palatin Frédéric IV; la *Ligue catholique* (1609), dirigée par le duc Maximilien de Bavière. Le signal de cette guerre si compliquée et si étrange devait venir d'ailleurs, de la Bohême.

Troubles de Bohême; défenestration de Prague; commencement de la guerre de Trente Ans. — Ardent foyer de discordes religieuses, la Bohême n'avait jamais, depuis la guerre des Hussites, retrouvé le calme. La Réforme avait rencontré en ce pays, si troublé par les discussions théologiques, un terrain favorable, et les princes de la maison d'Autriche, rois de Bohême, entravaient le plus possible les progrès de la religion nouvelle. La démolition de temples protestants devint la cause, en 1618, d'une agitation que dirigeait le *comte de Thurn.* L'un des plus riches seigneurs, il portait légalement le titre de *Défenseur* du royaume, c'est-à-dire avait mission de veiller à l'observation des *lettres de majesté* que les Bohémiens avaient arrachées en 1609 à l'empereur Rodolphe II.

Entrant, à la tête de bandes nombreuses, dans la ville de Prague, le comte de Thurn se rend fièrement au château, pénètre dans la salle du conseil, où se tenaient les gouverneurs autrichiens, et les fait jeter par les fenêtres dans les fossés; l'eau amortit la violence de leur chute et ils purent s'échapper. C'était, paraît-il, la coutume en Bohême de manifester ainsi le mécontentement populaire : la *défenestration de Prague* n'était chose nouvelle ni extraordinaire, mais elle devint le point de départ de la guerre qui, durant trente années, remua profondément l'Allemagne et l'Europe.

L'empereur Ferdinand II (1619-1637). — Ce qui donna de l'importance à ces troubles, ce fut l'arrivée au trône en 1619 d'un prince énergique, décidé à combattre l'hérésie et à imposer son autorité à l'Allemagne. *Ferdinand de Styrie*, cousin des deux derniers empereurs, et qui commença une nouvelle branche de la famille autrichienne, avait été l'instigateur, même avant son avènement, des mesures de persécution. Obstiné, intelligent, rusé, perfide même, il cherchera à triompher par tous les moyens et ne reculera pas. L'électeur palatin se lève pour défendre les protestants : il est terrassé, *première période,* dite *palatine* (1618-1625). Le roi de Danemark prend à son tour en main la défense du protestantisme et de l'Allemagne; il s'avoue vaincu : c'est la *deuxième période*, ou *danoise* (1625-1629). Arrive du Nord le roi de Suède, Gustave-Adolphe, qui, un moment, semble près d'abattre la redoutable maison d'Autriche. Gustave tombe au milieu de ses victoires, et la Suède fléchit : *période suédoise* (1630-1635). Alors la maison de France ranime la Suède, entraîne la Hollande et prend en main la cause des libertés germaniques. La *période française* (1635-1648) commence. Ferdinand II rencontre un rival digne de lui en Richelieu et succombe avant que la lutte soit terminée.

II. — Périodes palatine et danoise.

Période palatine (1618-1625). — Dès le début pourtant Ferdinand semblait perdu. Les Bohémiens étaient descendus en masse sur *Vienne*, où ils assiégèrent l'empereur, qui de plus se vit attaqué dans son propre palais par les protestants de la ville. Ferdinand ne cède pas. Bientôt les secours lui arrivent : des cuirassiers fidèles, conduits par un Français, Dampierre, pénètrent dans la ville, et Ferdinand redevient maître de son palais. Les autres généraux se dirigent sur Prague, et les Bohémiens partent aussitôt pour défendre leurs foyers menacés. Ferdinand redevient maître de sa capitale. Il court à Francfort chercher la couronne impériale qu'on voulait enlever à sa famille, mais la Bohême lui échappe, la Hongrie se soulève.

Les Bohémiens ont donné la couronne à l'électeur palatin, *Frédéric V*, dont la femme, princesse d'Angleterre, excite l'ambition. Frédéric V devient le chef de la Ligue protestante, mais ses lenteurs, son insouciance le perdent; l'empereur gagne des alliés, se délivre des Hongrois, que leur chef *Betlem Gabor* avait amenés devant Vienne, et ses lieutenants remportent près de Prague, sur les Bohémiens, la victoire de la Montagne Blanche (1620). Frédéric, qui donnait un festin pendant cette bataille, est réduit à s'enfuir. La Bohême est soumise; les principaux chefs de la révolte montent sur l'échafaud. L'électeur palatin est mis au ban de l'Empire; pour avoir voulu gagner une couronne, il perd ses États héréditaires.

En vain sa cause est-elle soutenue par de hardis guerriers, *Ernest de Mansfeld, Christian de Brunswick*, qui recrutent des armées d'aventuriers et, durant quelques années, tiennent en échec les généraux de Ferdinand et ceux de la Ligue catholique. La diète de *Ratisbonne* (1623) prononce la déposition de Frédéric V : son titre électoral est transféré à Maximilien de Bavière, chef de la Ligue catholique, et la Bavière s'accroît du *Haut-Palatinat*[1].

Période danoise (1625-1629). — Ferdinand abuse de sa victoire, et les protestants se reprochent bientôt de n'avoir pas secondé l'électeur palatin. Le roi de Danemark *Christian IV*, voyant les dangers que court la religion réformée, s'offre comme chef. Mansfeld, Christian de Brunswick, qui n'ont pas déposé les armes, s'élancent de nouveau en Allemagne. Mansfeld veut aller rejoindre les Hongrois et Betlem Gabor. De l'embouchure de l'Elbe à la Hongrie il marche audacieusement, suivi à peu de distance par le général de Ferdinand, **Waldstein** (ou **Wallenstein**), qui commence sa réputation en contenant ce redoutable adversaire. Mansfeld ne trouve pas en Hongrie l'appui qu'il a espéré, licencie son armée et meurt bientôt. Le roi Christian IV engage une lutte inégale contre l'un des plus habiles capitaines de l'époque, le Bavarois **Tilly**, général de la Ligue catholique : il est défait à **Lutter** (1626), où son armée perd ses drapeaux et son artillerie.

Waldstein revient de la Hongrie et envahit les États des princes alliés du Danemark. L'empereur lui donne les dépouilles des ducs de Mecklembourg, et Waldstein s'établit dans les provinces riveraines de la Baltique. Enfin, le roi de Danemark signe la paix à **Lubeck**, abandonnant ses alliés aux vengeances de Ferdinand et l'Allemagne à la fureur des soldats de Waldstein (1629).

Édit de restitution (1629). — Vainqueur, Ferdinand II ne garde plus de ménagements. Il publie (1629) un édit de *restitution* qui ordonne de rendre tous les domaines ecclésiastiques usurpés depuis le traité d'Augsbourg. Son armée, ou plutôt celle de son général Waldstein, se répand dans le nord de l'Allemagne et, sous le prétexte d'exécuter l'édit, commet les plus odieux ravages. L'empereur compte ainsi dompter tous les princes et asseoir à jamais sa domination sur toute l'Allemagne. Mais Richelieu veille. Il envoie à la diète de Ratisbonne son fidèle confident et conseil, le *P. Joseph*, ce moine qu'à cause de son

---

1. Le Haut-Palatinat renfermait les villes d'*Amberg, Donaustauf, Ratisbonne*, etc

influence on surnommait l'*Éminence grise*. Le P. Joseph était si habile, que l'empereur disait en riant : « Ce moine a réussi à mettre dans son capuchon les sept bonnets d'électeurs ». Dirigeant les princes allemands, il fit décider le renvoi de Waldstein, contre lequel s'élevaient les clameurs de l'Allemagne (1630).

III. — Période suédoise.

Gustave-Adolphe; intervention de la Suède (1630-1635). — En même temps que sa diplomatie désarme l'empereur par l'entremise des princes allemands, Richelieu appelle du Nord un vengeur de l'électeur palatin et du roi de Danemark, **Gustave-Adolphe**, roi de Suède depuis 1611[1], le premier général de son siècle.

Gustave-Adolphe préluda par de nombreuses guerres avec ses voisins à la grande entreprise qui devait illustrer son nom : guerres contre le Danemark, contre les Russes, qu'il éloignait des côtes de la Baltique; contre les Polonais, dont le roi Sigismond lui disputait la couronne de Suède. Richelieu l'arracha à ces luttes stériles, lui ménagea une trêve avec le roi de Pologne, lui fournit des subsides, et le lança sur l'Allemagne, où le parti protestant pliait devant la maison d'Autriche, déjà deux fois attaquée et deux fois victorieuse.

Gustave-Adolphe n'eut pourtant pas l'appui de tous les princes protestants. L'électeur de Brandebourg n'osait se prononcer et lui refusait le passage. Mais le roi de Suède s'empare de Stettin, d'Usedom, de Stralsund et s'établit solidement en *Poméranie*. L'empereur Ferdinand ne s'inquiéta pas d'abord de « ce roi de neige », comme on l'appelait à Vienne. Le général de la Ligue

---

1. La Suède, depuis Gustave Vasa (mort en 1560), n'avait cessé de guerroyer contre le Danemark, la Pologne et la Russie. La démence et les cruautés d'*Éric XIV* (1560-1568) amenèrent sa déposition. Son troisième frère, *Jean III*, fut reconnu roi et mourut en 1591. Il avait épousé *Catherine Jagellon*, princesse polonaise qui l'avait excité à rétablir la religion catholique; mais cette réaction religieuse ne réussit point. Le fils issu de ce mariage devint roi de Pologne en 1587. Son oncle Charles s'empara du gouvernement (1591) et finit par se faire reconnaître roi sous le nom de *Charles IX*; il résista victorieusement aux attaques des Polonais et des Russes : ce fut le père de *Gustave-Adolphe*, qui lui succéda, en 1611, à l'âge de dix-sept ans.

catholique, Tilly, faisait alors le siège de *Magdebourg*, importante place qui commande la vallée de l'Elbe et qui opposait une résistance acharnée. Gustave voulait délivrer cette ville, mais les hésitations de l'électeur de Brandebourg l'obligeaient à menacer Berlin. Puis l'électeur de Saxe lui fermait ses États. Magdebourg succomba. Tilly, redoublant ses attaques, livra l'assaut, et la ville fut prise, pillée, horriblement saccagée. Lorsque Gustave arriva, il ne trouva plus que des ruines.

Bataille de Leipzig (1631). — Le sac de Magdebourg lui donne des alliés, les hésitations cessent; l'électeur de Saxe joint son armée à la sienne (1631). Gustave-Adolphe court alors à la recherche de Tilly : il veut venger Magdebourg. Le 7 septembre 1631, Suédois et Saxons se trouvent en présence de l'armée de Tilly dans les plaines de *Breitenfeld*, près de **Leipzig**. Gustave comprenait les conditions que l'emploi des armes à feu impose aux guerres modernes. Habile à profiter de tous les accidents de terrain, il étonne l'ennemi par sa tactique nouvelle et déconcerte l'expérience de Tilly. Les soldats de Tilly s'enfuient, et Gustave remporte une victoire dont le retentissement est grand en Europe.

Richelieu ne cache point sa joie; il croit déjà voir Gustave sur la route de Vienne. Mais le roi de Suède a d'autres plans. Avant d'entreprendre cette marche sur Vienne, il veut rallier à lui toute l'Allemagne. Au lieu de se diriger vers le Danube, il court au Weser, au Rhin. Il met la main sur les riches électorats ecclésiastiques dont il a promis les dépouilles à ses soldats. Il franchit le Rhin. Il chasse du Bas-Palatinat les Espagnols alliés de l'Autriche, arrive jusqu'à l'Alsace, puis, continuant le cercle qu'il veut tracer, il passe dans la vallée du Neckar, de là dans celle du Danube. La Bavière, soutien principal de la Ligue catholique, est à sa discrétion. Tilly accourt pour la délivrer. Il veut disputer aux Suédois le passage du *Lech*, l'un des principaux affluents du Danube. Gustave franchit la rivière sous le feu de l'artillerie ennemie. L'armée de Tilly est dispersée, Tilly blessé mortellement. C'est ce qu'on appelle la bataille du **Lech** ou de **Rain** (15 avril 1632). La route de Vienne est ouverte, et Gustave-Adolphe donne rendez-vous sous les murs de cette ville à l'électeur de Saxe, qui de son côté s'avance, mais trop lentement, par la Bohême.

Rappel de Waldstein; bataille de Lutzen; mort de Gustave-Adolphe (1632). — En ce danger extrême, l'empereur

Ferdinand II s'humilie non devant le roi de Suède, mais devant son sujet Waldstein, créé naguère duc de Friedland. Ce général qu'il avait écarté parce qu'il le trouvait trop fier, il est obligé de le rappeler. Waldstein seul peut le sauver et ne ménage point son maître. Il veut bien créer une armée, rallier ses mercenaires, mais dicte ses conditions : il sera le vrai souverain de ses troupes et presque l'égal de l'empereur. A sa voix, les aventuriers qu'il avait comblés de biens accourent, et en quelques mois Waldstein se trouve à la tête d'une armée capable d'arrêter l'ennemi.

Des deux adversaires qui sont en face, Waldstein choisit d'abord le plus faible : il marche contre l'électeur de Saxe, reprend la ville de Prague, délivre la Bohême, écarte ainsi une des branches de la pince gigantesque qui menaçait d'enserrer Vienne. Puis il va porter secours à l'électeur de Bavière et force Gustave-Adolphe à remonter au nord de ce pays vers Nuremberg. Gustave essaye d'attirer Waldstein à une bataille ; l'habile général l'évite et, durant deux mois, contraint le roi de Suède à user ses troupes en marches inutiles. Puis Waldstein se jette sur la Saxe. Gustave, ajournant encore sa marche sur Vienne, va porter secours à son allié et bientôt se retrouve, presque à son point de départ, dans cette Saxe d'où il s'est élancé vainqueur l'année précédente. Il a refermé, mais trop tôt à son gré, le cercle qu'il avait dessiné.

Waldstein ne peut plus refuser la bataille, et les deux généraux se mesurent enfin, le 16 novembre 1632, dans la plaine de **Lutzen**, non loin des champs de Leipzig. Peu de batailles furent aussi acharnées. Les Suédois franchirent avec ardeur les fossés derrière lesquels Waldstein avait retranché ses troupes et s'emparèrent des batteries qu'il avait élevées. Gustave-Adolphe, vainqueur à l'aile droite, allait poursuivre l'ennemi, lorsqu'on le prévint que son infanterie pliait à gauche. Il y courut, mais, au milieu du brouillard, il s'avança presque seul près de l'ennemi ; il fut atteint de plusieurs balles et expira. Un combat sanglant s'engagea sur son corps. Les Suédois surexcités redoublèrent d'efforts. *Bernard*, duc de Saxe Weimar, l'un des plus habiles lieutenants de Gustave-Adolphe, prit le commandement et ne tarda pas à enfoncer les lignes des Impériaux. En vain Waldstein reçut-il à ce moment des renforts que lui amenait un de ses généraux. Les Suédois dispersèrent ces nouvelles troupes et restèrent maîtres du champ de bataille : victoire qui leur coûtait cher et devait être le terme des succès de la Suède, puisque le héros auquel elle les devait était tombé enseveli dans son triomphe.

Mort de Waldstein (1634). — Toutefois les Suédois ne renoncèrent pas à l'Allemagne. Le ministre *Oxenstiern*, qui exerçait le pouvoir au nom de la reine *Christine*, fille de Gustave-Adolphe, avait compris la grandeur des plans de son maître, il maintint dans le nord de l'Allemagne les armées suédoises, toujours prêtes à marcher à l'appel des princes protestants. La Suède devenait une puissance allemande.

Ferdinand II, plus rassuré, ne craignit point de se délivrer du général qui seul avait été capable d'arrêter l'élan de Gustave-Adolphe. L'orgueil de Waldstein choquait son orgueil. Le faste royal que déployait son sujet, l'autorité souveraine que celui-ci exerçait sur son armée, justifiaient les soupçons des courtisans jaloux. Ferdinand II prononce sa déchéance et ordonne de le saisir mort ou vif. Waldstein se préparait à résister, lorsque, à OEgra, il périt assassiné par des hommes qu'il avait comblés de ses bienfaits (1634).

Les Suédois voulurent profiter de la faute de Ferdinand II, qui venait de se priver de son meilleur défenseur, mais ces guerres avaient révélé de nombreux capitaines, *Gallas*, *Piccolomini*. Les Suédois, malgré l'expérience et la bravoure de *Bernard de Saxe-Weimar*, perdent la sanglante bataille de **Nordlingen**, en Bavière (1635). Plus de douze mille soldats restent sur la place; quatre-vingts pièces de canon tombent aux mains des Impériaux. Oxenstiern est découragé. L'électeur de Saxe fait la paix avec l'empereur. Mais Richelieu ne peut laisser ainsi triompher la maison d'Autriche. Au moment où la guerre semble terminée, il la ranime. Il jette enfin dans la balance l'épée de la France. La période française commence. Ni Richelieu ni Ferdinand II n'en verront la fin.

IV. — Période française durant le ministère de Richelieu

Intervention de la France (1635-1648); Richelieu. — La lutte s'étend et change de caractère. Elle n'est plus allemande, mais européenne. Dès que la France intervient, l'Espagne se prononce pour l'Autriche. L'union des deux maisons se reforme; l'ancienne rivalité de la France contre l'Autriche-Espagne recommence.

Contraste étrange! c'est un prince de l'Église, un cardinal, qui dirige cette guerre contre deux maisons catholiques, avec l'aide des protestants d'Allemagne, de la Suède protestante, de la Hollande protestante (traités de *Compiègne* avec la Suède, de *Saint-Germain* avec Bernard de Saxe-Weimar, de *Wesel* avec le landgrave de Hesse, de *Paris* avec la Hollande, de *Rivoli* avec le duc de Savoie). Richelieu, séparant la religion de la politique, a les vues d'un homme d'État. Il reprend la politique de François Ier et de Henri IV et va élever au plus haut point de grandeur la maison de Bourbon.

Invasion de la Picardie; prise de Corbie (1636). — Tandis que les généraux suédois reprennent l'offensive en Allemagne, les Français s'avancent dans la vallée de la Meuse pour aller donner la main aux Hollandais, et ils gagnent la victoire d'**Avein** (1635), près de Liège. Peu sincères dans leur alliance, les Hollandais ne prétèrent pas un concours efficace aux Français, et les généraux impériaux profitèrent de leurs lenteurs pour passer derrière l'armée victorieuse et pénétrer dans les provinces du Nord.

La ville de **Corbie**, sur la Somme, tomba entre les mains des Espagnols (1636). Une panique indicible se répandit jusqu'à Paris. Richelieu lui-même trembla, car il entendait monter les clameurs de tous ses ennemis. Cependant le P. Joseph raffermit son courage et l'engage à se montrer. Richelieu sort et va à l'Hôtel de Ville pour réclamer l'appui du peuple. Le patriotisme est surexcité. Les volontaires affluent, et le maréchal de la Force reçoit leurs noms sur le perron de l'Hôtel de Ville. Nobles, magistrats, ouvriers se cotisent pour les frais de la guerre, et bientôt Louis XIII peut partir avec une belle armée pour reprendre Corbie. Là encore Richelieu échappa à un grand danger. Gaston d'Orléans voulait se délivrer du ministre par un assassinat, mais il n'osa donner le signal. La ville de Corbie fut enlevée, le Nord sauvé.

En même temps, deux petites villes, *Verdun-sur-Saône* et *Saint-Jean-de-Losne*, sauvaient l'Est et la Bourgogne par leur héroïque résistance aux attaques de Gallas. Les habitants de Verdun-sur-Saône délibérèrent froidement sur ce qu'il faudrait faire si leur ville était forcée. Ils décidèrent que dans ce cas ils la détruiraient et périraient jusqu'au dernier plutôt que de se rendre. Le maréchal de Rantzau arriva à temps pour délivrer la courageuse cité.

Acquisition de l'Alsace. — Richelieu avait acheté l'armée de Bernard de Saxe-Weimar, qui entendait travailler non pour la Suède, mais pour son compte. Richelieu lui fournissait l'argent. mais il avait stipulé qu'en cas de mort ses conquêtes reviendraient à la France.

Bernard de Saxe-Weimar jeta les yeux sur l'Alsace, riche plaine si bien encadrée par les Vosges et arrosée par le *Rhin*.

Conquête du Roussillon ; prise de Perpignan (1642). — La France était victorieuse partout. Sa flotte, conduite par un prélat guerrier, *Sourdis*, archevêque de Bordeaux, allait porter l'épouvante sur les côtes du royaume de Naples. Elle soutenait la *Catalogne*, révoltée contre le roi d'Espagne Philippe IV, et le *Portugal*, qui depuis 1640 cherchait à s'affranchir du joug espagnol[1].

Le soulèvement de la Catalogne et du Roussillon (1640) fournissait au cardinal de Richelieu l'occasion de ressaisir une autre porte de la France déjà fermée par Louis XI, mais rouverte par Charles VIII. Il s'appliqua à faire rentrer le *Roussillon* dans l'unité française et à reprendre ainsi les passages des Pyrénées orientales. Quoique affaibli par la maladie, il se dirigea vers le Midi pour mettre, avec le roi, le siège devant *Perpignan* ; la ville, bloquée, affamée, se rendit après quelques mois de résistance (1642).

Ni le cardinal ni le roi n'avaient pu attendre la fin du siège. Richelieu avait été obligé de demeurer à Tarascon, et Louis XIII, malade lui-même, était reparti pour son château de Saint-Germain. La découverte de la conspiration de Cinq-Mars avait encore accru leurs embarras, mais le supplice du grand écuyer à Lyon inspira la terreur, et Richelieu revint à Paris, où il ne tarda pas à mourir, au mois de décembre 1642.

V. — Période française durant la minorité de Louis XIV.

Bataille de Rocroi (1643). — Richelieu n'avait pas eu le temps d'achever la longue guerre dans laquelle la France était engagée. Louis XIII le suivit au tombeau quelques mois après

---

1. Le Portugal avait été réuni à l'Espagne par Philippe II en 1580. Le *duc de Bragance*, descendant de l'ancienne famille royale, parvint à rendre au pays son indépendance et fut proclamé, en 1640, roi sous le nom de Jean IV. C'est encore la maison de Bragance qui règne en Portugal.

(mai 1643). Cette double mort releva le courage des Espagnols ; le trône passait à un enfant de cinq ans, la régence à une femme, *Anne d'Autriche,* que son origine semblait faire leur alliée. Les ennemis reprirent l'offensive du côté de la Champagne et assiégèrent **Rocroi** ; ils ne tardèrent pas à être cruellement désabusés.

Louis, duc d'Enghien (ou Anguien), fils du prince de Condé, commandait de ce côté[1] : il avait reçu comme dot de son mariage avec une nièce de Richelieu la direction d'une armée, et il en était digne. Ayant la ressemblance, il a aussi l'audace de l'aigle. Cinq jours après la mort du roi, malgré l'avis de ses vieux officiers, il ose attaquer une armée presque double de la sienne et composée en grande partie de ces vieilles bandes espagnoles dont la réputation était si grande depuis Pavie. Les Espagnols, suffisamment couverts par les marais et les bois dont Rocroi est entouré, pressaient vivement le siège. Le duc d'Enghien sonde ces bois, ces marais, trouve un défilé laissé ouvert à dessein, s'y lance tête baissée et se range à la vue de l'ennemi, qui désirait aussi la bataille. On se canonna d'abord jusqu'à la nuit, et le lendemain (19 mai 1643) on s'ébranle pour un choc décisif.

Le duc d'Enghien, avec Gassion, qui gagna ce jour-là le bâton de maréchal, enfonce l'aile gauche des Espagnols ; les deux chefs, manœuvrant habilement, se séparent ; Gassion poursuit les fuyards, Enghien se jette sur le centre ennemi. Or, à ce moment, l'aile droite des Espagnols, victorieuse, écrasait les Français, dont les chefs étaient mis hors de combat. Enghien voit le danger et le prévient. Avec une hardiesse qui tient du génie, et un bonheur qui tient du prodige, il passe avec sa cavalerie derrière les lignes ennemies et court attaquer l'aile droite espagnole, qui se croyait maîtresse du champ de bataille. Cette manœuvre, dont on n'avait point eu d'exemple, décida du succès ; il fallait le compléter. Les gros bataillons de l'infanterie espagnole, jusque-là invincibles, se forment en carrés ; dès que les Français approchent, les carrés s'ouvrent, démasquant dix-huit pièces de canon, qui vomissent la mort

---

1. Ce nom d'Enghien venait d'une baronnie belge (Enghien ou Anguien, près de Mons), dont la maison de Condé perpétua et illustra le titre. Le duc d'Enghien, né en 1621, à Paris, ne porta le titre de prince de Condé (Louis II) qu'en 1646, à la mort de son père (Henri II).

de toutes parts. Mais les bandes espagnoles sont entourées; Gassion a rejoint le duc d'Enghien. Toute l'armée française se précipite contre les quatre mille vieux soldats soutenus par leur général, le comte de Fontaines (Fuentes), qui, perclus, porté dans une chaise, conservée aujourd'hui dans un de nos musées, se fait tuer plutôt que de céder. Enfin, pour éviter un carnage inutile, des officiers espagnols demandent quartier. Enghien s'avance pour les écouter ; soit erreur, soit exaltation, les soldats espagnols continuent le feu. Alors les troupes françaises, indignées, se précipitent de nouveau avec fureur, et cette glorieuse journée se termine par le carnage le plus affreux, que le duc d'Enghien réussit à grand'peine à arrêter. Sept mille ennemis jonchaient le champ de bataille; deux cents étendards étaient le trophée de cette victoire d'un général de vingt-deux ans.

Turenne et Condé en Allemagne; victoires de Fribourg (1644) et de Nordlingen (1645). — Ce succès n'est que le premier anneau d'une chaîne de victoires qui immortalisent le jeune duc d'Enghien. Les Français venaient d'être rejetés hors de l'Allemagne. Condé repassa le Rhin et marcha contre les Impériaux avec Henri de la Tour-d'Auvergne, vicomte de **Turenne**. C'était le frère de ce duc de Bouillon, prince de Sedan, qui avait pris part aux complots contre Richelieu. Mais Turenne était resté fidèle à Louis XIII et avait fait apprécier dans les combats sa science militaire, qui lui avait valu la dignité de maréchal de France.

Turenne et Condé viennent attaquer l'armée ennemie retranchée sur les hauteurs de **Fribourg** (en Brisgau, aujourd'hui ville du grand-duché de Bade) et commandée par le célèbre général bavarois *Merci*. Cet habile capitaine, qu'on ne pouvait jamais surprendre en défaut, avait accumulé autour de lui les redoutes, les abatis d'arbres. Trois jours durant, les assauts continuèrent. Enghien entraîna ses soldats par son ardeur, jeta même, dit-on, sa canne par-dessus les palissades ennemies pour se forcer à l'aller reprendre, et emporta enfin la position (août 1644). Le résultat de cette victoire fut la prise des villes de *Philipsbourg*, de *Worms* et de *Mayence*.

Turenne conduisit son armée très avant en Allemagne; un échec à *Marienthal* le força à reculer. Enghien arrive alors à son secours et remporte, avec lui, la victoire de **Nordlingen**, dans la vallée du Danube (1645). Merci y périt.

Turenne en Allemagne; les généraux suédois. — Turenne reste à la tête des armées d'Allemagne et, par de savantes campagnes, fait admirer la précision de ses calculs et la profondeur de sa science. Il cherchait toujours à donner la main aux Suédois, qui, tantôt vainqueurs, tantôt repoussés, ne lâchaient point prise.

Dans leurs rangs, les grands capitaines se révélaient et se remplaçaient les uns les autres : à *Baner*, mort en 1641, avait succédé *Torstenson*, vieux, paralytique, mais qui étonna l'Allemagne par la rapidité de ses coups. De la Poméranie il court à la Silésie, puis de là au Jutland pour combattre le roi de Danemark, qui s'était déclaré pour l'Autriche; du Jutland à la Moravie et pousse ses troupes presque aux murs de Vienne (1645). Il meurt. *Wrangel* lui succède. Cette fois les Suédois auront des alliés. Jusqu'alors les Français n'avaient pu les joindre. Turenne, dont les troupes ont déjà forcé le duc de Bavière à se détacher de l'Autriche, parvient à se réunir avec *Wrangel* à Hanau. Le duc de Bavière ayant manqué à ses engagements et renoué son alliance avec l'Autriche, Turenne et Wrangel se portent vers le Danube, le passent à Ulm et triomphent à *Susmarshausen* (1648).

Turenne franchit le Lech et se dirige vers l'Inn. Il se voit sur le point de réussir dans cette marche toujours essayée, toujours suspendue, sur Vienne. Encore une fois, cette tentative fut arrêtée par le débordement de l'Inn. Un siècle et demi devait se passer avant que les Français réussissent à pénétrer dans Vienne. Mais cette audace de Turenne n'en effraya pas moins l'empereur Ferdinand III, qui régnait depuis 1637 et qui n'hésita plus à conclure les négociations entamées depuis longtemps déjà. Il se hâta même, quand il apprit les revers essuyés par ses alliés les Espagnols.

Victoire de Condé à Lens (1648). — C'était Condé que Mazarin avait envoyé contre les Espagnols. Jaloux du prestige qu'assuraient à un prince du sang tant de succès militaires, Mazarin avait rappelé Condé de l'Allemagne. Il lui avait donné d'abord l'ingrate mission d'aller dans les montagnes de la Catalogne prendre la ville de *Lérida* (1647). Condé avait échoué, et, en son absence, les Impériaux avaient repris l'avantage en Flandre : ils avaient pénétré en Artois. Mazarin y envoya aussitôt Condé, qui, traversant encore la France, cette fois du sud au nord, remporta une éclatante victoire près de **Lens**. « Amis, dit-il à ses soldats avant l'action, souvenez-vous de Rocroi, de Fribourg et de Nord-lingen. » Cette journée, décisive et brillante (20 août 1648), amena la signature des traités de *Westphalie*, qui terminèrent la guerre de Trente Ans et créèrent, pour ainsi dire, une Europe nouvelle.

Traités de Westphalie (1648). — Depuis 1640 on négociait à *Munster*, en Westphalie. La France y était représentée par d'habiles diplomates, *d'Avaux, Servien*, que dirigeait Mazarin, et qui surent tirer bon parti des victoires des généraux français Les traités de Westphalie sont les premiers traités généraux qui réglèrent la situation des puissances de l'Europe. Conclus à la suite d'un véritable *congrès*, ils cherchèrent à établir entre les nations rivales une balance des forces, qu'on a appelée l'équilibre européen.

La *France* obtint la renonciation de l'Empire à tous droits sur les évêchés de **Toul**, **Metz** et **Verdun**, réunis à la couronne depuis Henri II. Elle demeurait maîtresse de l'Alsace, moins *Strasbourg*, qui restait ville libre. La France toutefois payait, pour dédommager l'Autriche, une somme de trois millions de livres tournois. Jamais acquisition ne fut donc plus légitime : au droit de race, de conquête, s'ajoutait encore le rachat.

L'*Allemagne* s'engageait à n'avoir plus de villes fortifiées de *Bâle* à *Philipsbourg*, et cette dernière ville recevait une garnison française.

Les alliés de la France retiraient encore plus d'avantages de la paix de Westphalie. La **Suède** prenait pied en Allemagne : elle recevait la *Poméranie* et dominait la rive méridionale de la Baltique. Elle recevait l'archevêché de *Bremen*, l'évêché de *Verden*, et tenait les embouchures de trois grands fleuves allemands, l'Oder, l'Elbe et le Weser. Elle acquérait trois voix à la diète allemande.

Grâce à l'appui de la France, l'électeur de **Brandebourg** voyait ses États singulièrement agrandis par le territoire de l'archevêché de *Magdebourg*, des évêchés de *Camin* et de *Minden*. C'est le vrai point de départ de la puissance de cette maison.

L'Électeur palatin recouvra une partie de ses domaines et sa dignité. Le duc de Bavière n'en garda pas moins le titre d'Électeur qui lui avait été donné, et le nombre des princes chargés de choisir l'empereur se trouva porté à *huit*. Le duc de Saxe reçut aussi quelques territoires, pris également au détriment des domaines ecclésiastiques, dont beaucoup furent sécularisés.

La Hollande et la Suisse étaient reconnues comme républiques indépendantes.

Deux clauses spéciales réglèrent la *constitution* de l'Allemagne, où le régime féodal triomphait. Les traités de Westphalie reconnaissaient l'*indépendance des États*, des *villes impériales* et le droit des souverains de conclure des alliances étrangères. Ils consacraient ainsi l'affaiblissement de l'Empire, la division de l'Allemagne, et ouvraient ce pays à l'action dissolvante de ses voisins, dont quelques-uns, comme la Suède, étaient même entrés dans la place. Au moment où la France arrivait à l'extrême concentration de ses forces sous l'autorité absolue d'un monarque, l'Allemagne retomba dans le chaos. Aussi ces traités sont-ils regardés par les Allemands comme les plus funestes de leur histoire, et ils ne les ont que trop vengés en 1870.

La guerre de Trente Ans avait été politique et religieuse. Les traités de Westphalie rétablirent la paix religieuse en renouvelant les stipulations de la paix d'Augsbourg. La *tolérance* fut proclamée ; les princes furent libres d'adopter dans leurs États la religion qui leur conviendrait. La *Chambre impériale* fut composée moitié de protestants, moitié de catholiques. Le triomphe de la tolérance était le seul résultat heureux, pour l'Allemagne, de cette lutte qui avait accumulé les malheurs et les ruines.

La guerre de Trente Ans avait été surtout glorieuse pour la France, qui avait fait un pas de plus vers ses limites naturelles. Elle avait arrêté l'essor de la maison d'Autriche et protégé, avec la liberté des princes allemands, l'indépendance de l'Europe.

L'Espagne refusa d'accéder aux traités de Westphalie. Elle comptait sur une guerre civile qu'on savait près d'éclater en France ; mais cette guerre ne la sauvera pas, et, après la bataille des *Dunes* (1658), elle céda à son tour.

Traité des Pyrénées (1659). — Mazarin, pour triompher de l'Espagne, n'avait pas hésité à s'allier avec le régicide Cromwell. Ce fut dans l'île des Faisans, au milieu de la rivière la Bidassoa, qui sépare la France de l'Espagne, qu'eurent lieu entre le cardinal Mazarin et don Louis de Haro les conférences qui amenèrent le *traité des* Pyrénées (1659) et le *mariage du roi de France avec l'infante d'Espagne.*

Par le traité des Pyrénées, la France garda l'Artois, la Cerdagne[1], le Roussillon. Une dot considérable était assurée à l'infante *Marie-Thérèse*; mais Mazarin subordonna au payement de la dot la renonciation que fit la princesse à ses droits à la couronne d'Espagne. Mazarin savait bien que l'Espagne ne pourrait point payer. Son but, en concluant ce mariage, était de préparer pour l'avenir la réunion des Pays-Bas, de la Franche-Comté et de l'Espagne à la France. Louis XIV ne perdra point de vue ces projets.

Mazarin survécut peu à ce traité; il mourut en 1661, après avoir dignement continué et couronné l'œuvre de Richelieu.

III. — L'Angleterre sous les Stuarts.

La révolution de 1640. — Cromwell. — La Restauration.

I. — LES STUARTS. — JACQUES Ier. — CHARLES Ier.

Les traditions anglaises. — L'Angleterre s'était tenue en dehors du grand conflit qui avait bouleversé l'Europe, parce qu'elle était troublée par de graves querelles intérieures. Elle faisait sa révolution et constituait un gouvernement où les caprices d'une volonté unique seraient contenus, ses défaillances réparées par la volonté d'une assemblée élue, en un mot un gouvernement équilibré, pondéré, qui devait servir de modèle aux autres peuples.

Si l'Angleterre se montra, au xviie siècle, plus avancée que les autres pays, il faut se rappeler ses vieilles traditions de liberté. Les Tudors éludèrent, mais ne heurtèrent point ces traditions. Ils appesantirent leur tyrannie sur les individus, mais ne vexèrent point à la fois toute la nation. Ils avaient asservi le Parlement, mais le réunissaient. Le caractère énergique de Henri VIII, de Marie Tudor, d'Élisabeth, imposait aux populations, et leur politique nationale, surtout pendant le règne d'Élisabeth, les séduisait. Toutefois les progrès du commerce rendirent la bourgeoisie plus jalouse de garanties devenues précieuses à cause de la grandeur des intérêts à protéger. Plus riche, la bourgeoisie com-

---

1. La Cerdagne française, située sur le versant nord des Pyrénées orientales, avait pour chef-lieu Montlouis.

mençait, dès le règne d'Élisabeth, à veiller sur sa bourse, et cette reine altière n'avait évité des conflits que par une stricte économie. La question de la sécurité religieuse s'ajouta à celle de la sécurité financière et politique, et la solution, chèrement achetée, fut le gouvernement libre qui régit aujourd'hui l'Angleterre, et dont l'amour fait le fond de tout Anglais.

Toute une dynastie, la famille des **Stuarts**, s'épuisa à lutter contre l'esprit nouveau. La Révolution anglaise dura quatre règnes, coupés par un essai de république.

Jacques Ier (1603-1625). — A la fière et impérieuse Élisabeth succéda le fils de Marie Stuart, *Jacques Ier*, prince brave en paroles, timide dans ses actes; savant théologien, roi incapable, obstiné et intrépide dans les discussions, tremblant devant une épée nue; « *capitaine ès arts*, comme disait spirituellement Henri IV, et *clerc aux armes* ».

Conspiration des Poudres (1605); lois rigoureuses contre les catholiques. — Sous le règne du fils de Marie Stuart, les catholiques avaient espéré un peu de repos et de liberté. Mais Jacques était *anglican*, et il maintint les lois pénales relatives aux catholiques. Les plus fougueux conspirèrent et placèrent des barils de poudre sous la chambre où se réunissait le Parlement. Roi, ministres, lords, députés auraient péri sans une dénonciation (1605). Cette conspiration, dite *des poudres*, excita l'indignation et la terreur. Après les supplices vinrent les lois les plus rigoureuses. Écartés des fonctions publiques, des professions libérales, de juges, d'avocats, de médecins, les catholiques perdirent même quelques droits civils, car ils ne pouvaient être tuteurs. Soumis à une surveillance tyrannique, éloignés de la capitale, ils ne purent résider à moins de quinze kilomètres de Londres. Pour avoir des domestiques catholiques, il fallut payer un droit élevé, et payer encore pour inviter un catholique à sa table. Les catholiques formèrent dès lors une classe inférieure, qui n'a été relevée de cette flétrissure que dans notre siècle.

Les presbytériens. — Or, à la même époque, les protestants se divisaient. L'anglicanisme, nous l'avons dit, mêlait les doctrines protestantes aux rites catholiques. « La constitution, les doctrines, les offices et cérémonies de l'Église anglicane gardent encore aujourd'hui les marques visibles du compromis qui lui donna naissance. Elle occupe un juste milieu entre les Églises de Rome et de Genève. Les professions de foi de ses docteurs et ses traités, composés par des protestants, établissent des principes théologiques auxquels Calvin ou Knox auraient à peine trouvé un mot à changer. Ses prières et ses oraisons, tirées des anciens bréviaires, sont telles en général, que le cardinal Fisher et le cardinal Pole auraient pu de tout cœur les adopter. » (Macaulay.)

Il était bien difficile de mainten'r un pareil compromis, surtout en présence des Églises calvinistes d'Écosse, de Hollande, de Suisse, avec lesquelles l'Église d'Angleterre semblait d'accord. Les rois penchaient naturellement du côté de la hiérarchie : le peuple inclinait à se régler en tout sur les calvinistes. Jacques Ier surtout, imbu des maximes d'autorité, entendait conserver et imposer même la hiérarchie anglicane, l'épiscopat. Les *presby-tériens* rejetaient l'autorité des évêques et ne reconnaissaient que la direction de simples pasteurs, libres de tout lien; ces doc. trines conduisaient à rejeter l'autorité des officiers royaux, et d'ailleurs, le roi se trouvant le chef de la religion du pays, instituant les évêques, méconnaître son pouvoir religieux, c'était affaiblir son autorité tout entière, c'était se révolter. Les dissidences dans la foi amenaient donc des dissidences politiques. La nécessité de conquérir la liberté religieuse fit apprécier celle de conquérir la liberté politique : de là le caractère grave, fanatique, ardent de la révolution anglaise.

Les puritains. — Les anglicans fortifiaient la hiérarchie et ramenaient peu à peu les usages romains; les presbytériens se voyaient, dans leur éloignement de ces usages, débordés par les *puritains*. Les persécutions subies par les séparatistes avaient été assez dures pour les irriter, et pas assez pour les détruire. Selon l'habitude des sectes opprimées, ils prenaient leurs sentiments de vengeance pour des émotions pieuses, entretenaient par la lecture et la méditation leur disposition naturelle à concentrer en eux et à caresser l'idée des injures subies, et, lorsqu'ils avaient bien travaillé à se remplir de haine contre leurs ennemis, s'imaginaient ne haïr que les ennemis de Dieu.

« Les puritains extrêmes commençaient à ressentir pour l'Ancien Testament une prédilection qu'ils ne s'avouaient peut-être pas à eux-mêmes, mais qui se manifestait dans tous leurs sentiments et toutes leurs habitudes. Le vêtement, l'allure, le langage, les études, les amusements de cette secte rigide furent réglés sur des principes pareils à ceux des pharisiens. Le puritain accompli était immédiatement reconnaissable au milieu des autres hommes par sa démarche, son costume, ses cheveux plats, l'aigreur solennelle de sa figure, ses yeux levés en haut, son accent nasillard, et, avant tout, par son jargon particulier. Il employait en toute occasion les images et le style de l'Écriture.

« Ainsi le schisme religieux politique qui avait pris naissance au xvi* siècle ne fit que s'élargir de plus en plus pendant le premier quart du xvii* siècle. Des théories qui menaient droit au despotisme turc étaient à la mode à Whitehall; des théories tendant au républicanisme étaient en faveur auprès d'un grand nombre de membres des Communes. Les prélatistes, violents, zélés comme un seul homme pour la prérogative royale, et les puritains, violents, zélés comme un seul homme pour les privilèges du Parlement, se trouvaient en présence, pleins d'une animosité bien plus grande que celle qui, dans la génération précédente, avait existé entre les catholiques et les protestants. » (Macaulay.)

Jacques Ier et le Parlement. — Jacques se piquait de théologie et ne voulait point tolérer les dissidences religieuses. Il était imbu de la doctrine du droit divin et professait hautement que son autorité était absolue. Il mit donc contre lui tous ceux qui rejetaient le culte anglican et tous ceux qui avaient conservé les vieilles traditions de la liberté. Regardant le Parlement comme un instrument dont il pouvait faire ce qui lui plaisait, Jacques le brisait lorsque l'instrument résistait. Trois fois (1610, 1614, 1622) il cassa le Parlement et provoqua de nouvelles élections. Trois fois les électeurs lui envoyèrent des députés de plus en plus animés de dispositions hostiles, de plus en plus résolus à contrôler sévèrement l'administration royale, à dénoncer les abus, les vexations, à surveiller l'emploi des subsides que Jacques gaspillait en prodigalités insensées, à combattre les favoris, d'abord *Robert Carr*, créé comte de Somerset, puis *George Villiers*, créé duc de *Buckingham*, et scandalisant par ses folies non seulement l'Angleterre, mais l'Europe.

Jacques, pour ne pas se mettre à la discrétion de ses sujets, évita les guerres, abandonna le parti protestant en Europe, laissa dépouiller son propre gendre l'électeur palatin, renonça à toute influence extérieure. Il laissa cependant à son fils Charles une guerre avec l'Espagne, provoquée par les folies du favori Buckingham, et il s'était vu obligé, pour obtenir des subsides, de faire des concessions, de consentir à ce que la perception et l'administration de l'impôt fussent confiées à des commissaires du Parlement. Pour avoir voulu trop l'abaisser, Jacques l'avait grandi, et son fils en allait être la victime.

Charles Ier (1625 1649). — Charles, monté sur le trône en 1625, venait d'épouser une princesse française et catholique, Henriette, fille de Henri IV, sœur de Louis XIII. « Il avait reçu de la nature une intelligence infiniment plus remarquable, une volonté infiniment plus forte, un caractère beaucoup plus ferme et plus pénétrant que son père. Il avait hérité de ses doctrines politiques et était beaucoup plus disposé que lui à les mettre en pratique. Comme son père, il était un partisan zélé de l'épiscopat. Il serait injuste de refuser à Charles quelques-unes de ses qualités d'un bon et même d'un grand prince. L'absence de bonne foi fut la principale cause de ses malheurs et la plus grande tache qui déshonore sa mémoire. Un incurable penchant le portait aux moyens ténébreux et tortueux. » (Macaulay.)

De 1625 à 1629 Charles essaya de gouverner d'accord avec son Parlement. A la guerre contre l'Espagne il avait ajouté une guerre contre la France, pour soutenir les protestants de la Rochelle. Deux fois néanmoins, et coup sur coup, dès le début de son règne (1625, 1626), il renvoya la Chambre des communes, qui demandait toujours la réparation de ce qu'elle appelait les *griefs de la nation*, et l'éloignement du favori Buckingham. Celui-ci périt assassiné par un fanatique, John Felton (1628), au moment où il allait prendre le commandement de la flotte destinée à secourir la Rochelle, assiégée par le cardinal de Richelieu. La flotte partit cependant; mais, arrêtée par la digue que les Français avaient construite, elle ne put empêcher la Rochelle de succomber.

Les Anglais ressentirent vivement cet échec. Charles se vit enfin obligé de réunir un troisième Parlement et d'accepter la loi célèbre connue sous le nom de **pétition des droits (1628)**, et qui est la seconde grande charte de l'Angleterre. « En ratifiant cette loi, il s'engageait à ne lever jamais d'impôts sans le consentement des Chambres, à ne jamais emprisonner personne, excepté selon les formes de la loi, à ne jamais soumettre son peuple à la juridiction des cours martiales. »

Gouvernement personnel de Charles Ier (1629-1640). — Charles tint sa parole quelques semaines, puis renvoya le Parlement et songea sérieusement à n'en plus réunir. De mars 1629 au mois d'avril 1640, les Chambres ne furent pas convoquées. Charles fit la paix avec l'Espagne et la France, et pourvut aux dépenses du gouvernement en levant les taxes de son autorité privée. Thomas Wenworth, **comte de Strafford**, l'excitait à poursuivre ce système à outrance, et alla réprimer tous les soulèvements en Irlande. L'archevêque de Cantorbéry, **Laud**, suivait un système aussi despotique pour établir partout la hiérarchie et la liturgie anglicanes. La *Chambre étoilée* servit la tyrannie politique ; la *Haute Commission*, la tyrannie religieuse. Les odieux supplices infligés au docteur Leighton, à l'avocat Prynne, au ministre Burton, la mutilation du visage qu'ils supportèrent héroïquement pour leurs opinions religieuses (on leur coupa le nez, les oreilles), excitèrent la plus vive indignation.

Le courage pacifique de Hampden donna un exemple bien grand de résistance légale à l'illégalité. Les anciens princes n'avaient levé l'argent des vaisseaux (*ship money*) qu'en temps de guerre et dans les provinces des côtes : maintenant on l'imposait en pleine paix et aux comtés de l'intérieur.

John *Hampden*[1], gentilhomme opulent et bien né du comté de Buckingham, très considéré dans son voisinage, mais d'une réputation plus grande encore dans le royaume, eut le courage de prendre l'initiative de la résistance, d'affronter le pouvoir du gouvernement et de prendre pour son compte les dépenses et les périls d'un débat sur la prérogative que le roi voulait s'arroger. L'affaire fut plaidée devant les juges de la cour de l'Échiquier. Les arguments dirigés contre les prétentions de la couronne étaient si forts que, malgré la servilité et la dépendance des juges, la majorité contre Hampden fut la plus faible possible.

II. — LA RÉVOLUTION DE 1640. — LA GUERRE CIVILE.

Le Long Parlement (1640-1649). — Cependant l'Angleterre pliait. Les plus exaltés quittaient le pays et s'en allaient chercher dans les forêts d'Amérique la liberté religieuse et politique qui présida ainsi à la naissance des États-Unis. Le système de Charles eût peut-être réussi avec le temps, mais Laud compromit tout en voulant imposer l'anglicanisme à l'Écosse, où dominait la religion presbytérienne. L'Écosse se souleva. Les presbytériens se liguèrent pour la défense de leur foi et jurèrent le

---

1. Hampden périt dans un des premiers combats de la guerre civile (1643).

Covenant (union politique et religieuse). Il fallut de l'argent pour combattre les rebelles. Il fallut enfin réunir le Parlement, qui revint plus irrité que jamais (avril 1640). Le roi le renvoya encore une fois, mais la guerre d'Écosse le mettait à la discrétion des députés : il les rappela. En novembre 1640 se réunit ce parlement célèbre qui s'appela le *Long Parlement*.

Ce Parlement s'empara tout de suite de l'autorité, décida qu'il ne s'écoulerait jamais entre deux parlements un intervalle de plus de trois ans, balaya la Chambre étoilée et la Haute Commission, délivra les prisonniers politiques, décréta d'accusation Laud et Strafford, et obtint du roi la déclaration que *la Chambre des communes*, alors en fonctions, *ne pouvait être renvoyée sans son consentement*. C'était proclamer son indépendance, temporaire sans doute, mais réelle.

Le procès de Strafford fut instruit avec activité et porté devant la Chambre des lords, qui parut sensible à la noble attitude et à l'éloquente défense de l'accusé. Les preuves légales de haute trahison manquaient. Strafford paraissait sauvé. La Chambre des communes, qui voulait sa tête, le mit hors jugement, hors la loi, par le *bill d'attainder*, arme terrible dont disposaient les Chambres pour frapper ceux que l'on ne pouvait convaincre et tous ceux que les tribunaux ne pouvaient condamner. Strafford demanda lui-même à Charles de ratifier le bill. Son assurance ne se démentit point sur l'échafaud (12 mai 1641). Laud devait l'y suivre quatre ans après, et Charles lui-même huit ans plus tard.

La guerre civile (1642-1645). — Charles, de plus en plus irrité contre le Parlement, songeait à tirer l'épée. Un immense soulèvement en Irlande, où quarante mille protestants anglais périrent, raviva les défiances : on accusa le roi et la reine de l'avoir excité. Il fallait une armée, et le Parlement craignait de donner à Charles les moyens de le réduire. La Chambre commençait d'ailleurs à se diviser. Les conservateurs s'effrayaient et se ralliaient au roi : on les appela les *Cavaliers*. L'opposition, de plus en plus violente, comprenait les plus ardents puritains, appelés *Têtes rondes* (parce qu'ils portaient leurs cheveux coupés très courts ; les Cavaliers les portaient au contraire longs et flottants). Le roi voulut dompter cette opposition et préparait une armée. La Chambre des communes le prévint en votant le *bill de la milice* (7 décembre), en vertu duquel l'organisation de l'armée et la nomination de ses chefs n'auraient lieu dorénavant qu'avec le concours du Parlement. Le 3 janvier 1642, le roi voulut faire saisir cinq députés, et se rendit lui-même à la Chambre pour les arrêter. Il échoua. La ville de Londres se souleva. Charles alors (10 janvier 1642) quitta la capitale et alla déployer sur les tours du château de Nottingham l'étendard royal, appelant à lui les amis de la royauté. Pour lui combattaient la noblesse, le clergé et tous les partisans de l'Église anglicane, les catholiques ralliés à sa cause par la reine. Le Parlement était soutenu par les presbytériens, les petits propriétaires campagnards, les marchands. Le Parlement avait pour lui Londres et les comtés environnants, la flotte, la navigation de la Tamise, un grand nombre de villes importantes et de ports de mer. Le roi comptait sur la fidélité des comtés du Nord et de l'Ouest.

La lutte fut d'abord favorable à Charles, près de **Worcester** et d'**Edge-Hill**; la bravoure de sa noblesse triomphait de l'inexpérience des soldats du Parlement. Il ne sut pas profiter de ses avantages et, au lieu de marcher sur Londres, s'attarda au siège de *Glocester*. L'armée parlementaire accourut et le força à lever le siège. Puis le comte d'Essex, qui commandait les parlementaires, remporta une victoire près de **Newbury** (1643). L'Écosse, jusqu'alors indécise, se prononça pour le Parlement, qui promettait la réunion des deux Églises presbytériennes d'Angleterre et d'Écosse.

Les Indépendants; Olivier Cromwell. — Une secte surtout prenait part à la guerre avec énergie, la secte des *Indépendants*. Ils rejetaient toute hiérarchie, toute autorité religieuse; chaque congrégation exerçait le pouvoir spirituel. De là aussi négation de toute autorité monarchique. Ils étaient, suivant leur expression, *réformateurs depuis la racine jusqu'aux branches*, *radicaux*, comme nous dirions aujourd'hui, et songeant à établir une république.

L'âme de ce parti était Olivier Cromwell[1]. Il vit qu'il était nécessaire de reconstituer l'armée du Parlement. Il fallait trouver des soldats qui ne fussent pas des mercenaires, des soldats

---

1. Cromwell naquit en 1599, dans une ferme des bords de l'Ouse, près de Huntingdon. Cromwell avait dix-huit ans lorsqu'il perdit son père; il épousa quelques années après (1620) la fille d'un riche marchand, Élisabeth Bourchier. Il dut faire élever les six sœurs que lui avait laissées son père, ea vécut en faisant valoir ses belles propriétés qui lui assuraient l'aisance. Il devint député au Parlement en 1628.

d'une condition honorable, d'un caractère grave, craignant Dieu, et zélés pour les libertés publiques. C'est de tels hommes qu'il remplit son régiment (qu'on appela les Côtes de fer), et les soumit à la discipline la plus rigide.

Les événements de l'année 1644 prouvèrent pleinement la supériorité de ses talents. Dans le Sud, où commandait Essex, les forces parlementaires essuyèrent une succession de honteux désastres; mais, dans le Nord, la victoire de **Marston-Moor** (comté d'York, 2 juillet 1644) compensa amplement toutes les autres pertes : il fut notoire que la bataille, perdue par les presbytériens, avait été regagnée par Cromwell et la valeur inflexible des soldats disciplinés par lui. On changea le système militaire et les généraux. Fairfax, brave soldat, mais d'une intelligence étroite et d'un caractère irrésolu, avait le titre de général en chef des troupes, dont Cromwell était le chef réel. Cromwell se hâta d'organiser toute l'armée sur les mêmes principes que son régiment. Aussitôt cette opération terminée, l'issue de la guerre fut décidée. Les Cavaliers avaient maintenant à affronter un courage naturel égal au leur, un enthousiasme plus fort que le leur, une discipline qui leur faisait entièrement défaut. Il passa bientôt en proverbe que les soldats de Fairfax et de Cromwell étaient d'une autre race que les soldats d'Essex. C'est à **Naseby** (14 juin 1645) qu'eut lieu la première grande rencontre entre les royalistes et l'armée renouvelée du Parlement. La victoire des Têtes rondes fut complète et décisive. Elle fut rapidement suivie d'autres triomphes. En quelques mois l'autorité du Parlement fut établie sur tout le royaume.

Charles se réfugia en Écosse, comptant, malgré ses fautes, trouver un appui, au moins un asile, dans ce pays, berceau de sa famille. Les Écossais le retinrent prisonnier, et, en 1647, le vendirent indignement aux Anglais pour 400 000 livres sterling.

Progrès de la puissance de Cromwell; coup d'État contre le Parlement; le Rump (1648). — L'armée, toute-puissante, ne tarda pas à imposer ses volontés au Parlement. Cromwell avait fait voter par les députés le *bill du renoncement*, par lequel ils renonçaient aux fonctions lucratives. Le comte d'Essex et les autres seigneurs avaient dû, pour conserver leur siège à la Chambre, renoncer à leur commandement. Cromwell aurait dû, comme les autres députés, résigner son commandement, mais il sut, par des missions extraordinaires, éluder le bill qu'il avait imposé aux autres et remplit l'armée des Puritains, des Indépendants les plus exaltés. Leur exaltation avait même donné naissance à une secte nouvelle, celle des *Niveleurs*, qui voulaient courber toutes les têtes sous le même niveau, et dont les doctrines auraient ruiné la discipline, si Cromwell n'eût dompté ces fanatiques. Le Parlement, composé principalement de presbytériens, commençait à s'inquiéter de la puissance des Puritains; il voulait licencier une partie de l'armée, mais celle-ci, loin de céder, ne tarda pas à dominer le Parlement. Des Indépendants enlevèrent le roi, avec lequel les presbytériens semblaient vouloir se réconcilier; puis les soldats marchèrent sur Londres et se rendirent maîtres de la ville (1647).

Cromwell craignait toujours que le roi ne lui échappât. Il favorisa son évasion, mais c'était un piège, et Charles, réfugié dans l'île de Wight, où commandait un ami de Cromwell, se trouva plus étroitement gardé. Cette fuite du roi, que l'on avait crue réelle, ranima l'espoir des royalistes; des soulèvements éclatèrent. Les Écossais, honteux de leur trahison, reprirent les armes pour l'effacer. Cromwell les battit à *Preston* (1648), et tous les autres soulèvements furent rigoureusement réprimés. Cromwell absent, le Parlement négociait avec le roi. Il préférait au despotisme militaire le rétablissement de l'autorité royale. Il déclara, à la majorité, que les concessions de Charles offraient des bases suffisantes pour la paix. Alors l'armée marcha de nouveau sur Londres et purgea le Parlement, c'est-à-dire chassa la plus grande partie de ses membres (6 décembre 1648). Ce Parlement tronqué ne compta plus que quatre-vingts membres au lieu de cinq cent six et reçut le nom méprisant de *Rump (croupion)*. La mort du roi fut décidée.

Mort de Charles Ier (9 février 1649). — Charles, qui avait malheureusement par sa duplicité empêché toute négociation de réussir, se releva quand il se vit perdu. La Chambre des lords refusa de le juger : on la renvoya. Aucune cour de justice ne se crut le droit de lui faire son procès : on forma alors une Commission extraordinaire, remplie de ses ennemis les plus acharnés. Ce roi captif exprima lui-même les sentiments de son peuple opprimé, refusa virilement de se justifier devant une cour illégalement formée, appela de la violence militaire aux principes de la constitution, demanda de quel droit la Chambre des communes avait été diminuée de ses membres les p'us respectables, de quel droit la Chambre des lords avait été privée de ses fonctions législatives, et avertit ses auditeurs, fondant en larmes, qu'il ne défendait pas seulement sa cause, mais la leur.

Condamné à mort, Charles ne manifesta aucun trouble. On dressa l'échafaud sur la place de Whitehall, en face même de son propre palais. Il y monta avec calme (9 février) et donna lui-même le signal du coup fatal.

III. — Cromwell.

Dictature de Cromwell (1649-1653); Cromwell Lord Protecteur (1653-1658). — Il n'y avait plus de roi. Il n'y aura bientôt plus de Parlement. Cromwell toutefois n'était point encore le maître. L'Irlande, l'Écosse se soulevaient et appelaient le jeune fils de Charles. Nommé lord lieutenant d'Irlande, Cromwell se hâta d'aller écraser cette révolte, et fit une guerre d'extermination.

Puis il reparut en Angleterre, où le rappelaient les progrès des Écossais. Il fut vainqueur à *Dunbar* (1650). Néanmoins les Écossais ne se tinrent point pour domptés et couronnèrent solennellement Charles II (1651), qui avait adhéré à leur ligue, ou *Covenant*. Ils envahirent ensuite l'Angleterre, et Charles II essaya de marcher sur Londres; mais ses dernières espérances furent ruinées à la journée de *Worcester* (3 septembre 1651). Le jeune prince n'échappa à ses ennemis qu'après une course errante de plusieurs mois et grâce au dévouement d'hommes du peuple attachés à sa cause. Il ne fut point trahi, malgré le prix magnifique auquel on avait mis sa tête.

Cromwell se trouva alors tout-puissant, car il dominait l'armée et l'armée dominait le pays.

Vainqueurs de l'Écosse et de l'Irlande, les soldats n'étaient guère disposés à se soumettre à l'ombre de Parlement qu'ils avaient jusqu'alors maintenue. Cromwell chassa ce débris détesté et méprisé du Long Parlement sans rencontrer la moindre résistance (1653). Paraissant tout à coup au milieu de la salle des séances, il dit : « Le temps est venu, le Parlement est assez mûr pour être dissous ». Puis, injuriant les membres, leur jetant à la face leurs fautes et leurs vices, il s'écria : « Allons, allons, nous en avons assez, je vais finir tout cela et faire taire les bavards ». Alors, s'avançant au milieu de la

Chambre, frappant du pied le parquet, il donne l'ordre aux mousquetaires d'entrer. Il prend la masse d'argent, symbole du pouvoir des Communes, et dit : « Que ferons-nous de ce joujou ? emportez-le ». Il fait sortir tous les députés, ferme les portes et prend les clefs. Le lendemain, dit-on, sur la porte de la Chambre on trouva un écriteau : *Maison à louer*. Cromwell essaya bien de constituer un autre Parlement, peuplé de ses créatures ; mais ces assemblées ou se prenaient au sérieux et irritaient leur maître, ou se rendaient ridicules par leur fanatisme biblique, et nuisaient au pouvoir. Cromwell s'en débarrassa. Il gouverna l'Angleterre avec le titre de *Lord Protecteur* et avec l'autorité d'un roi (1653). La secrète ambition de son cœur eût été de rétablir la monarchie au profit de sa famille, mais il recula devant les opinions républicaines de l'armée, son unique appui. Les soldats voulaient bien servir la tyrannie, mais non l'orgueil de leur chef.

Cromwell et l'Irlande. — Bien que vaincue, l'Irlande s'agitait encore. Cromwell poursuivit sa mission avec une cruauté sans égale. Aux massacres de la guerre, à la destruction des villes, il fit succéder une persécution méthodique, le bannissement, la transportation de milliers de familles, la confiscation des terres. Il imprima à l'émigration anglaise et calviniste une vive impulsion. On vit rarement travailler avec plus de sang-froid, de ténacité, à l'extermination d'une race, à la ruine d'une religion. Et les Irlandais ne furent pas détruits, et la population celtique prima encore la population saxonne, la religion catholique la religion protestante ! Exemple frappant de la vitalité d'un peuple, de la force d'un sang généreux et d'un esprit vraiment national. Toutefois cette politique atroce de Cromwell désola l'Irlande : elle commença cette longue série de souffrances d'un peuple appauvri qui de temps en temps jette un cri de détresse, car souvent il meurt de faim.

L'acte de Navigation et les colonies anglaises. — La fermeté de Cromwell dans sa politique extérieure a fait oublier aux Anglais son despotisme intérieur. L'influence anglaise se releva dans le monde.

Par l'*acte de Navigation* (1651), Cromwell porta un coup sensible à la puissance commerciale des Hollandais. Cette loi, complétée en 1660 sous Charles II, réservait le cabotage aux navires britanniques, *ainsi que le commerce des colonies anglaises*. Tous les produits d'Asie, d'Afrique et d'Amérique ne purent être amenés que par la *marine britannique*, obligée, de plus, d'aller les chercher dans les lieux mêmes de production. Les Européens ne gardèrent que le droit d'importer en Angleterre, sur leurs propres navires, les produits de leur propre sol ou de leur propre travail. Un vaisseau étranger ne pouvait transporter en Angleterre les marchandises d'un autre pays que le sien, et il y eut un système de surtaxes qui forçait les peuples privés de marine à emprunter pour leur commerce des navires britanniques.

Cette loi, qui, maintenue jusqu'à nos jours, a valu à l'Angleterre son étonnante prospérité commerciale, frappait surtout les Hollandais, qui faisaient principalement un commerce de commission, de transport. Une guerre éclata où la marine hollandaise, si forte et si brillante qu'elle fût, se vit égalée et vaincue par la marine anglaise. Les célèbres amiraux *Tromp* et *Ruyter* furent battus par l'amiral anglais *Blake* (1652-1653). Les deux républiques conclurent en 1654 une paix qui ne terminait point leur rivalité commerciale.

Cette guerre glorieuse fortifia Cromwell, qui traitait en roi avec les rois de l'Europe. Il négociait, menaçait, voyait son alliance partout recherchée et achetée par le cardinal Mazarin au prix de *Dunkerque*. Bien qu'uni à des princes catholiques, il n'en suivait pas moins une politique toute protestante, selon les traditions d'Élisabeth. Il parlait même, si l'on persécutait les protestants, de faire tonner les canons anglais à Rome, au château Saint-Ange.

Mort de Cromwell (1658). — Prospère, redoutée, l'Angleterre n'en frémissait pas moins sous la domination de Cromwell, qui eut à réprimer des insurrections, à déjouer des conspirations. L'austérité des puritains, leurs ordonnances aussi bizarres que sévères, fatiguaient le pays, et Cromwell se trouvait obligé de céder à un zèle religieux qu'il savait bien impolitique. Le Protecteur, craint, admiré même, se savait détesté : il était découragé bien qu'il eût réussi dans son œuvre, triste bien qu'il eût obtenu au delà de ses désirs. Menacé par de continuels complots, effrayé de vivre au milieu des haines innombrables qu'il avait soulevées contre lui, épouvanté du prix immense que l'on pouvait attacher à sa mort, il redoutait la main d'un ami, le glaive d'un émissaire de Charles ou d'un fanatique ; il cachait sous ses vêtements une cuirasse, des pistolets, des poignards, et, dans la précipitation de ses voyages, portait quelque chose d'inquiet, d'irrégulier, d'inattendu, comme s'il avait toujours eu à déconcerter un plan de conspiration ou à détourner le bras d'un assassin. Cromwell mourut le 3 septembre 1658.

Cromwell n'avait cherché ni à établir un gouvernement républicain, ni à fonder une dynastie. Son autorité absolue fut toute personnelle : son administration ne fut, à vrai dire, qu'un interrègne brillant entre celle du roi dont il avait fait tomber la tête et celle du fils de ce roi, qui n'allait pas tarder à être rappelé.

IV. — État de l'Europe vers 1660.

Décadence de l'Espagne. — Prospérité de la Hollande. — Prépondérance de la Suède dans le Nord. — La paix d'Oliva.

L'Europe en 1610 et en 1660. — En un demi-siècle, la situation politique de l'Europe s'était bien modifiée. La maison d'Autriche perdait presque son autorité sur l'Allemagne, tout en gardant le titre impérial. La maison d'Espagne avait dû renoncer à quelques-unes de ses provinces annexes. La Hollande semblait appelée à devenir un État de premier ordre. Gustave-Adolphe avait en quelque sorte révélé la force de la Suède. L'Angleterre, sous Cromwell, avait déjà affirmé sa volonté d'être une grande puissance maritime. Enfin la France, si longtemps réduite à lutter contre de redoutables voisins pour son existence même et ses frontières, s'était hardiment mise au premier rang. Elle allait encore grandir sous Louis XIV.

Décadence de l'Espagne. — L'Espagne avait renoncé à l'*Artois*, au *Roussillon*. Elle avait reconnu l'indépendance de la république des *Provinces-Unies*. Le *Portugal* lui avait échappé en 1640. Peu à peu les provinces annexes se détachaient. Encore s'il n'y eût eu que cette amputation de branches parasites; mais l'arbre lui-même souffrait.

La politique étroite et fanatique des souverains espagnols avait amené une énorme diminution de la population et porté un coup sensible à l'agriculture par l'expulsion de 200 000 Morisques et par une continuelle émigration en Amérique. De vastes espaces dans les provinces avaient été convertis en solitudes. Les Espagnols avaient renoncé aux travaux industriels et ne rêvaient que de l'or américain. En attendant, ils se trouvaient obligés de demander à l'étranger presque tous les objets fabriqués. L'or apporté par les galions d'Amérique coulait rapidement entre les doigts des Espagnols et allait enrichir les nations industrieuses et commerçantes. Le despotisme, appuyé par l'Inquisition, qui faisait de la religion un instrument politique, n'avait jamais abouti à une dégradation plus profonde d'un peuple fier, et à une misère plus affreuse d'un peuple maître encore de riches mines d'or et d'argent.

Philippe IV régnait encore, mais il avait été tenu durant vingt ans, de 1621 à 1641, sous la tutelle d'*Olivarès*, ministre entreprenant et brouillon qui au moins avait essayé de lutter pour conserver la grandeur ancienne. Après la disgrâce d'Olivarès les revers s'étaient multipliés. Après la mort de Philippe IV (1665), l'Espagne descendra encore plus bas, si bien qu'elle sera livrée à une dynastie étrangère. La maison de Bourbon médite déjà de s'y implanter.

Asservissement de l'Italie. — L'Italie n'avait même pas cherché à profiter de la décadence de la monarchie espagnole. Il y avait bien eu quelques mouvements isolés, une révolte en Sicile conduite par le batteur d'or *Giuseppe d'Alesio*, puis celle du pêcheur *Masaniello* à *Naples* (1647). Ces mouvements populaires, n'étant soutenus par aucun des princes italiens, ne pouvaient aboutir. Le grand-duc de *Toscane* était dévoué à l'Espagne et les alliances de famille arrêtaient les autres. *Venise*, encore maîtresse du Frioul, de l'Istrie, des côtes de la Dalmatie, s'occupait exclusivement de son commerce avec le Levant et de sa guerre toujours honorablement prolongée contre les Turcs. Les papes ne songeaient nullement à combattre la prépondérance espagnole, qui ne les gênait point. En vain la France essaya-t-elle de réveiller les idées d'indépendance. Elle n'y réussit pas, mais elle prit de nouveau pied en Italie. Une branche française de la maison de Gonzague avait obtenu le *Montferrat*, *Mantoue* et *Guastalla*. L'Italie allait continuer d'être un champ de bataille où les Français lutteront contre les Espagnols et les Allemands.

Décadence de l'Empire allemand. — La guerre de Trente Ans a affranchi l'Allemagne du Nord de la domination de la maison d'Autriche. Les successeurs de Charles-Quint ne conservent plus de force que dans leurs États héréditaires. Le titre impérial devient purement honorifique. Les princes allemands ont obtenu les prérogatives souveraines, et peuvent contracter des alliances. C'est la dissolution même de l'Empire. L'Allemagne n'est qu'une poussière d'États.

La maison de Prusse. — Toutefois, au milieu de ces *électorats* (Brandebourg, Saxe, Hesse, Palatinat, Bavière, Trèves, Mayence, Cologne), de ces landgraviats, de ces duchés (Saxe, Mecklembourg, Brunswick, Oldenbourg, Nassau, Bade, Wurtemberg, Hesse, etc.), de ces villes impériales (Brême, Hambourg, Lubeck, Augsbourg, Ulm, Constance, etc.), un État se distingue, le *Brandebourg*. L'électeur de Brandebourg réunit en 1618 à ses domaines le *duché de Prusse* et devient *duc de Prusse*. Il obtient, aux traités de Westphalie, grâce à l'appui de la France, les duchés de *Clèves*, les comtés de la *Mark* et de *Ravensberg*, qui lui ouvrent la vallée du Rhin. Il hérite de la Poméranie en 1637. Enfin les territoires de *Verden*, de *Halberstadt*, de *Minden*, font de l'électeur *Frédéric-Guillaume* le plus puissant des princes protestants de l'Allemagne du Nord; c'est le grand électeur. L'État rival de l'Autriche se dessine déjà.

Le Danemark. — Le Danemark avait un moment profité des divisions de l'Allemagne; mais, jaloux de la grandeur de la Suède, il était retourné à l'alliance autrichienne. Cette alliance ne le sauva pas des invasions suédoises. Après le traité de Westphalie, le roi de Suède, *Charles-Gustave*, franchit le *Sund* glacé, épouvante Copenhague et arrache aux Danois par le traité de *Roskild* (1658) quelques provinces de Norvège, la libre navigation à travers le Sund et l'indépendance du duché de Holstein.

La Suède; la paix d'Oliva. — La Suède paraissait donc encore devoir maintenir le rang qu'elle avait conquis. La fille de Gustave-Adolphe, *Christine*, avait remis, par une abdication volontaire, le sceptre à son cousin Charles-Gustave ou *Charles X* (1654-1660) et ce prince avait partout repris l'offensive contre les ennemis de la Suède : les Danois, les Polonais, les Russes. Il avait repoussé les prétentions du roi de Pologne, Jean Casimir, et s'était emparé de *Varsovie* (1656). Il avait fallu une coalition de toutes les puissances voisines avec l'Allemagne pour l'obliger à lâcher sa proie. Il s'était vengé sur le Danemark en 1658, en lui imposant l'humiliant traité de Roskild; mais sa mort subite marqua le terme des succès de la Suède.

Les Suédois se virent obligés de signer avec la Pologne le traité d'Oliva (1660). Ce traité leur assurait la *Livonie* et maintenait encore leur prépondérance sur les côtes de la Baltique.

Ils conservaient encore l'*Ingrie*, une partie de la *Carélie* prise aux Russes, avec lesquels ils signèrent le traité de *Kardis* (1661). Ils conclurent avec le Danemark le traité de *Copenhague*, qui leur maintint les avantages de la paix de Roskild. Mais ce furent les derniers traités avantageux. *Charles XI* succède à Charles-Gustave (1660-1697) et maintiendra encore la grandeur suédoise. Mais son fils *Charles XII*, pour vouloir trop gagner, perdra tout.

La Russie. — La Russie monte au contraire. En 1613 était arrivée au trône des *tsars*, à Moscou, la maison de *Romanof*. C'est même de cette maison qu'on peut faire vraiment dater l'histoire de la Russie. *Michel Romanof* (1613-1645) lutte avec succès contre les *Cosaques* et les *Polonais*. Il commença l'organisation militaire, établit des fonderies de canons, appela des étrangers qui développèrent l'industrie. Il noua même des relations avec les puissances occidentales.

Son fils *Alexis Mikaïlovitch* (1645-1676) reprit l'offensive contre les Polonais, recouvra *Smolensk* et *Kiev*. Il préparait déjà le règne de Pierre le Grand (1689).

La Pologne. — Malgré l'étendue du territoire qu'elle possédait encore, la Pologne s'était singulièrement affaiblie depuis 1610. Ses luttes contre la Suède et contre les Russes l'épuisaient. Charles **X** de Suède avait pris Varsovie.

La constitution, féodale sous une apparence monarchique, la livrait aux discordes intérieures, et la royauté élective favorisait les ambitions des étrangers.

La Turquie. — Les Turcs, malgré un mouvement de recul bien accentué, conservaient encore le banat de *Temesvar*, des districts de la *Hongrie*, la *Valachie*, la *Moldavie*. Ils dominaient jusqu'au Dniester, et les côtes de la mer Noire leur appartenaient tout entières. Leur puissance européenne s'appuyait aussi sur leur puissance asiatique. Ils n'avaient pas même renoncé à prendre l'offensive. En 1660, ils avaient encore refoulé les Autrichiens en Hongrie ; en 1663, ils s'avancèrent jusqu'à Presbourg. Ils menacèrent Vienne, et l'Autriche sera heureuse du secours envoyé par Louis XIV. Les troupes françaises contribuèrent à la victoire de *Saint-Gothard* (1666). Des Français iront soutenir aussi les Vénitiens dans l'île de Candie (1667). Louis XIV a repris les idées de croisade abandonnées sous François Ier, l'allié des Turcs.

Prospérité de la Hollande. — La république des Provinces-

Unies avait fait reconnaître son indépendance aux traités de Westphalie et la France avait beaucoup contribué à la faire entrer dans le cercle des puissances européennes.

En peu de temps, les Hollandais avaient pris sur mer la place des Espagnols et des Portugais. Ne pouvant plus aller à Lisbonne acheter pour les revendre les produits de l'Inde, ils résolurent d'aller dans l'Inde même. Dès 1602 se constitua la *Compagnie des Indes orientales*. Les Hollandais se substituèrent aux Portugais dans les comptoirs de l'*Hindoustan*, s'établirent à *Ceylan*, s'emparèrent des *Moluques*, puis des magnifiques *îles de la Sonde, Java, Sumatra, Célèbes, Amboine, Tidor*. Ils fondèrent dans l'île de Java (1619) une ville à laquelle ils donnèrent fièrement leur vieux nom historique, *Batavia*, la ville des Bataves. Ils commercèrent dès 1609 avec le Japon. Ils ne manquaient pas, sur la route, de s'assurer des points de relâche et des comptoirs sur les côtes d'Afrique, pour l'exploitation desquelles se forma la *Compagnie des Indes occidentales* (1621). Cette compagnie occupa aussi plusieurs points des côtes orientales de l'Amérique du Nord et fonda la *Nouvelle-Amsterdam* là où s'élève aujourd'hui New-York.

Les Hollandais, au XVIIe siècle, possédaient une flotte marchande qui dépassait toutes les autres flottes réunies. *Amsterdam* remplaçait Anvers, que ruinait la fermeture de l'Escaut. Elle devenait la Venise du Nord. C'étaient les Hollandais qui apportaient seuls à l'Europe les épices, les cannelles, les bois de santal, l'indigo, le thé de la Chine, les laques, les porcelaines et les soieries du Japon. Ils avaient, dans la Baltique, étouffé par leur concurrence le commerce des villes hanséatiques. Tous les peuples du continent étaient leurs tributaires, et les pêcheurs de la Zélande, si longtemps obscurs et pauvres, changeaient en tonnes d'or leurs tonnes de harengs.

L'Angleterre; ses premières colonies; l'Acte de Navigation. — Les Anglais cependant avaient fini par s'apercevoir qu'ils habitaient une île et cédèrent à l'attrait de la mer, auquel ils étaient jusque-là restés insensibles.

Si disposés qu'ils fussent à imiter les Hollandais, les Anglais cependant ne pouvaient rivaliser avec eux. Ce fut Cromwell qui les y obligea. Par l'*Acte de Navigation* (1651), complété sous Charles II en 1660, le commerce de *cabotage* (ou des côtes) fut réservé aux navires britanniques, ainsi que celui des *colonies anglaises*. D'un seul coup, les Hollandais se trouvaient exclus des ports et des colonies. Pour les frapper plus rudement encore, l'acte de Navigation décida que les produits d'Asie, d'Afrique, d'Amérique, ne pourraient être amenés que *par la marine anglaise*. Les Hollandais luttèrent tant qu'ils purent pour échapper au danger qui menaçait leur commerce, mais ils échouèrent. Les guerres mêmes sous Charles II firent passer aux Anglais les comptoirs hollandais, qui devinrent les États de *New-York*, de *New-Jersey*, de *Delaware*.

Puis l'intolérance de Jacques Iᵉʳ amena sur les côtes à demi désertes de l'Amérique du Nord des puritains qui vinrent y chercher la sécurité de leurs biens et de leur foi, la liberté de leurs discussions et de leurs prières. Au sud des colonies protestantes du *Massachusetts* (1618), *New-Hampshire, Maine, Connecticut, Rhode-Island*, s'établit un Irlandais catholique, lord Baltimore, qui, en vertu d'une charte royale, fonda la colonie de *Maryland*. L'essor donné par Cromwell à la marine amena la conquête de la *Jamaïque*.

Les gouvernements. — L'Angleterre avait ainsi commencé sa grandeur maritime et coloniale au milieu même des troubles civils. Elle conquérait, elle colonisait, tout en se renouvelant. En effet, la révolution de 1640, arrêtée par la restauration des Stuarts en 1660, n'allait pas tarder à recommencer. Mais le gouvernement qui en sortira ne sera ni celui des vieilles monarchies européennes, ni celui des républiques. L'Angleterre donnera un modèle nouveau, qui sera peu compris des autres nations.

La monarchie absolue triomphait en France, en Espagne, en Italie, en Autriche, dans les principautés allemandes, dans l'État russe. Elle tendait à devenir absolue dans les États scandinaves. La Pologne, la Suisse, la Hollande donnaient seules l'exemple de gouvernements libres, républicains ou demi-républicains.

V. — Mouvement intellectuel au XVIIᵉ siècle.

Sciences et philosophie : Bacon, Galilée, Descartes, Spinosa. — Lettres : l'influence espagnole, Cervantès et Lope de Vega. — L'Académie française; Corneille, Pascal. — Les arts : Poussin, Le Sueur. — « La Société française. » — L'hôtel de Rambouillet. — La misère au temps de la Fronde; saint Vincent de Paul.

La première moitié du XVIIᵉ siècle. — Le xviiᵉ siècle a

brillé d'un tel éclat, surtout dans les lettres et dans les arts, qu'on le considère surtout à ce point de vue et qu'on tend à prendre en un sens trop littéral le nom que Voltaire lui a donné et que la postérité a conservé de *siècle de Louis XIV*. On oublie facilement que ce prodigieux épanouissement de l'esprit littéraire avait commencé dès le xvie siècle même et l'on néglige volontiers le mouvement scientifique, non moins intéressant pourtant que le mouvement littéraire et artistique.

François Bacon. — En Angleterre, *François Bacon* (1561-1626), membre du Parlement, grand chancelier d'Angleterre sous Jacques Ier, ramena les esprits vers la philosophie et la science. S'efforçant d'embrasser d'ensemble le monde intellectuel et physique, il avait conçu le plan d'un immense ouvrage, la *Grande Restauration des Sciences*, dont il n'exécuta que trois parties. La principale fut le *Novum Organum* (1620), par lequel il ouvrit une nouvelle voie au raisonnement, toujours embarrassé dans la méthode d'Aristote. A la *déduction* il opposa l'*induction*. Aux arguments rigoureusement enchaînés, mais partant le plus souvent de principes hypothétiques, il substitua le raisonnement gradué, fondé sur l'observation des faits, sur l'*expérience*, n'avançant que pas à pas, du *connu* à l'*inconnu*. Les anciens procédaient en descendant du général au particulier : Bacon remonta du particulier au général, méthode dont s'inspirèrent Descartes pour créer la philosophie et les savants pour trouver les lois du monde physique. Bacon a redressé l'esprit humain. « L'art qu'il a inventé, dit Macaulay, c'est d'inventer les arts. »

Les principes de Bacon furent en Angleterre presque aussitôt appliqués à la philosophie par *Hobbes* (1588-1680), qui, observant ce qui tombait sous les sens, commença à formuler la philosophie matérialiste.

L'astronomie : Kepler (1571-1630); Galilée (1564-1642); Newton (1642-1727). — Au xvie siècle, Tycho Brahé avait encore mêlé l'astrologie à l'astronomie. Un de ses disciples, *Kepler*, né dans le Wurtemberg (1571-1630), calcula au lieu de rêver. S'efforçant de trouver l'unité et l'harmonie dans le désordre apparent du monde, il toucha de bien près à la loi de gravitation universelle. Il trouva au moins quelques lois, qui portent son nom, comme celle des ellipses. Il fit de curieux travaux sur la lumière, la réfraction, les éclipses, les comètes.

Galilée, né à Pise (1564-1642), construisit la première lunette astronomique grossissant cent fois le diamètre, étudia la Lune, les étoiles, les planètes, découvrit les quatre satellites de Jupiter, les taches du Soleil, la rotation du Soleil sur son axe et, reprenant le système de Copernic, affirma le mouvement de rotation de la Terre. La superstition étroite était encore si puissante que Galilée, protégé pourtant par des papes éclairés, fut condamné par le tribunal de l'Inquisition à se rétracter, ce qui n'empêcha point la Terre de tourner, et Galilée lui-même, dit-on, se relevant après avoir abjuré son erreur prétendue, mumura : « Et pourtant elle tourne! *E pur si muove!* »

Galilée avait marqué la place de la Terre dans le système solaire. L'Anglais *Newton*, fils d'un simple fermier (1642-1727), mais doué d'une aptitude extraordinaire pour les mathématiques, trouva la loi qui retenait attachés la Terre et les corps célestes. Il prouva que le Soleil agit sur les planètes, que les planètes agissent les unes sur les autres proportionnellement à leurs masses, et formula la loi universelle en ces simples paroles : « La force d'attraction d'un corps est égale à la masse divisée par le carré de la distance ». Ce principe, qui est devenu le point de départ de toutes les études astronomiques, ne fut pas d'abord bien compris, et cependant c'était la plus étonnante découverte qu'on pût faire. L'homme arrivait à surprendre le secret de l'univers. Les cieux étaient ouverts comme un livre. On y lut dès lors aisément. Il y avait déjà un observatoire à *Copenhague* (1632), à *Dantzig* (1641), à *Altorf*, en Bavière (1667). On commença à élever celui de Paris en 1667.

Huygens[1], savant universel, fabriquait lui-même ses télescopes, qui surpassaient tout ce qu'on avait fait en ce genre. Aussi fut-il le premier à voir la planète de Saturne entourée d'une bande lumineuse : c'était l'*anneau* (1655); puis il découvrit un des satellites.

Les sciences physiques; la méthode expérimentale de Bacon. — Ces travaux des astronomes et des mathématiciens ne pouvaient qu'aider les sciences physiques. Bacon les avait remises en honneur : il les avait surtout en vue dans les écrits où il exaltait la dignité des sciences. Il conseillait aux savants d'observer la nature, de décomposer, d'analyser les phénomènes et de trouver les lois par les faits. « Regardez et comprenez », disait-il : service immense qui oblige l'historien à mettre le nom

1. Né à la Haye (1629-1695).

de Bacon en tête de la liste des physiciens et des naturalistes, aussi bien que des philosophes, quoique personnellement il eût été un médiocre érudit et, au point de vue moral, une conscience plus que médiocre.

Galilée; Torricelli; Pascal; Mariotte. — Quelques génies cependant n'avaient pas attendu les écrits de Bacon pour s'adresser à l'expérience. On reste confondu lorsqu'on pense quels faits simples et journaliers ont souvent conduit l'homme aux plus belles découvertes. *Galilée* regarda une lampe qui oscillait dans la cathédrale de Pise (1583). Il observa que, même cette oscillation diminuant, les arcs, quoique plus petits, étaient tous décrits dans le même espace de temps. Il formula la loi de l'*isochronisme* des oscillations du *pendule*; puis détermina la loi de la *pesanteur*. Un jardinier de Florence, ayant construit une pompe plus longue que les pompes ordinaires, remarqua avec surprise que l'eau ne s'y élevait jamais au-dessus de trente-deux pieds; Galilée chercha en vain à expliquer le fait. Son disciple *Torricelli* l'éclaircit, et ses expériences sur la pesanteur de l'air l'amenèrent à construire ses *tubes*, qui furent l'origine des *baromètres*.

Pascal reprit les expériences de Torricelli, fit mesurer la hauteur de la colonne de mercure à Clermont et au sommet du Puy de Dôme (1648), et trouva que la hauteur était inversement proportionnelle à l'élévation du pays. Il vérifia le fait par de nouvelles observations, à Paris, à la tour Saint-Jacques-la-Boucherie. *Descartes*, si savant qu'il fût en physique, était plutôt mathématicien et s'égara dans un système chimérique des *tourbillons*, qui cependant, au point de vue historique, ne doit pas être dédaigné, car il mit peut-être Newton sur la voie de ses découvertes.

La philosophie : Descartes (1596-1650). — En France, *Descartes* (1596-1650), appliquant aux phénomènes de la conscience les lois de l'observation scientifique que Bacon venait de formuler en Angleterre, arriva, à force d'inductions, à reconstruire la science de l'âme et du monde. Avec une énergie incroyable d'abstraction, il s'isola et douta du monde extérieur, de lui-même, mais ne put douter qu'il pensât, car douter n'était pas un acte matériel : « *Je pense, donc je suis!* » Et, sûr de ce point d'appui, il prouva l'existence de Dieu, celle de l'âme, enchaînant rigoureusement les idées et révélant dans son *Discours sur la méthode* la véritable méthode philosophique. Si les doctrines particulières à Descartes ont été abandonnées, il a fourni l'instrument de l'information philosophique et les lois à l'aide desquelles les philosophes modernes ont pénétré dans le monde abstrait plus avant que les philosophes anciens, trop épris de la déduction et de l'hypothèse. La philosophie cartésienne conservait d'ailleurs le caractère chrétien, marque des auteurs du xviie siècle. Assez hardi pour raisonner en dehors de la religion, Descartes n'avait pour but que de fournir à la religion l'appui du raisonnement humain.

Spinosa. — En Hollande, un docteur juif, Baruch *Spinosa* (1632-1677), expliqua la doctrine de Descartes, mais en tira des conséquences toutes différentes. Ne voyant dans le monde que la substance, il prétendait que Dieu ne peut exister sans la nature, de même que la nature ne peut exister sans Dieu. Il aboutissait ainsi au panthéisme. Il niait le libre arbitre. Ses ouvrages principaux, outre l'exposition des *Principes de Descartes*, sont un *Traité théologico-politique* ou commentaire de la Bible au point de vue rationnel, et le traité de l'*Ethique*. C'était déjà un précurseur des philosophes du siècle suivant.

Le mouvement littéraire ; la littérature espagnole. Cervantès (1547-1616). — Le mouvement philosophique n'était qu'à son point de départ. Les lettres brillaient d'un vif éclat qui devait encore augmenter. La Renaissance littéraire avait produit des œuvres fortes et originales, mais peu réglées. Le xviie siècle allait tendre et arriver, en littérature, à la perfection.

L'Espagne la première réussit à produire des œuvres maîtresses, capables de s'imposer à l'Europe et à la postérité. De la foule des poètes et des écrivains se dégagea le nom de *Cervantès* (1547-1616), qui porta le dernier coup aux fastidieux romans de chevalerie. Ce vaillant soldat, qui avait perdu la main gauche à la bataille de Lépante, et qui toute sa vie eut à supporter de dures épreuves, s'était indigné de l'engouement de ses contemporains pour des romans de chevalerie, dont l'extravagance allait croissant. Il trouva là le sujet d'une admirable parodie et, dans sa *Merveilleuse Histoire de don Quichotte de*

---

1. Miguel de Cervantès Saavedra, né à Alcala de Hénarès. Son œuvre principale, *Don Quichotte* (car Cervantès composa un grand nombre de *nouvelles* et de *comédies*), fut publiée en 1605 et 1615. L'Espagne pourtant fut longue à reconnaître la gloire de Cervantès, qui vécut pauvre.

la Manche, mit en scène un pauvre hidalgo dont les romans avaient tourné la tête. S'il n'y eût eu toutefois dans l'œuvre de Cervantès qu'une satire littéraire, peut-être, en dépit des mérites du style, n'eût-elle pas survécu; mais Cervantès, à un esprit mordant, à une imagination vive, à un rare talent de peindre les paysages et les caractères, a joint une profondeur d'observation qui fait de son roman une satire de l'humanité. A travers les épisodes singuliers, les aventures burlesques et désopilantes de don Quichotte et de son compagnon Sancho Pansa, Cervantès sème les maximes les plus sages, les remarques les plus fines sur les passions et les vices de la société de son temps et des hommes de tous les temps. Walter Scott a dit de son livre que c'était un des chefs-d'œuvre de l'esprit humain.

Lope de Vega (1562-1635). — Cervantès avait essayé de donner au théâtre espagnol la forme que sa science et son intelligence lui désignaient comme la forme idéale. Il n'y réussit point et cessa de travailler pour le théâtre quand il vit les prodigieux succès de *Lope de Vega* (1562-1635). D'une imagination merveilleuse, d'une fécondité inépuisable (car il a, dit-on, composé jusqu'à quinze cents pièces), Lope de Vega, qui fut soldat, prêtre et moine, unit le drame historique et religieux aux comédies d'intrigues, dites de cape et d'épée. Bien que composées d'une série d'aventures invraisemblables, ces dernières comédies séduisaient la foule par la clarté de l'exposition, la vivacité et le naturel du dialogue. Quant aux tragédies historiques, Lope de Vega ne songea point à s'astreindre à l'imitation des anciens. Il mit l'histoire sur la scène sans se préoccuper des unités de temps et de lieu. Son école, quoique ayant débuté au xvie siècle, prospère durant tout le xviie siècle et jette assez d'éclat sur l'Espagne pour assurer à la littérature espagnole une influence marquée sur les littératures des autres pays, surtout la littérature française.

Calderon (1600-1681). — L'école de Lope de Vega multipliait les drames religieux et profanes, les comédies : *Guilhem de Castro*[1] emprunta aux romances populaires son magnifique drame du *Cid,* qui inspira Corneille. *Alarcon*[2], par ses comédies, donnait également des modèles, que Corneille imita dans le *Menteur.*

1. Guilhem de Castro, né à Valence (1569-1631).
2. Juan Ruiz de Alarcon, né au Mexique, venu en Europe vers 1621.

Calderon de la Barca[1], soldat, puis prêtre, fut le plus fertile et le plus grand poète dramatique de l'Espagne. Un intérêt puissant et passionné animait ses drames profanes, où il exaltait le sentiment de l'*honneur*, si cher aux Espagnols. Ses comédies abondaient en intrigues compliquées, en surprises. Il varia à l'infini les mètres dont il se servait. Il abusa de l'esprit, et les beautés, souvent de premier ordre, qui éclairent ses pièces, étaient gâtées par le mauvais goût dont l'Espagne ne pouvait se débarrasser.

La littérature française et les auteurs de la première moitié du XVIIe siècle; le siècle de Richelieu. — L'Espagne avait, au temps des guerres de religion, envoyé ses armées en France. Les rapports entre les deux pays étaient devenus si fréquents, que le goût espagnol, les modes espagnoles avaient séduit les Français. On traduisit, on imita les auteurs espagnols. Mais si cette influence espagnole est incontestée et avouée par les auteurs français eux-mêmes, qui demandèrent quelques-unes de leurs belles inspirations aux romans et aux tragédies populaires au delà des Pyrénées, la littérature française ne se faisait pas moins remarquer par son originalité. Elle procédait de la littérature de la Renaissance et l'influence des classiques anciens fut plus efficace, plus durable que l'influence des auteurs espagnols.

Balzac (1597-1654) et *Voiture* (1598-1648) furent les écrivains qui donnèrent les premiers, au xviie siècle, à la prose française de l'ampleur et de la grâce. Toutefois le vrai créateur de la prose fut *Descartes* dans son *Discours sur la méthode*, si concis, si clair, si bien enchaîné, si fortement écrit (1636).

Pierre Corneille (1606-1684). — A la même heure, pour ainsi dire, *Pierre Corneille* (1606-1684) créait la tragédie et, du même coup, fixait la langue de la poésie française. Le *Cid*, tragédie empruntée à un drame espagnol, mais transformé par le génie de Corneille (1636), excita une admiration que les siècles n'ont pas affaiblie. Les chefs-d'œuvre succédèrent aux chefs-d'œuvre de 1636 à 1640 (*Horace, Cinna, Polyeucte*).

Les fondations littéraires. — Corneille fut protégé et encouragé, peut-être aussi jalousé par Richelieu. Le rigide cardinal

---

1. Calderon de la Barca, né à Madrid (1600-1681), a écrit beaucoup de drames religieux ou actes sacramentaux (*autos*), de drames profanes et de comédies.

ambitionnait la gloire des lettres aussi bien que celle de la politique. Mais il en obtint une plus sérieuse par les institutions et les établissements profitables à la littérature et aux sciences.

Richelieu présida à la formation de l'**Académie française**, chargée de régler la langue et le goût littéraire (1635). Il fonda l'*Imprimerie royale*, le *Jardin des plantes*. Il reconstruisit les bâtiments de la *Sorbonne*, où se donnaient les enseignements des *Facultés de théologie et des arts*.

Pascal (1623-1662). — Richelieu était mort, Louis XIV ne régnait encore que de nom lorsque *Blaise Pascal*, connu déjà par son rare génie scientifique, révéla un écrivain de premier ordre, mordant, spirituel. Ses *Provinciales* (1656-1657), œuvre de polémique pourtant, dirigées contre les Jésuites et consacrées à des discussions théologiques, sont restées un chef-d'œuvre de la langue par leur légèreté, leur finesse, leur agrément. Ce n'est plus la langue encore peu souple de Descartes, mais la langue aisée, gracieuse, aimable, telle qu'elle devait demeurer, en un mot la langue française. Les fragments d'un grand ouvrage que Pascal méditait et que la mort l'empêcha d'achever forment le beau livre des *Pensées*.

Les arts. — Les arts commençaient déjà à briller, comme les lettres, d'un vif éclat.

L'architecture française se modelait toujours sur l'architecture italienne, sans la suivre dans ses écarts. Les Français empruntèrent aux beaux monuments de l'Italie la coupole, d'abord modeste à l'église de la *Sorbonne*, plus vaste et plus hardie au *Val-de-Grâce*. Les architectes qui élevèrent les églises françaises de cette époque furent *Jacques de Brosse, François Mansart, Jacques Lemercier, Gabriel Leduc*.

L'architecture civile fut plus heureuse. Jacques de Brosse construisit (vers 1611) pour Marie de Médicis le palais du *Luxembourg*, dont les façades rappellent l'architecture de la cour intérieure du palais Pitti. Richelieu fit construire le *Palais Cardinal* (devenu le Palais-Royal), Mazarin le *Collège des Quatre-Nations* (aujourd'hui l'Institut). *Lemercier*[1] continua les embellissements de *Fontainebleau*; il développa pour le *Louvre* les plans de Pierre Lescot, et construisit le pavillon central couronné d'un dôme quadrangulaire. *Levau*[2] modifia d'une manière

1. Lemercier (1585-1654).
2. Levau (1612-1670).

moins heureuse les plans de Philibert Delorme pour la continuation du palais des *Tuileries*.

La peinture française; Nicolas Poussin (1594-1665); Claude le Lorrain (1600-1682); le graveur Callot (1592-1635). — Les Français, au xvi⁰ siècle, avaient été instruits, mais aussi supplantés dans leur propre pays par les Italiens; au xvii⁰, ils rivalisèrent avec eux. *Simon Vouet*[1], après quatorze ans de séjour à Rome, en rapporta des modèles de l'école bolonaise et mérita d'être lui-même le modèle des peintres suivants.

Nicolas Poussin, génie grave et austère, homme instruit en anatomie et en philosophie, familier avec l'histoire et la poésie, a montré combien la science relevait et nourrissait l'art. Dans les sujets religieux, dans les tableaux profanes, dans les paysages, car il cultiva pour ainsi dire avec un égal bonheur tous les genres, Poussin a porté à la perfection l'ordonnance et la composition du sujet, l'expression des sentiments, le style, toujours noble, des personnages. C'est un des plus brillants disciples qu'aient eus les grands maîtres italiens, et en même temps, artiste original, il garda dans les peintures la logique et le goût de notre pays. C'est le prince de l'école française[2].

Claude Gelée, dit le Lorrain, fut, lui aussi, français et italien. Son talent poétique, épris à la fois de la nature et de l'idéal, se complut dans les paysages, dans les marines, les uns respirant le calme et la fraîcheur, les autres étincelant des feux du soleil.

---

1. Simon Vouet (1590-1649), peintre de Louis XIII. On a de lui la *Présentation au Temple*, la *Mise au tombeau*, la *Madone*, la *Charité romaine.*

2. Nous avons à Paris de Nicolas Poussin les toiles : la *Cène, Saint François-Xavier dans les Indes, Apparition de la Vierge à saint Jacques.* Mais cet artiste préférait les tableaux dits de chevalet, et il faut citer parmi les tableaux bibliques et religieux: *Rébecca à la fontaine, Moïse exposé sur le Nil, Moïse sauvé des eaux,* la *Manne dans le désert,* le *Jugement de Salomon,* les *Quatre Saisons,* représentées par les quatre tableaux : *Adam et Ève, Ruth et Noémi,* le *Retour des envoyés à la Terre promise,* le *Déluge,* qui est un de ses chefs-d'œuvre. Le Louvre possède aussi l'*Adoration des Mages,* le *Repos en Egypte,* les *Aveugles de Jéricho,* le *Ravissement de saint Paul aux cieux.* Comme tableau d'histoire profane, Paris a l'*Enlèvement des Sabines* ; comme tableaux mythologiques, la *Mort d'Eurydice* et le *Triomphe de Flore.* Une de ses plus gracieuses pastorales est l'*Arcadie.* Londres possède deux tableaux, représentant des *Bacchanales* et la *Formation de la Grande Ourse.*

On l'a surnommé « le Raphaël du paysage [1] ». Un ami de Poussin, Moïse Valentin, ou *Valentin* dit de *Boullongne* (1600-1634), sortit de la tradition française pour se faire l'imitateur du bouillant Caravage et l'émule de Ribera.

Callot [2] n'a peint que quelques tableaux, mais il a excellé dans la *gravure* à l'eau-forte : son imagination vraiment intarissable a fait revivre le monde de son temps ou du moins le monde des misères, les *gueux*, les *scènes de guerre et de pillage*. Les quinze ou seize cents gravures qu'il a laissées sont des chefs-d'œuvre et des documents historiques qui révèlent le fond de cette société du XVIIᵉ siècle encore bien grossière et bien farouche en dépit de l'élégance des classes supérieures.

Lesueur (1617-1655). — Eustache *Lesueur* se forma lui-même en France, où il resta et où il mourut à l'âge de trente-huit ans, après avoir accompli un œuvre considérable, qui est presque tout entier au musée du Louvre. Sa peinture est bien française : clarté des sujets, noble ordonnance des scènes, sentiments de délicatesse de l'expression, mesure et harmonie dans le coloris, grâce séduisante. Plus que tous les autres artistes, Lesueur était pénétré des idées religieuses auxquelles il demanda son inspiration. C'est au milieu des Chartreux qu'il peignit les 22 pages du grand poème mystique de l'*Histoire de saint Bruno*. Il avait cependant sacrifié aussi à la mythologie et il avait peint à l'hôtel Lambert le *salon de l'Amour* et le *salon des Muses*. Lesueur, écarté de la cour par Lebrun, et peu connu de son temps, a grandi aux yeux de la postérité, qui a rabaissé son émule trop exalté par les contemporains et par lui-même [3].

Le mouvement intellectuel ; la société française au XVIIᵉ siècle ; la conversation ; l'esprit. — L'amélioration des conditions matérielles de la vie, la sécurité, la tranquillité protégées par un pouvoir dont on ne songeait point à blâmer la

---

1. Claude Gelée, né en Lorraine (1600-1682). Le Louvre a de lui plusieurs paysages, une vue du Campo Vaccino à Rome et des marines Londres, Madrid, Saint-Pétersbourg et beaucoup de galeries particulières s'honorent de posséder quelques toiles de Claude le Lorrain.

2. Jacques-Claude Callot (1592-1635).

3. Eustache Lesueur (1617-1655). Le Louvre a de lui cinquante ouvrages, l'*Histoire de saint Bruno* en 22 tableaux, l'*Histoire de l'Amour* enlevée à l'hôtel Lambert, une *Descente de croix*, la *Messe de saint Martin*, le *Martyre des saints Gervais et Protais* (vaste toile), la *Prédication de saint Paul à Éphèse*.

force, le luxe croissant avec l'industrie, modifiaient l'aspect de la société. Les nobles, ne guerroyant plus entre eux, se visitaient. La cour, peuplée de seigneurs qui rivalisaient d'élégance et de beau maintien, donnait le ton à la ville ; les femmes prenaient l'empire, imposaient la politesse, et l'esprit chevaleresque s'adoucissant aboutissait à la galanterie. Ce fut en France surtout, dès le règne de Louis XIII, que se formèrent ces réunions de la classe noble et de la bourgeoisie riche où l'on s'appliquait à bien causer, risque à médire, à parler un langage choisi souvent jusqu'à la prétention et à la préciosité, à joindre à l'étalage des habits les gestes gracieux, à se divertir par des madrigaux, à s'enthousiasmer pour des sonnets, à critiquer, babiller pour le plaisir de babiller, et à perdre l'esprit en cherchant à en montrer. Les dames, trônant en grand habit dans leurs *ruelles* ornées de belles tapisseries, présidaient des cercles de dames et de beaux diseurs qui les enivraient de louanges et luttaient, pour les captiver, dans l'art d'aiguiser les pensées, d'arranger les mots et d'exprimer noblement les choses vulgaires. L'*hôtel de Rambouillet* devint le modèle de ces réunions savantes et légères, que présidait *Julie d'Angennes*, duchesse de Montausier, où se rendaient les seigneurs, les écrivains les plus illustres, et où la société française se dépouillait de la rudesse, se raffinait, enrubannait ses gaietés, épurait sa langue. La conversation devint la principale affaire, et l'intelligence particulièrement agile et délicate des femmes donna à cette conversation une allure si vive, un tour si fin, si agréable, qu'il valut à l'esprit français d'être admiré de ceux-là mêmes qui ne pouvaient y atteindre.

La misère au temps de la Fronde. — Il ne faudrait pourtant pas voir que les côtés brillants de cette société. Il s'en fallait que les classes inférieures, que les campagnes fussent heureuses. On ne s'en préoccupait point et de plus les guerres intérieures venaient encore ajouter à leurs misères.

En plein xviie siècle on pouvait se croire revenu aux guerres des Anglais ou aux Grandes Compagnies, aux luttes des Bourguignons et des Armagnacs. Les terres sont tombées en friche sur une foule de points du royaume et des villages entiers abandonnés de leurs habitants ; les routes couvertes de milliers de malheureux expirant de faim ; l'infection répandue partout dans les campagnes par des cadavres sans sépulture ; les pillages, les meurtres, les horreurs de tout genre commises par la violence impunie de la soldatesque ; Paris lui-même affamé et ensanglanté par des scènes d'anarchie.

Dans les campagnes on ne laboure plus, ou on s'attroupe pour aller à la charrue en armes; en Picardie, des populations entières vivent dans des grottes ou dans des carrières; les loups se multiplient et prennent possession des villages déserts. Les décès dépassent les époques d'épidémie. A Dreux, où le poète Rotrou est magistrat municipal, « les cloches, écrit-il quelques heures avant de mourir lui-même, sonnent pour la vingt-deuxième personne qui est morte aujourd'hui ». Disons toutefois qu'en pleine paix, sous l'ancien régime, on n'évitait pas toutes ces misères. Cet excès de maux redoubla le zèle de saint Vincent de Paul, dont l'admirable charité pouvait seule lutter contre eux.

Saint Vincent de Paul (1576-1660). — Vincent de Paul, ou, comme on disait alors, M. Vincent, était fils d'un paysan du plus pauvre pays de France, les Landes. On a vu partout sa figure aux lignes vulgaires, qui de toutes les grâces humaines n'a gardé que le sourire. Il enseigna tout en faisant ses études, pour venir en aide à ses parents. Dans une excursion sur mer à Marseille pour aller recueillir la succession que lui laissait une personne charitable, il est fait captif par les Turcs et emmené comme esclave à Tunis; il y convertit le dernier de ses trois maîtres, un renégat italien, va avec lui et sa femme à Rome, devient aumônier de la reine de Navarre, précepteur du jeune Paul de Gondi (cardinal de Retz), qui ressembla si peu à son maître, et, par l'influence de cette famille alliée à l'archevêque de Paris, commence ses établissements de charité. Ses premières institutions datent de 1617, dans la petite paroisse de Châtillon-les-Dombes (Ain). En 1625, il institue ses *Pères de la Mission* ou Lazaristes; de 1630 à 1638, ce sont les *Filles de la Charité*, avec l'aide de *Louise de Marillac*, veuve Legras; on voit encore cette pieuse veuve l'assister dans l'œuvre si difficile et si généreuse des *Enfants trouvés*, 1638 à 1648. Pour fonder ces institutions admirables, Vincent de Paul n'a que les aumônes sans cesse sollicitées des grandes familles. Les dames lui apportent leurs bracelets, leurs anneaux, leurs bijoux. Et le bon M. Vincent provoque ainsi de touchants élans de charité qui plaident en faveur de ce siècle si rude en apparence.

Mais son admirable rôle civique n'éclate que pendant la Fronde et lui mérite les noms de « grand aumônier de '" France, de ministre de la charité chrétienne, de Père de la Patrie », que lui décernent les magistrats qui implorent ses secours. Pendant cette effroyable période, il s'improvise « directeur de l'assistance publique »; il donne des avis à la régente sur l'état des campagnes; il prend, de sa seule autorité, des mesures d'intérêt général.

Une situation aussi déplorable demandait des remèdes énergiques. Aussi, lorsque vint la paix, la plupart des villes qui avaient été prises au dépourvu organisent-elles leurs hôpitaux pour l'avenir. Paris crée son *hôpital général* (1657) ou sorte d'administration de l'assistance publique.

VI. — Louis XIV, la Monarchie absolue.

Théorie du roi sur le pouvoir royal. La cour, les conseils, les secrétaires d'État. — Colbert, Louvois, Vauban. Les affaires religieuses : la déclaration de 1682; la révocation de l'édit de Nantes.

I. — LE GOUVERNEMENT DE LOUIS XIV.

La monarchie absolue; le caractère et les théories de Louis XIV. — La Fronde fut la dernière tentative des seigneurs pour revenir à l'indépendance féodale, et du Parlement pour établir un contrôle de la royauté. La monarchie française devint absolue, et Louis XIV compléta l'œuvre de Richelieu.

A la mort du cardinal Mazarin, les ministres vinrent trouver le jeune roi et lui demander à qui ils s'adresseraient pour les affaires : « A moi », répondit-il, frappant d'étonnement les conseillers de la reine mère et Anne d'Autriche elle-même, qui ne croyaient pas que cette résolution de se passer de premier ministre tiendrait plus de quelques jours. Louis XIV la maintint toute sa vie et fut lui-même son premier ministre, assidu au travail et absolu dans ses volontés.

Il plut tout d'abord par sa belle taille, la majesté de sa démarche, son grand air lorsqu'il passait à cheval devant les troupes, la politesse de ses manières, qui devint une règle pour la cour. A ces avantages physiques il joignait une grande application aux affaires, un esprit juste, une persévérance rare dans ses entreprises. Mais son orgueil était extrême. Il croyait ne tenir sa puissance que de Dieu et disait : « *L'État, c'est moi* ».

Ce n'était pas là simplement une maxime inspirée par l'orgueil, mais une théorie raisonnée, que Louis XIV a exposée dans les *Mémoires* qu'il écrivit pour le dauphin. Héritier des traditions monarchiques de huit siècles, Louis XIV appuyait son pouvoir sur l'autorité divine. « Celui qui a donné des rois aux hommes, disait-il, a voulu qu'on les respectât comme ses lieutenants, sans réserve ; à lui seul d'examiner leur conduite. » Bossuet, dans sa *Politique tirée de l'Écriture sainte*, expliqua et vanta la politique même de Louis XIV et confondit le roi avec la divinité. Saint-Simon n'exagère pas quand il dit que, si le roi n'avait eu peur du diable, il se serait fait adorer.

Il s'ensuivait que le roi, selon les propres expressions de Louis XIV, « représentait la nation entière, chaque particulier ne représentant qu'un seul individu ». « Tout ce qui se trouve dans l'étendue de nos États, ajoutait-il, de quelque nature que ce soit, nous appartient au même titre. » Le roi est donc à la fois maître de ses sujets et propriétaire de leurs biens. Théorie déjà mise en pratique par François Ier, qui avait confondu le trésor public avec le sien. La nation est identifiée en son chef et ne peut vouloir autre chose que lui, comme le roi ne peut agir selon d'autres intérêts que ceux de la nation, puisqu'il agirait alors contre son propre intérêt. Il n'oubliait qu'une chose, l'imperfection de l'homme, toujours prêt à prendre ses caprices pour des raisons et ses passions pour des devoirs. Tout se fera désormais pour le service du roi : la justice, les armées, les finances, la monnaie ne seront jamais appelées que *royales*. La noblesse combattra et mourra pour la gloire du roi, qui personnifie pour elle la patrie.

La cour. — C'est là ce qui explique l'empressement et l'assiduité des seigneurs à la cour, et en même temps la servitude que s'impose Louis XIV d'être toujours en représentation. Cette royauté dont il est si fier, il faut qu'il la montre et la fasse rayonner sans cesse autour de lui. Il ignore l'intimité de la vie privée, et ne se reconnaît pas le droit de se retrancher de la société de ses nobles, la seule qui compte pour lui. Aussi quitte-t-il le Louvre, car les souvenirs de la Fronde lui rendent importun le séjour de Paris, et se crée-t-il à Versailles une vaste résidence où il peut à son aise déployer son faste et loger ses courtisans.

Dès le matin il fait ouvrir les portes de sa chambre royale aux seigneurs les plus qualifiés, qui ont le privilège des *grandes entrées*. D'autres y pénètrent plus tard : ce sont les *petites entrées*. La foule demeure dans la magnifique antichambre de l'*Œil-de-bœuf*, attendant que la toilette royale soit terminée. Louis XIV, toujours richement vêtu, traverse les galeries encombrées de seigneurs qui rivalisent de luxe et de flatterie, et se rend à sa chapelle. A l'aller comme au retour, il distribue des saluts et des sourires qui font bien des jaloux. Il donne une audience, dans son cabinet, à ceux qui l'ont sollicitée. Puis il entre au conseil jusqu'à son dîner (à une heure de l'après-midi). Il mange seul à une table; mais à d'autres tables se trouvent les princes et les seigneurs invités. La cour bourdonne à l'entour et remarque les moindres détails. C'est le frère du roi, quand il est présent, qui offre à Louis XIV la serviette. Après le dîner, toute cette foule descend, à la suite du roi, le grand escalier de marbre qui conduit aux jardins. « Le chapeau, messieurs », dit le roi. C'est la permission pour les seigneurs de se couvrir. La promenade est souvent remplacée par la chasse, et c'est un honneur recherché que d'y prendre part. Au retour, après un second conseil où les ministres ont apporté les dépêches de la journée, les salons et les galeries de Versailles s'allument pour les concerts, les jeux, les bals. C'est une fête continuelle jusqu'à dix heures, où a lieu le souper avec la famille royale et avec un grand apparat. Quand le roi se retire, il est suivi des petites entrées, des grandes entrées pour la prière. Et c'est une marque de distinction d'être désigné par le roi pour tenir le bougeoir tandis que l'aumônier lit la prière. Les grandes entrées restent jusqu'à ce que le roi se soit mis au lit, et c'est alors seulement que les seigneurs peuvent prendre quelque repos pour recommencer le lendemain « cette mécanique », comme l'appelle Saint-Simon, et qui ne laissait pas d'être fatigante.

Louis XIV connaissait tous les personnages de sa cour : il notait les absences qui n'étaient point motivées ou autorisées : il ne considérait point les tièdes et les indifférents, et, quand un seigneur qui négligeait trop la cour sollicitait quelque grâce, Louis XIV répondait : « Je ne le connais point ». Aussi la flatterie devenait-elle outrée. Un jour que l'abbé de Polignac suivait le roi dans le jardin de Marly, la pluie vint à tomber. Louis XIV fit remarquer honnêtement à l'abbé qu'il se trouvai en costume bien léger pour recevoir la pluie. L'habile courtisan répondit au roi : « Sire, la pluie de Marly ne mouille point ».

Le gouvernement; le pouvoir central; les conseils; les secrétaires d'État. — Louis XIV ne souffrit qu'aucune autorité s'élevât à côté de la sienne. Il ne convoqua point les *États généraux*. Il humilia le *Parlement*, réduit à la besogne obscure des procès. Chaque jour le roi présidait un des différents *conseils* entre lesquels étaient réparties les affaires, *conseil des dépêches* (pour les affaires étrangères et intérieures), *conseil des finances*, *conseil du commerce*, *conseil de la guerre*, *conseil de conscience* (pour les questions religieuses), *conseil privé ou des parties*, ou *conseil d'État*, véritable tribunal qui prononçait sur les plaintes des particuliers et qui évoquait même certains procès enlevés à leurs juges naturels. Enfin, au-dessus de tous, se trouvait le *conseil d'en haut*, composé des princes du sang et des grands officiers que le roi y appelait, et délibérant sur les plus graves affaires politiques. Mais ces conseils n'avaient aucune parcelle du pouvoir exécutif : ils donnaient des avis, que le roi suivait ou non, à son gré.

Le pouvoir exécutif était entre les mains des ministres ou *secrétaires d'État*, que Louis XIV choisissait en dehors de la grande noblesse, afin de les replonger au besoin « dans le néant d'où il les avait tirés ». Les quatre secrétaires d'État (maison du roi, affaires étrangères, guerre, marine) concentraient entre leurs mains presque toute l'administration et se partageaient, d'une manière quelque peu bizarre et incohérente, les affaires et les provinces. Louis XIV supprima la surintendance des finances et n'eut qu'un *contrôleur général*, plus facilement révocable. Il maintint, pour la justice, la dignité inamovible de *chancelier*, garde des sceaux; mais il exilait le chancelier qui avait encouru sa disgrâce et lui reprenait les sceaux, en lui laissant un vain titre. Cette administration centrale demeura à peu près la même jusqu'à la fin de l'ancienne monarchie. Louis XIV avait donné la règle dont on ne se départit point.

Le gouvernement provincial; puissance des intendants. — Louis XIV fortifia l'action du pouvoir central sur les provinces. Il annula autant qu'il put les *États provinciaux*, ne les réclamant que pour leur arracher des subsides. Il avait établi les *intendants*, supprimés pendant la Fronde, et qui devinrent les agents les plus dévoués du despotisme royal. Partout ils s'appliquèrent à ruiner le pouvoir des *gouverneurs,* réduits à un rôle de parade. « Hélas! écrivait Mme de Sévigné, ces pauvres gouverneurs, que ne font-ils pas pour plaire à leur maître? Avec quelle joie, avec quel zèle ne courent-ils point à l'hôpital pour son service! Comptent-ils pour quelque chose leur santé, leurs plaisirs, leurs affaires, leur vie, quand il est question de lui obéir et de lui plaire? Hélas! ils sont si passionnés pour sa personne, qu'ils ne souhaitent que quitter ces grands rôles de comédies pour venir le regarder à Versailles quand même ils ne devraient pas en être regardés! »

Aucun pays ne possédait une administration centrale et provinciale aussi savante, malgré les incohérences qu'on y remarquait. Et cette administration achevait de constituer l'unité politique. Si les agents du roi n'avaient en vue que son pouvoir, ils n'en travaillaient pas moins à abaisser les barrières que les siècles avaient élevées entre les diverses parties de la France.

II. — LES GRANDS MINISTRES : COLBERT.

Colbert; le surintendant Fouquet. — Louis eut le bonheur de rencontrer et le mérite d'apprécier des ministres d'un rare génie. *Colbert* rétablit les finances, développa notre industrie et notre commerce. *Louvois* organisa l'armée. Un grand ingénieur, le maréchal de *Vauban*, fortifia les places et perfectionna l'art de prendre les villes. Et d'illustres généraux, *Turenne, Condé*, ne demandaient qu'à remporter de nouvelles victoires.

Mazarin avait dit au roi avant de mourir : « Sire, je vous dois tout. Mais je crois m'acquitter en quelque sorte en vous donnant Colbert ». Fils d'un marchand de drap de Reims, Colbert s'était élevé aux plus hauts emplois par son travail, par sa science du calcul. Il devint *contrôleur général des finances*, ce qui lui donnait aussi autorité dans les questions d'agriculture et d'industrie, *secrétaire d'État de la maison du roi*, titre qui le rendait maître de la police intérieure du royaume, en même temps que directeur des grands travaux pour les palais et les monuments, et distributeur des générosités royales. Il fut aussi *secrétaire d'État de la marine*. En un mot, il réunissait des attributions multiples, aujourd'hui partagées entre plusieurs ministres, et qui faisaient de lui l'auxiliaire le plus important de Louis XIV, le vrai chef de l'administration.

Colbert dénonça d'abord à Louis XIV les pilleries du surintendant *Fouquet*, dont la fortune scandaleuse avait été amassée aux dépens du trésor royal. Fouquet osa même donner à Louis XIV, dans son château de Vaux[1], une fête dont la magnificence étonna le roi. Fouquet fut arrêté (1661), jugé, condamné au bannissement; mais le roi aggrava la peine en la changeant en détention perpétuelle[2].

Les finances. — Colbert débrouilla d'abord tous les embarras que les surintendants et les trésoriers avaient mis exprès dans les affaires pour pêcher en eau trouble. Il améliora la *comptabilité* et créa ce qu'on appellerait aujourd'hui le **budget**, en dressant chaque année un *état de prévoyance* où il marquait les *revenus* et les *dépenses* probables, affectant certaines recettes à certaines dépenses. Il avait obtenu aussi que Louis XIV ne signât aucun ordre de dépense en dehors du conseil des finances. Il prêchait l'économie, non l'avarice. Il diminua les *tailles* qui pesaient sur le peuple, et augmenta les revenus en supprimant les pensions, les exemptions d'impôts obtenues pendant la Fronde et en demandant des ressources nouvelles aux *aides* ou impôts indirects (taxes sur les cafés, les tabacs, etc.). Il s'opposa tant qu'il put au système déplorable des **emprunts**, qui favorisait trop les goûts de Louis XIV pour la dépense.

Agriculture; industrie. — Colbert s'appliqua autant que Sully à *soulager l'agriculture* par la réduction de l'impôt des tailles, par la défense de saisir les bestiaux pour le payement des charges publiques, par la diminution du prix du sel. Il favorisa le développement de la population en accordant des exemptions de taille aux familles nombreuses. Il encouragea la culture du chanvre, du mûrier, et essaya même celle du coton.

Mais ce fut l'industrie qui le préoccupa surtout. Elle était presque nulle alors, et la France se voyait distancée par la Flandre, la Hollande, l'Angleterre. Colbert résolut d'affranchir le pays du tribut qu'il payait aux étrangers et de le rendre manufacturier. Il stimula par des subventions l'initiative individuelle. Les *draps* fins, qu'on tirait auparavant d'Angleterre et de Hollande, furent fabriqués à *Abbeville*, à *Sedan*; les manufactures *de soie*, perfectionnées, produisirent un commerce de plus de cinquante millions de ce temps-là. On commença dès 1666 à faire d'aussi belles *glaces* qu'à Venise, qui en avait toujours

---

1. Près de Melun (Seine-et-Marne).

2. Fouquet mourut dans la forteresse de Pignerol, en 1680, après dix-neuf ans de captivité.

fourni toute l'Europe. Les tapis de Turquie et de Perse furent surpassés à la Savonnerie[1]. Le vaste enclos des *Gobelins*[2] était rempli alors de plus de huit cents ouvriers; les meilleurs peintres dirigeaient l'ouvrage, ou sur leurs propres dessins, ou sur ceux des anciens maîtres d'Italie. Outre cette belle manufacture de tapisseries des Gobelins, on en établit une autre à *Beauvais*, on releva celle d'Aubusson[3]. Pour les *dentelles* on fit venir trente habiles ouvrières de Venise et deux cents de Flandre, et on leur donna trente-six mille livres pour les encourager. Les riches étoffes, où la soie se mêle avec l'or et l'argent, se fabriquèrent à *Lyon*, à *Tours*. La suppression de dix-sept fêtes diminua le nombre trop considérable des jours de chômage.

Le système protecteur. — Les encouragements ne suffisaient pas, il fallut une sorte de contrainte. Colbert voulut empêcher les marchandises étrangères d'inonder les marchés et éleva contre elles des murailles de *tarifs*; c'est ce qu'on nomme le **système protecteur**, ainsi appelé parce qu'il *protège une industrie naissante* contre la concurrence de rivaux plus avancés. Les draps étrangers, les produits manufacturés de l'Angleterre ou des autres pays, ne purent arriver sur les marchés français que grevés de droits acquittés à la frontière.

Ce système était bon dans la mesure et dans les circonstances où l'appliquait Colbert, car, sans lui, nos manufactures n'auraient pu se développer et nous serions demeurés tributaires de nos voisins plus habiles. Aussi Colbert peut-il être justement appelé le *créateur de l'industrie française.*

Par les tarifs de 1664 et 1667, laines, tapis d'Angleterre, tapisseries d'Oudenarde, d'Anvers et de Bruxelles, draps de Hollande et d'Angleterre, draps d'Espagne, huiles de poisson, étaient frappés de droits qui augmentaient leur prix dans d'énormes proportions et valaient presque une exclusion absolue. Exemptés de ces droits, les fabricants français, qui jusqu'alors n'avaient pu lutter contre les industries rivales, se virent singulièrement favorisés et se mirent à fournir au pays ce qu'on avait demandé aux pays voisins.

La réglementation; les corporations. — Colbert tenait

---

1. A Chaillot, près de Paris. Cette manufacture fut ensuite réunie à celle des Gobelins.
2. Faubourg Saint-Marceau, à Paris.
3. Chef-lieu d'arrondissement de la Creuse.

tant au perfectionnement de l'industrie, qu'il voulut aussi la protéger contre les fraudes. Il remit en vigueur les règlements des *corporations* du moyen âge et intervint, par de nouvelles ordonnances, dans le détail de la fabrication. Longueur, largeur, poids des étoffes, qualité des matières premières, tout cela fut fixé d'une façon précise, et les *jurés* des corporations étaient obligés de veiller à la stricte observation des édits. Un habit du dauphin, ayant été fait avec des étoffes pour lesquelles on avait cru devoir passer outre aux règlements, fut saisi par ordre de Colbert et brûlé publiquement. Le but du ministre était d'assurer une fabrication loyale et de donner aux marques françaises une valeur qui les fît rechercher même des étrangers. Réglementation naïve qui nuisait à l'industrie plus qu'elle ne lui servait, car elle empêchait toute nouveauté, décourageait toute initiative et rendait stationnaire le travail que la libre concurrence aiguillonne.

Le commerce; la marine marchande. — Par le même système qui avait développé l'industrie, Colbert créa la marine marchande. Il lui appliqua la **protection**. Les Hollandais, vrais rouliers des mers, avaient accaparé tout le commerce maritime. Colbert les écarta par les tarifs de 1664 et de 1667, qui imposaient aux navires étrangers entrant dans les ports français un droit de *cinquante sous* par tonneau : tarifs que Louis XIV appuya en 1672 par la guerre entreprise contre la Hollande. Les armateurs français purent construire des navires, d'autant que le ministre leur accordait des primes, et ils allèrent chercher dans les ports d'Afrique, d'Asie et d'Amérique les marchandises précieuses qu'on ne recevait jusqu'alors qu'indirectement. C'était sans doute une imitation de l'*acte de Navigation* de Cromwell, mais ces tarifs, moins rigoureux, sans détruire le commerce étranger, *créaient*, on peut le dire, *le commerce français*.

Commerce intérieur. — A l'intérieur, Colbert appliqua un système contraire. Il y avait des barrières : il les abaissa. Les provinces réunies à la couronne avaient gardé, d'après les traités, leurs coutumes et aussi leurs *douanes*. Il fallait payer autant de droits de douane qu'on traversait de provinces. Pour descendre ou remonter la Loire, il fallait acquitter vingt-huit droits de péage. Colbert songea à l'abolition de ces douanes intérieures qui rendaient nos provinces comme étrangères les unes aux autres. *Douze* provinces consentirent au changement et *n'eurent qu'une même ligne de douanes*. C'est ce qu'on appela les provinces des *cinq grosses fermes*, du nom de cinq impôts *affermés* et désignés par cette expression.

Colbert abaissa les barrières naturelles en même temps que les barrières historiques. Le percement, l'entretien des *routes* furent l'objet de son active sollicitude. On creusa le *canal d'Orléans*; plusieurs autres canaux furent étudiés, et le plus beau de tous commencé et terminé en quinze ans (1665-1680), le fameux **canal du Languedoc**, dû à l'habileté et au dévouement du célèbre ingénieur **Riquet**. Ce canal réunissait la Garonne à l'Aude et opérait ainsi la jonction de la Méditerranée à l'Océan.

Colbert fit instituer aussi un *conseil de commerce*, que Louis XIV présida régulièrement tous les quinze jours, et déclara *Marseille* et *Dunkerque ports francs*, afin d'y attirer les étrangers.

La marine militaire; l'inscription maritime. — En développant la marine marchande, Colbert avait du même coup assuré le développement de la marine militaire. Celle-ci avait été, nous l'avons dit, organisée par Richelieu, mais la flotte, négligée par Mazarin, était à moitié ruinée. Colbert fit reprendre les constructions navales, et une grande activité régna dans les ports, qui furent eux-mêmes améliorés et agrandis. *Brest* devint, grâce à sa magnifique rade dont on comprenait l'importance, le premier port de guerre sur l'Océan, *Toulon* le premier sur la Méditerranée, et bientôt de nombreuses et belles escadres, avec des vaisseaux dont quelques-uns portaient cent canons, en sortirent pour lutter contre les marines espagnole et hollandaise. Richelieu avait eu 38 bâtiments de guerre : sous Colbert ce chiffre s'éleva à 120, et l'année de sa mort il était de 176.

Il fallait des matelots. Colbert les demanda aux navires marchands. Il essaya en 1665 un système heureux. Tous les marins furent inscrits sur des listes et divisés en *trois classes*. Chaque classe servait, de trois années l'une, sur les bâtiments de l'État, et les matelots obtenaient certains avantages en retour de cette obligation qu'on leur imposait. En 1668, une ordonnance établit définitivement le régime des classes pour toutes les provinces maritimes du royaume; ce fut l'inscription maritime, *qui encore aujourd'hui assure le recrutement régulier de nos flottes.*

Les colonies. — Les progrès de la marine marchande nécessitaient et ceux de la marine militaire permettaient des *colonies.* Henri IV et Richelieu avaient déjà tourné de ce côté l'activité française. Colbert reprit, développa leur œuvre et fonda en réalité l'*empire colonial* de la France. Cet empire comprenait : en Amérique, le *Canada*, l'*Acadie*, *Terre-Neuve*, les îles de la *Martinique*, la *Grenade*, la *Guadeloupe*, *Marie-Galante*, *Saint-Christophe* et *Saint-Martin*, *Sainte-Croix*, la *Tortue*, une partie de *Saint-Domingue*, la *Guyane*; en Afrique, quelques établissements au *Sénégal* et dans l'île de *Madagascar*, les îles de *France* et *Bourbon*. De hardis voyageurs, surtout *Robert Cavelier de la Salle*, venaient de découvrir et de nous donner la riche vallée du *Mississipi*, le roi des fleuves (1680). Un établissement fut fondé à l'embouchure du *Mississipi*, et le pays reçut, en l'honneur du roi, le nom de *Louisiane*.

Colbert forma une *Compagnie des Indes Occidentales* ou de l'*Amérique*, puis une *Compagnie des Indes Orientales*, à laquelle il prit surtout de l'intérêt. Publicité, promesses, recommandations, contrainte même, rien ne fut ménagé pour attirer les capitaux dans la caisse de cette Compagnie, que le roi combla de privilèges et d'argent. En 1673 la Compagnie du Sénégal obtint la faculté exclusive d'un commerce honteux, alors pratiqué par toutes les nations, la traite des nègres. La Compagnie du Nord, dirigée contre les Hollandais, la Compagnie du Levant, formée pour exploiter le commerce de la Turquie, ne réussirent pas mieux que leurs sœurs des Indes. La cause était dans leur organisation compliquée, luxueuse, tracassière, et jusque dans les avantages qu'on leur accordait, jusque dans leurs monopoles.

Travaux législatifs; arts et lettres. — Il faut encore tenir compte à Colbert de la part qu'il prit aux travaux législatifs qui ont marqué le règne de Louis XIV. En 1667 furent publiées l'*Ordonnance civile*, qui demeura jusqu'à la Révolution *le code de la France*; puis l'*Ordonnance d'Instruction criminelle* (1670), qui réglait la procédure, mais laissait encore subsister trop de traces de la législation du moyen âge. Les ordonnances des *Eaux et Forêts*, du *Commerce*, de la *Marine*, témoignaient de l'active sollicitude de Colbert pour tous les intérêts du pays.

Il eut encore l'honneur d'être l'intermédiaire du roi pour ses générosités envers les gens de lettres et les artistes. Sur le modèle de l'Académie française il établit pour les érudits l'*Académie des inscriptions et belles-lettres* (1663), pour les savants l'*Académie des sciences* (1666), puis l'*Académie de musique* et l'*École de Rome* pour la peinture.

Mort de Colbert (1683). — Malgré tant de services, Colbert mourut disgracié du roi (1683) et triste de n'avoir pu l'empêcher de se jeter dans des dépenses exagérées. « Si j'avais fait pour Dieu ce que j'ai fait pour cet homme, disait-il, je serais sauvé dix fois. » Le peuple même, mécontent des derniers édits financiers dont Colbert n'était certes point responsable, voulait outrager les restes de ce grand ministre, trop dur et trop inflexible à la vérité pour être populaire. Il fallut enterrer la nuit le créateur de notre industrie, de notre commerce, de notre marine et de nos finances.

III. — Louvois.

Louvois; organisateur de l'armée. — Le ministre dont l'influence balançait celle de Colbert dans les conseils de Louis XIV et avait fini par l'emporter, c'était le marquis de *Louvois*. Fils de Michel Le Tellier, secrétaire d'État de la guerre, puis chancelier, Louvois succéda à son père dans la charge de *ministre de la guerre* (1666) et ne négligea rien pour organiser *l'armée*.

Les régiments étaient recrutés, habillés, nourris par leurs chefs, qui en étaient propriétaires et recevaient seulement du roi une somme déterminée. Des princes, des grands seigneurs. étaient ainsi *propriétaires de régiments* qui restaient agglomérés en armée jusqu'à ce que la fin de la guerre ou une nécessité d'économie les fit dissoudre. Les chefs de tout rang, capitaines, colonels, généraux, spéculaient sans honte; nulle mesure régulière n'assurait les subsistances, l'habillement, ni même l'armement; aucune règle ne déterminait l'avancement des officiers; la discipline très relâchée des troupes, obligées de vivre de maraude, en faisait un vrai fléau pour le pays.

1° Louvois obligea les propriétaires de régiments à les tenir complets, à veiller à leur subsistance, à leur habillement, qui fut *uniforme* dans chaque régiment; de là l'origine de l'uniforme.

2° Il rétablit la *discipline*, à laquelle furent soumis les officiers, de si haute naissance qu'ils fussent.

3° Les officiers généraux avancèrent selon la durée des services. selon l'*ordre du tableau*, c'est-à-dire une liste d'ancienneté, un tableau d'avancement. Louvois rabaissait ainsi les gens qui se croyaient nés, comme le duc et pair Saint-Simon, pour commander aux autres et, en leur qualité de grands seigneurs, n'aimaient pas « à rouler pêle-mêle avec tout le monde »

Enfin Louvois imposa la *marche au pas*, et commença à remplacer la pique et le mousquet par le *fusil* armé de la baïonnette. Il créa des *magasins de vivres* pour l'approvisionnement des armées en campagne, des *hôpitaux militaires*, et, sur les conseils de Louis XIV, fit construire l'*Hôtel des Invalides*.

IV. — VAUBAN.

Vauban. — En même temps, Vauban fortifiait les villes frontières. « Né le plus pauvre gentilhomme du royaume », comme il le disait lui-même, Sébastien le Prestre, seigneur de Vauban, n'avait qu'une chaumière de paysan : une seule chambre, une grange et une écurie ; on la montre encore dans le Morvan bourguignon[1]. Orphelin à l'âge de dix ans, il reçut quelques leçons du pauvre curé de son village, pour lequel il travaillait en échange de l'abri qu'il avait reçu chez lui. Parmi les éléments que celui-ci enseigna à son intelligent élève, se trouva la pratique de l'arpentage, qui peu à peu conduisit Vauban à s'occuper tout seul de fortifications.

A dix-sept ans il s'engagea dans les troupes de Condé pendant la Fronde, et fut fait prisonnier. Mazarin, ayant entendu dire que le jeune soldat s'entendait en fortifications, le convertit facilement à la cause royale. On l'attacha comme aide à un homme médiocre qui passait pour le premier ingénieur du temps, et Vauban eut bientôt dépassé son maitre. En 1667 il fut nommé par Louis XIV commissaire général des fortifications du royaume.

Les fortifications. — Au moyen âge les villes et les châteaux avaient rivalisé à qui se protégerait par les murailles les plus hautes et les plus épaisses. Les progrès de l'artillerie rendirent ces murailles inutiles. On sauta alors à l'idée opposée, et Vauban contribua beaucoup à préciser le système des *fortifications rasantes*, c'est-à-dire presque au niveau du sol. Ces murs bas, en terre, n'offraient presque point de prise aux boulets ; ils défendaient suffisamment le fossé et abritaient les batteries qu'on élevait pour répondre aux canons de l'assaillant et l'obliger à les éloigner de telle sorte qu'ils ne pussent bombarder la ville. Vauban appliqua rigoureusement la géométrie au tracé des

1. Vauban naquit en 1633 à Saint-Léger-de-Fougeret, appelé depuis 1867 Saint-Léger-Vauban (Yonne).

fortifications : il multiplia les angles, les formes d'étoiles, de manière que le feu des pièces pût se porter dans toutes les directions possibles et couvrir tout le front des remparts. Les villes importantes eurent des citadelles détachées, qui servaient de refuge même après la capitulation de la cité.

La vie militaire de Vauban est des mieux remplies : « Il a fait réparer 300 places fortes anciennes, en a fait construire 33 neuves ; il a conduit 53 sièges et s'est trouvé en personne à 143 engagements de vigueur. » Il porta l'art de la défense au degré de perfection où il avait aussi porté l'art de l'attaque, de sorte que dans l'armée il y avait deux dictons militaires : « *Ville assiégée par Vauban, ville prise ; ville fortifiée par Vauban, ville imprenable.* »

Vauban, pour lui-même hardi jusqu'à la témérité, ménageait le sang des autres. « Il vaut mieux, disait-il, brûler plus de poudre et verser moins de sang. » « Sire, disait-il encore à Louis XIV, j'aime mieux conserver 100 soldats à Votre Majesté que d'en tuer 3 000 aux ennemis » ; et une autre fois : « Vous gagnerez un jour, mais vous perdrez 1 000 hommes, ne le faites pas » ; ou : « Vous perdrez tel homme qui vaut mieux que le fort, n'attaquez pas ». « C'était, nous dit Saint-Simon, qui n'a pas l'habitude de flatter, le plus honnête homme et le plus vertueux homme de son siècle, le plus simple, le plus vrai, le plus modeste. » C'était aussi un grand citoyen, dévoué à son pays, et pour lequel le sévère Saint-Simon créa le nom de *patriote*.

V. — AFFAIRES RELIGIEUSES.

Déclaration de 1682. — Louis XIV, roi absolu, voulut l'être même dans ses rapports avec l'Église. Les rois percevaient les revenus de certains évêchés pendant la vacance du siège : on appelait ce droit la *régale*. Louis XIV l'étendit à tout le royaume : de là un différend avec le pape *Innocent XI*. Jaloux de ses prérogatives, le roi fit formuler, par l'*Assemblée du clergé* réunie en 1682 sous la présidence de Bossuet, *quatre* propositions résumant les théories de l'Église gallicane sur l'autorité du Saint-Siège. Elles revenaient à déclarer que Dieu n'avait donné à saint Pierre et à ses successeurs *aucune puissance, ni directe ni indirecte, sur les choses temporelles*, et approuvaient les décrets du concile de Constance reconnaissant les conciles œcuméniques (universels) supérieurs au pape dans les questions spirituelles. Ces maximes gallicanes durent être enseignées dans les facultés de théologie et, sans détacher l'Église de France de Rome, la constituaient presque comme une Église distincte. Au fond ce n'était entre le roi et le pape qu'une rivalité de pouvoirs, et ces querelles ne se comprennent plus guère aujourd'hui.

Louis XIV voulut en outre qu'à Rome le quartier de son ambassadeur conservât le privilège d'être un asile : il blessa à la fois le pape et la justice en maintenant par la force un abus auquel avaient renoncé les autres souverains.

Révocation de l'édit de Nantes (1685). — Plus Louis XIV résistait au pape dans l'ordre politique, plus il témoignait de son attachement au catholicisme. Il ne voulait point souffrir qu'il y eût deux religions dans son royaume. Bien que les protestants vécussent en sujets soumis et qu'ils eussent entre les mains presque tout le commerce et l'industrie, il ne put respecter la parole de Henri IV, gardée par le cardinal de Richelieu, qui, même après ses victoires, leur avait laissé le libre exercice de leur culte.

Louis XIV vieillissait déjà, devenait malade : il tombait sous la tutelle de *Mme de Maintenon*, femme habile et insinuante, que, devenu veuf en 1683, il épousa secrètement et qui fortifia son ascendant par les influences religieuses. Colbert n'était plus là pour défendre les protestants, il était mort presque disgracié, et Louvois, l'homme impitoyable, poussait Louis XIV aux violences. Pour forcer les protestants à se convertir, on logea chez eux des gens de guerre, des dragons principalement, qui se signalèrent par leurs excès. Aussi a-t-on donné le nom de *Dragonnades* à cette persécution d'un nouveau genre. Les conversions arrivèrent par milliers, grâce à ces *missionnaires bottés*, comme on les appelait, qui s'installaient dans les maisons, y séjournaient des mois et, par mille vexations, lassaient les dissidents.

Lorsque la terreur régna dans les pays protestants et qu'on eut obtenu des réformés la pratique apparente du catholicisme, Louis XIV porta le dernier coup en **révoquant l'édit de Nantes** (1685). L'exercice du culte protestant fut interdit, ses ministres furent bannis du royaume.

Malgré la surveillance rigoureuse exercée pour empêcher l'émigration, et les supplices qui la punissaient, une foule de disciples suivirent leurs pasteurs exilés et allèrent chercher au loin une terre où leur conscience fût libre. On calcule que, dans les dernières années du règne de Louis XIV, trois cent mille Réformés passèrent la frontière, en dépit des ordonnances les plus sévères. Des provinces perdirent un tiers de leur population, et surtout de la population industrielle. Ce furent principalement la Hollande, la Prusse et l'Angleterre qui profitèrent de ce que nous laissions échapper. Londres eut un faubourg peuplé d'artisans français, et Berlin, qui en accueillit un grand nombre, leur dut l'origine de sa fortune industrielle.

Les carrières libérales perdirent également beaucoup d'hommes distingués. L'armée vit douze mille soldats et six cents officiers porter à l'étranger, avec leur bravoure, la haine de Louis XIV et de la France.

VII. — La politique de Louis XIV. — Conquêtes

Lionne et Pomponne. — Guerre de Hollande. — Formation de la ligue d'Augsbourg.

Politique extérieure de Louis XIV; ses premiers actes. — Louis XIV montra dès le début de son règne personnel avec quelle vigueur il saurait faire respecter la France. L'ambassadeur espagnol à Londres ayant voulu prendre le pas sur l'ambassadeur français, Louis XIV exigea de son beau-père, le roi d'Espagne Philippe IV, une réparation éclatante (1662). A Rome, les gens de l'ambassadeur français ayant été insultés par les soldats de la garde corse, le pape Alexandre VII dut élever une pyramide rappelant l'offense et la satisfaction (1664).

Le roi aida la *maison de Bragance* à affermir l'indépendance du Portugal. D'un autre côté, il participa à la victoire de *Saint-Gothard*[1], qui sauva l'Autriche envahie par les Turcs (1664). On le craignait partout.

Guerre de Dévolution (1667-1668); traité d'Aix-la-Chapelle (1668). — Louis XIV voulut tirer parti de sa puissance et, à la mort du roi d'Espagne Philippe IV (1665), il réclama les Pays-Bas, au nom de sa femme Marie-Thérèse, en vertu d'un droit particulier au Brabant et qu'on appelait le **droit de dévolution**. Son meilleur argument était sa belle armée de cinquante

---

1. Bourg de Hongrie.

mille hommes, commandée par *Turenne* et *Condé*; le roi n'eut qu'à se présenter en Flandre pour occuper Lille et toutes les villes les unes après. les autres (1667). Pendant l'hiver, le roi et le prince de Condé parurent tout à coup en *Franche-Comté* (1668) et s'emparèrent de la province en moins de trois semaines.

Mais Louis XIV s'arrêta quand il vit une **triple alliance** formée par la *Hollande*, l'*Angleterre*, la *Suède*, et alors il signa le traité d'**Aix-la-Chapelle** (1668), qui ne lui laissa que ses principales conquêtes en Flandre : *Bergues, Douai, Lille*

Lionne et Pomponne. — Louis XIV trouva pour interprète de sa pensée dans ces négociations compliquées un homme dont le nom peut être mis à côté de ceux de Colbert et de Louvois, *Hugues de Lionne*, secrétaire d'État aux affaires étrangères (1663). Lionne dirigea la politique extérieure jusqu'en 1671, et sa correspondance diplomatique ne comprend pas moins de deux mille registres, d'une rédaction remarquable.

Le *marquis de Pomponne* lui succéda en 1671 sans le remplacer. Il subit davantage l'influence du roi, s'appliquait surtout à lui plaire et finalement lui déplut. Louis XIV ne le trouvait pas assez ambitieux et lui reprochait de rabaisser, dans l'exécution, sa politique trop hardie. Il choisit alors *Colbert de Croissy*, dont la charge passa au marquis *de Torcy*, son fils. Torcy eut à conduire les négociations des années malheureuses, mais les mena avec une rare dignité et un réel talent. Lionne et Pomponne avaient été plus heureux : ils n'avaient eu à négocier qu'après des victoires.

Invasion de la Hollande par les Français (1672). — Louis XIV s'était vu arrêté dans ses entreprises sur la Flandre par la Triple-Alliance. Irrité contre les Hollandais, il était en outre blessé de leur fierté républicaine, et voyait en eux des rivaux de notre commerce. Excité par Louvois, il retourna contre eux leurs alliés, la Suède et l'Angleterre, puis envahit leur pays (1672).

L'armée française, comptant près de cent mille hommes, descendit le cours du Rhin en tournant les provinces belges. Elle passa sur la rive droite, à Wesel, et arriva ainsi au point où le Rhin se divise en plusieurs branches. L'armée repassa à gué, à *Tolhuys*, le Rhin affaibli par cette division, et se trouva au cœur même de la Hollande. Presque toutes les villes, surprises, se rendirent sans résistance.

Louis XIV s'obstine à imposer aux Hollandais vaincus des conditions inacceptables. Le parti de la guerre l'emporte alors à la Haye; le premier magistrat du pays, le grand pensionnaire, *Jean de Witt*, est massacré avec son frère *Corneille de Witt*; on proclame *stathouder* le jeune *Guillaume de Nassau*, prince d'Orange; on ouvre les écluses d'Amsterdam. Les campagnes, qui en Hollande se trouvent au-dessous du niveau de la mer et que des digues protègent à grand'peine, sont envahies par les eaux, et la flotte hollandaise vient se ranger autour d'Amsterdam. Les Français sont obligés de reculer devant l'inondation. Cette résolution patriotique des Hollandais sauva leur pays.

Première grande coalition contre Louis XIV (1673). — Les principales puissances en effet vinrent au secours de la Hollande; le roi d'Espagne et l'empereur d'Allemagne conclurent avec les Hollandais la ligue de *la Haye*. Alors Louis XIV, obligé de faire face à de nouveaux ennemis, renonce à la Hollande et ne garde que la place de *Maestricht*, sur la Meuse. Mais, l'Espagne lui offrant l'occasion ;de nouvelles conquêtes, il se jeta une seconde fois sur la *Franche-Comté*. Besançon fut pris en neuf jours, et la province entière réduite en six semaines (1674).

Puis le prince de *Condé* alla tenir tête, dans les Pays-Bas, à Guillaume d'Orange, et lui livra une bataille sanglante, à Senef (1674), où il demeura vainqueur grâce à sa ténacité et à son ardeur.

Turenne. — Turenne, de son côté, déployait, dans la vallée du Rhin, ce que l'art de la guerre peut avoir de plus grand et de plus habile. Il entra en Allemagne, mais se vit bientôt obligé de reculer devant une armée double de la sienne. Soixante-dix mille Allemands pénétrèrent dans l'Alsace, province encore à peine rattachée à la France. Turenne repassa les Vosges par le col de Saverne et, l'hiver venant, s'établit en Lorraine. Tranquilles, les ennemis se répandirent et se cantonnèrent en Alsace, mais Turenne n'abandonnait point la partie. Lorsqu'on le croyait immobile dans ses quartiers d'hiver, il envoya de petits détachements à travers des chemins affreux, le long des Vosges alors couvertes de neige; comme un épais rideau, ces montagnes dissimulèrent sa marche, et dans les derniers jours de décembre (1674) son armée déboucha dans la plaine d'Alsace par *Belfort*, à un moment et par un côté où l'ennemi était loin de l'attendre. Il culbuta les uns après les autres les corps dispersés des Impériaux, à Mulhouse d'abord, puis à

Turckheim, près de Colmar (5 janvier 1675), et les força à repasser le Rhin. *En quinze jours il avait délivré l'Alsace.*

Mais ce savant homme de guerre fut enlevé au moment où il était le plus nécessaire. Il avait continué ses succès et avait de nouveau pénétré en Allemagne. Au mois de juillet 1675 après d'habiles manœuvres, il était sur le point de livrer bataille aux Impériaux commandés par Montecuculli, digne émule de Turenne. Les deux armées s'observaient depuis huit jours. Le 27 juillet, Turenne prenait ses dernières positions pour attaquer le village de *Salzbach*, lorsqu'il fut frappé d'un boulet. Les soldats, désespérés, s'écrièrent qu'ils avaient perdu leur père; les généraux, devenus timides, n'osèrent plus attaquer les ennemis et repassèrent le Rhin.

Le maréchal de *Créqui* fut également battu dans la vallée de la Moselle, et pris dans la ville de *Trèves*, malgré une défense héroïque. Il fallut envoyer le prince de Condé rétablir les affaires de ce côté; ce fut sa dernière campagne. Après avoir refoulé l'ennemi, il se retira malade dans son domaine de *Chantilly*, où il vécut jusqu'en 1686, se reposant des combats par des entretiens littéraires avec les hommes illustres de son époque.

Duquesne. — Privé de ses plus grands capitaines, Turenne et Condé, Louis XIV ne se soucia plus de risquer des batailles, et la guerre se borna à des sièges, auxquels il aimait à paraître quand tout était calculé pour la prompte reddition de la ville. Avec Vauban et le maréchal de *Luxembourg*, digne élève de Condé, il s'empara de *Valenciennes*, de *Cambrai* (1677). Son frère, le duc d'Orléans, guidé par le maréchal de Luxembourg, assiégea Saint-Omer et gagna la victoire de *Cassel* (1677). Puis Louis XIV alla assister à la prise d'une des places les plus importantes des Pays-Bas, de la ville de *Gand* (1678), et ces succès de la France découragèrent les coalisés.

D'ailleurs ces avantages avaient été complétés par une série de victoires remportées par les flottes françaises dans la Méditerranée. Les Siciliens, révoltés contre l'Espagne, avaient appelé les Français, qui vinrent occuper Messine. Les Hollandais envoyèrent alors au secours des Espagnols leur fameux amiral *Ruyter*; mais celui-ci trouva bientôt un digne adversaire dans le chef d'escadre *Duquesne*, qui livra un glorieux combat près de l'île de **Stromboli** (1676), puis en vue d'**Agosta**, non loin de Syracuse, où Ruyter fut mortellement blessé. Duquesne et

Vivonne, puis le jeune *Tourville*, qui débutait sous leurs auspices, écrasèrent enfin les flottes ennemies près de **Palerme**, et les Français demeurèrent maîtres de la mer (1676).

Traités de Nimègue (1678, 1679). — La coalition, voyant qu'elle ne pouvait abattre Louis XIV, amena l'Angleterre, effrayée d'ailleurs des progrès de notre marine, à se déclarer contre la France (janvier 1678). Alors le roi demanda la paix ; un congrès se réunit à *Nimègue*, et les différentes puissances signèrent avec Louis XIV des traités, dits **traités de Nimègue**, qui lui laissaient ses conquêtes en *Flandre* et la *Franche-Comté* (1678, 1679). Mais la France, déviant de la politique commerciale de Colbert, accorda aux Hollandais l'abolition du tarif de 1667, ce qui allait porter un rude coup à notre marine marchande. Les traités de Nimègue marquent l'apogée du règne de Louis XIV.

Le roi, jeune encore, venait de gagner deux provinces et de braver l'Europe ; il tenait une cour magnifique, où se succédaient les fêtes, les carrousels, les divertissements. Flatté jusque dans ses vices, Louis XIV voyait les courtisans approuver ses scandales et honorer ses favorites, Mlle de la Vallière, Mme de Montespan. Paris, en souvenir de ses victoires, lui dressait des arcs de triomphe, qui sont aujourd'hui la *porte Saint-Denis* et la *porte Saint-Martin*.

Chambres de réunion ; Strasbourg. — Louis fit de la paix un temps de conquêtes. Les derniers traités lui avaient livré un certain nombre de villes *avec leurs dépendances* : pour rechercher ces dépendances, il établit à Tournai, à Metz, à Brisach, à Besançon, des *chambres dites de réunion*. Des arrêts soutenus par la force donnèrent à Louis XIV vingt villes importantes, Sarrebrück, Deux-Ponts, Luxembourg, Montbéliard, Strasbourg, dont Vauban fit la plus forte barrière du royaume sur le Rhin (1681). En Italie, il achetait Casal, dans le Montferrat, au duc de Mantoue, pour dominer le nord de la Péninsule et le Piémont, qu'il tenait déjà par Pignerol (1681).

Le roi envoya Duquesne châtier encore les Barbaresques. *Alger* fut bombardé deux fois (1681, 1684). Petit-Renaud venait d'inventer les galiotes à bombes : on s'en servit contre Alger. *Tunis* et *Tripoli* éprouvèrent le même sort. La ville de *Gênes* en Italie avait bravé la puissance de Louis XIV : on la bombarda, et le *doge*, qu'une loi empêchait de quitter la ville, dut venir s'humilier à Versailles. Comme on lui montrait toutes les merveilles du palais, le fils de Colbert, Seignelay, lui demanda ce qu'il trouvait de plus curieux : « C'est de m'y voir », répondit-il (1684). Ces progrès de la puissance de Louis XIV alarmèrent les États voisins. Les princes allemands que les chambres de réunion avaient privés de quelques territoires ne cessaient d'exciter l'Empereur à les défendre. Mais les Turcs envahissaient alors l'Autriche, obligée d'implorer le secours des Polonais et de Jean Sobieski. Aussi l'Empereur ne voulut-il point engager de nouvelles luttes,   à la diète de *Ratisbonne* (1684), on proclama une trêve de vingt ans, qui laissait à Louis XIV *Landau, Luxembourg* et *Strasbourg*.

VIII. — La révolution d'Angleterre de 1688.

Les Stuarts et le Parlement; Whigs et Tories. — Déclaration des droits : avènement de Guillaume III.

I. — CHARLES II.

La restauration des Stuarts (1660). — Les Stuarts avaient été rétablis en Angleterre peu de temps après la mort de Cromwell. Le terrible Protecteur, mort en 1658 sans avoir pu fonder ni une dynastie ni une république, avait laissé un fils, *Richard,* incapable de jouer son rôle et de conserver son lourd héritage. Richard Cromwell gouverna cinq mois sous le titre de *Protecteur* et abdiqua. L'anarchie seule lui succéda. Les presbytériens étaient las du joug des indépendants et de la domination militaire : ils se rapprochèrent des épiscopaux, des royalistes, des Cavaliers. Le grand parti qui avait battu en brèche l'autorité de Charles Ier avait été victime de son propre triomphe, puisqu'une minorité exaltée, une secte particulière, les Indépendants, l'avait écarté ; alors il donna la main à ses anciens ennemis, et ce jour-là une restauration fut proche. Un général habile et dissimulé, **Monk**, l'opéra. A la tête de régiments dévoués aux Stuarts, il marcha sur Londres et rappela le *Long Parlement* tel qu'il était en 1648, avant les mutilations opérées par Cromwell, c'est-à-dire au complet. Cette assemblée avait seule le droit de se dissoudre ; satisfaite de ce retour à la légalité, elle prononça sa dissolution. Un nouveau Parlement rappela Charles II, qui rentra sans *conditions écrites* dans sa capitale, le 20 mai 1660.

Le règne et les fautes de Charles II (1660-1685). — Il ne tenait qu'au prince ainsi rétabli de rendre impossible le retour des révolutions. Il parut d'abord profiter des leçons de l'expérience et se montra docile aux conseils du Parlement : aussi on ne murmura point contre les vengeances qu'il exerça et le supplice de quelques régicides. Mais la coalition des Têtes rondes et des Cavaliers, à laquelle il devait son retour, ne tarda pas à se briser, et Charles, prince léger, frivole, dissipé, faux et dissimulé, ne tarda pas à irriter à la fois par les scandales de sa cour luxueuse les fidèles serviteurs de la couronne et ses anciens ennemis.

Il commit surtout la faute de ranimer la question religieuse, cause première du soulèvement de 1640. Une étrange fatalité semblait peser sur cette famille incorrigible, dont on plaindrait plus les malheurs si elle les avait moins mérités. Charles II, quoique ayant dû son retour principalement aux presbytériens, bien que lié par des promesses formelles de tolérance à leur égard, rétablit la hiérarchie anglicane et recommença les persécutions. Il fit voter un *bill d'uniformité* qui imposait la même liturgie et le *Common Prayers Book* (le commun livre de prières) à tous les ministres ou pasteurs de l'Église réformée. Deux mille ministres presbytériens aimèrent mieux abandonner leurs *bénéfices* et leurs *églises* que de souscrire à ce bill qui blessait leur conscience (1662), et l'on appela leur éloignement la *Saint-Barthélemy* des presbytériens.

Charles, pour satisfaire la jalousie commerciale des Anglais contre la Hollande et obtenir en même temps des subsides dont il espérait détourner une partie au profit de ses plaisirs, recommença (1665-1667) contre les Hollandais la guerre qui avait si bien réussi à Cromwell. Les flottes anglaises livrèrent dans la Manche et la mer du Nord de brillants combats aux flottes hollandaises, que conduisaient le célèbre Ruyter et Corneille Tromp, le fils de celui qui avait déjà illustré ce nom : une de ces batailles navales dura quatre jours. Mais les fléaux semblèrent se réunir pour accabler l'Angleterre : une peste horrible s'abattit sur le pays en 1665 ; un incendie épouvantable, le sinistre le plus effrayant dont on ait gardé le souvenir, détruisit presque la ville de Londres et consuma treize mille maisons (1666). Enfin l'amiral hollandais Ruyter pénétra dans la Tamise (1667) et s'avança presque en vue de Londres, qui entendit le canon ennemi : il fallut barrer le fleuve par des chaînes et des vaisseaux coulés à fond pour arrêter cette audacieuse invasion. Charles II se hâta de signer la paix de *Bréda* (1667).

Le mécontentement fut augmenté par la mauvaise administration de cinq ministres corrompus qui formèrent (1670-1673) la *cabale* (*cabal*, mot formé des lettres initiales de ces ministres). Charles se tourna alors vers la France et rechercha l'appui de Louis XIV, auquel il avait déjà vendu Dunkerque. Louis XIV lui fournit l'argent nécessaire à ses prodigalités, de façon qu'il ne fût pas à la discrétion de son Parlement; mais aussi il soudoyait en secret les membres de l'opposition, afin de retenir le roi dans sa dépendance. Toutefois ceux-ci, de plus en plus nombreux, empêchèrent Charles II de se joindre à Louis XIV dans la guerre déclarée à la Hollande. Ils s'appliquaient surtout à écarter les catholiques, dont la cour de Charles se remplissait, et le bill du **test** (épreuve) imposa à tout fonctionnaire un serment incompatible avec la foi catholique (1673). La Chambre des communes même, irritée et alarmée des succès des armées et des flottes de Louis XIV, allait contraindre Charles II à se joindre à la Hollande contre la France et à combattre le roi qui le pensionnait, lorsque la paix de Nimègue fut signée à propos pour lui épargner cette humiliation (1678).

La question de succession commençait à préoccuper les esprits. Le duc d'York, frère du roi, dont on avait cependant marié la fille à un prince protestant, Guillaume d'Orange, venait de se convertir au catholicisme. On profita d'une prétendue conspiration, dénoncée et l'on peut dire inventée par un intrigant, *Titus Oates* (1678), pour renouveler les anciennes persécutions. Le Parlement exclut le duc d'York de la succession au trône (1679).

L'acte d'Habeas corpus (1679). — Charles II, fils d'une mère catholique, frère d'un catholique déclaré, était soupçonné de pencher vers la religion romaine et rencontrait dans le Parlement une opposition de jour en jour plus forte. C'étaient pourtant les mêmes députés qui l'avaient rappelé et qui siégeaient depuis dix-huit ans. Charles renvoya ce Parlement, mais les députés furent réélus. Alors, profitant de sa puissance, la nouvelle assemblée s'appliqua à restreindre les prérogatives royales. à donner des garanties à la liberté civile par le fameux acte d'**Habeas corpus** (1679).

D'après ce bill, qui est resté une des lois fondamentales de l'Angleterre, *on ne pouvait refuser à aucun prisonnier, dans les vingt-quatre heures de son arrestation, de le conduire devant un juge* qui vérifiait la cause de son emprisonnement. Si le prisonnier était renvoyé absous, il ne pouvait être repris pour le même motif. Si la cause de l'emprisonnement paraissait suffisante, on devait accepter une caution si l'accusé en offrait, et le laisser en liberté jusqu'au jugement, sous la garantie de cette caution.

Toutefois la politique absolutiste de Charles II, dans les dernières années de son règne, paraissait réussir, tant le pays craignait un nouvel ébranlement. Le roi réprima avec cruauté un soulèvement de puritains en Écosse; à la suite d'un autre complot, le complot de *Rye-house* (nom d'une ferme d'un conjuré), il terrifia l'opposition par le supplice de sir Algernon *Sidney* et celui du célèbre lord *William Russell*, « dont tout Anglais, a dit le célèbre orateur Fox, portera le nom gravé dans son cœur à côté de celui d'Algernon Sidney » (1683). Lorsque Charles II mourut, le pouvoir royal était affermi, et le duc d'York, malgré l'exclusion prononcée contre lui, monta sur le trône (1685).

Les Whigs et les Tories. — Les exécutions qui avaient assombri les dernières années du règne déjà si triste de Charles II avaient décimé le parti *whig*, dont Russell et Sidney étaient les chefs honorés. Cette dénomination de **Whig** remontait aux divisions que la révolution anglaise **avait** amenées dans la nation. Les partis aux prises se lançaient, dans leurs pamphlets, de mutuelles injures. Les royalistes donnaient à leurs ennemis le nom de Whigs, appliqué en Écosse aux plus fougueux défenseurs du Covenant, à ceux qui étaient mis hors la loi. A leur tour, ils recevaient de leurs adversaires le nom de **Tories**, appliqué en Irlande aux catholiques mis hors la loi et aux bandits. Les partis adoptèrent ces noms, dont ils se glorifièrent. Les *Tories* furent les défenseurs de l'Église anglicane et de la prérogative royale. Les *Whigs* s'honorèrent de défendre la liberté religieuse et politique. Les Tories, partisans de l'autorité, et les Whigs, zélés pour la liberté, se partagèrent l'Angleterre et recrutèrent, les uns comme les autres, des adhérents à la fois dans l'aristocratie et dans le peuple; c'est là ce qui a fait la force de ces deux grands partis, qui ne furent jamais assimilés à une classe.

En France, la noblesse, comblée de biens par la royauté dès qu'elle se montra soumise, soutint la monarchie absolue; le peuple se trouva seul à réclamer la liberté. Il s'ensuivit un déchirement cruel, et la nation sembla sur le point de périr dans la tourmente. En Angleterre il n'y eut point opposition de classes, haine de castes, mais simple antagonisme entre deux partis qui possédaient chacun des éléments communs, et qui pouvaient, vainqueurs, trouver en eux les ressources d'un vrai gouvernement. Ces deux partis, malgré leur animosité, étaient chacun l'image de la nation entière, et, s'accordant à mettre au-dessus de toutes les discussions le principe monarchique et l'intérêt du pays, se résignaient à la défaite sans renoncer à la revanche; ils se combattaient sans fureur, se remplaçaient tour à tour au pouvoir, se réconciliaient devant l'ennemi national et préféraient toujours la grandeur de l'Angleterre au succès de leur cause.

Les Whigs, proscrits à la fin du règne de Charles II, vont reprendre l'avantage, grâce à la politique insensée de Jacques II, et, lorsqu'ils seront vainqueurs sans effusion de sang, garderont le pouvoir avec autant de modération que de fermeté. Le temps effacera les haines des premières luttes. L'esprit libéral influera même jusque sur les Tories, qui, malgré leur préférence pour les traditions d'autorité, seront aussi jaloux que les Whigs des libertés de l'Angleterre.

II. — JACQUES II. — LA RÉVOLUTION DE 1688.

Jacques II (1685-1688). — Jacques II ne mit que trois ans à ruiner la situation que lui avait léguée son frère. Il crut pouvoir braver l'opinion du public anglais en professant ouvertement la religion catholique et en gouvernant sans réunir les Chambres. Il suivit la politique rigoureuse et atroce que Charles II avait adoptée dans ses dernières années. Il réprima quelques soulèvements avec une cruauté qui a rendu odieux les noms des ministres de ses vengeances, le colonel Kirke et le chef de la justice Jeffries. Le duc de Monmouth, fils naturel de Charles II, qui s'était révolté et avait été battu à *Sedgemoor*, fut exécuté dans des circonstances atroces. Sa tête ne tomba qu'au cinquième coup (1685). Jeffries était plus expéditif que le bourreau Ketch, dont le nom proverbial en Angleterre désigna longtemps ses successeurs. Il écrivait : « J'ai commencé ma besogne avec les rebelles et j'en ai dépêché quatre-vingt-dix-huit ». Pour récompense de ses services, Jeffries reçut la dignité de chancelier.

La perspective du rétablissement du catholicisme réunit tous les partis contre Jacques II. Il avait dispensé les catholiques du bill du *test*, il rappelait les jésuites. Il envoyait des ambassadeurs au pape Innocent XI pour réconcilier solennellement l'Église d'Angleterre avec le Saint-Siège. Les catholiques éclairés s'effrayaient eux-mêmes de la politique inconsidérée du roi, qui allait par son aveuglement porter le dernier coup à leur religion en Angleterre. Le pape le blâmait. Jacques ne s'appuyait plus que sur Louis XIV et sur son armée permanente, qu'il avait portée au chiffre, énorme pour l'Angleterre, de 40 000 hommes.

Fuite de Jacques II (1688) : Guillaume d'Orange. — Les Anglais, fortement attachés au protestantisme depuis plus d'un siècle, ne voulaient pas laisser détruire l'œuvre de Henri VIII, d'Édouard VI et d'Élisabeth. Menacés dans leur religion et leurs libertés, ils appelèrent le gendre même de Jacques II, **Guillaume d'Orange**, regardé en Europe comme le plus vaillant champion du protestantisme. De plus, Guillaume était l'adversaire le plus acharné de la France et de Louis XIV.

Guillaume hésitait à répondre à l'appel des Anglais, mais la naissance d'un prince de Galles, héritier de Jacques II, qui lui enlevait l'espoir de succéder légalement à son beau-père, le détermina. Le 15 novembre 1688, Guillaume débarqua à Torbay avec une petite armée de quinze mille hommes. Ce fut le signal d'un soulèvement général. Guillaume avait mis sur ses étendards : « *Je maintiendrai les libertés de l'Angleterre et la religion protestante* ». Jacques, abandonné de tout le monde, s'enfuit de sa capitale, y fut ramené ; mais Guillaume d'Orange favorisa sa fuite et sa retraite en France. Jamais révolution n'avait été plus prompte.

Déclaration des droits; la monarchie constitutionnelle. — Le Parlement proclama roi Guillaume d'Orange, mais lui imposa la fameuse *Déclaration des droits* (février 1689). Cette déclaration précisait les droits de la nation et de la couronne : elle donnait toute leur extension aux principes anciens : que *la perception des taxes devait être autorisée par le Parlement*; que seul le Parlement pourrait permettre la levée d'une *armée permanente*; que *les Chambres seraient fréquemment réunies*; que les députés jouiraient de la plus grande *liberté de discussion*, et que tous les Anglais auraient le *droit de pétition*. C'était le *gouvernement constitutionnel* ou parlementaire. L'Angleterre devançait en cela l'Europe de plus d'un siècle.

Conséquences de la révolution de 1688. — La révolution
d'Angleterre allait avoir sur la politique générale de l'Europe
une grande influence, en ce qu'elle enlevait à Louis XIV son
allié et qu'elle plaçait à la tête d'un grand pays le plus
acharné de nos ennemis. Le protestantisme venait de remporter
une sérieuse victoire, et cela au lendemain du jour où Louis XIV
avait cru devoir renouveler en France les plus odieuses persécutions contre le calvinisme, au moment où il reprenait le rôle
de Philippe II. Comme le roi d'Espagne, il allait rencontrer
dans un autre Guillaume d'Orange la pierre d'achoppement de
sa fortune.

La littérature anglaise. — On ne saurait oublier que cette
époque de troubles et de lutte fut celle où la littérature anglaise
se développa et produisit les plus belles œuvres dont elle s'ho-
nore. Sous Élisabeth et Jacques Ier avait vécu le plus grand
poète de l'Angleterre, **Shakespeare** (1564-1616).

L'Angleterre avait donné à la philosophie moderne un de ses
plus beaux génies, **François Bacon**, prédécesseur de Descartes.

L'Angleterre put citer parmi ses poètes *Ben Johnson* et surtout **Milton**, qui vécut au milieu des orages de la révolution
(1608-1674), et, devenu aveugle, n'en composa pas moins la
belle épopée du *Paradis perdu*, dont le calme divin contraste
avec l'agitation de la société du temps. On a justement surnommé Milton l'Homère anglais. Puis vinrent *Dryden*, qui floris-
sait sous le règne de Charles II, et plus tard, mais appartenant
au xviiie siècle, *Addison* et *Pope*.

Un philosophe, *Locke* (1632-1704), contemporain et apologiste
de la révolution de 1688, a été, par son fameux livre sur l'*En-
tendement humain*, le prédécesseur des philosophes français
du xviiie siècle.

IX. — Les dernières guerres de Louis XIV.

Les coalitions contre Louis XIV.—La succession d'Espagne.

I. — GUERRE DE LA LIGUE D'AUGSBOURG.

La ligue d'Augsbourg. — Les conquêtes faites par Louis XIV
en pleine paix, son orgueil, ses violences avaient réveillé les

craintes de l'Europe. Dès 1681, l'Empire, l'Espagne, la Hollande et même la Suède conclurent, par les soins de Guillaume d'Orange, une alliance secrète pour le maintien de la paix de Nimègue. L'ambition de Louis XIV ne s'arrêtant pas, ils se rapprochèrent davantage et signèrent la *ligue d'Augsbourg* (9 juillet 1686). Le pape, que Louis XIV venait encore d'humilier en maintenant malgré lui le *droit d'asile* au quartier de notre ambassadeur à Rome, favorisait la ligue. Il repoussa du siège épiscopal de Cologne le candidat de la France (1688), et l'occupation de l'électorat de Cologne par les troupes françaises amena la *guerre dite de la ligue d'Augsbourg.*

Cette guerre était à peine commencée, que la révolution d'Angleterre éclata, et Guillaume III alors devint le chef de la coalition contre Louis XIV, qui, abandonnant sa politique traditionnelle, ne songea plus qu'à renverser Guillaume. Il reprenait le rôle de Philippe II.

Du côté du Rhin, pour tenir éloignés les ennemis, Louvois voulut faire du Palatinat un désert et ordonna une dévastation méthodique (1689). Les villes de *Mannheim*, de *Spire*, de *Heidelberg* furent livrées aux flammes : ces incendies, ces ravages, exécutés de sang-froid, ces maux incalculables causés à un pays naturellement fertile, excitèrent un vif sentiment d'horreur contre les Français, et les Allemands conçurent dès lors un sentiment de haine qui rendit les guerres plus acharnées.

Guerre maritime ; Tourville ; combats de Bantry, de Beachy-Head (1690), de la Hougue (1692). — Louis XIV avait accueilli le roi détrôné Jacques II, qu'il avait magnifiquement installé au château de Saint Germain : il lui donna une armée et une flotte qui devait le transporter en Irlande.

Nos vaisseaux, commandés par Château-Renaud et l'illustre **Tourville**, triomphèrent des vaisseaux anglais aux combats de **Bantry**, sur la côte sud-ouest de l'Irlande, et de **Beachy-Head**, sur la côte de la Manche, comté de Sussex (1690). Mais Jacques, arrivé en Irlande, perdit du temps, et son armée fut battue sur les bords de la rivière de la **Boyne**.

Louis réunit une nouvelle armée. *Tourville*, pour ouvrir le passage, eut ordre de chercher l'ennemi, sans attendre l'escadre de la Méditerranée ; avec quarante-quatre vaisseaux il rencontre la flotte alliée, qui en compte quatre-vingt-dix-neuf. Les instructions sont formelles : il faut combattre. Tourville montre l'ordre du roi, et tous les officiers s'apprêtent, sans aucune illusion, à faire leur devoir. On espérait seulement la défection d'une partie de la flotte anglaise (19 mai 1692). Tourville soutint une journée entière l'effort de deux flottes supérieures à la sienne ; mais, ne pouvant le lendemain recommencer le combat, il se retira. Or la France n'avait point de ports sur la Manche. Cherbourg n'avait pas de rade. La plus grande partie de la flotte échappa pourtant, se dirigeant sur Saint-Malo. Mais douze vaisseaux qui avaient doublé la pointe de Barfleur furent obligés de s'échouer dans la rade de la **Hougue** (sur la côte orientale de la presqu'île du Cotentin, département de la Manche) et furent brûlés par leurs équipages ; ce fut ce qu'on appela, en exagérant le mal, le désastre de la Hougue. L'expédition de Jacques II n'en était pas moins encore une fois manquée.

Tourville vengea dignement ce malheur, l'année suivante, par la victoire de **Lagos**, sur les côtes de Portugal. Il défit l'escorte d'une riche flotte marchande et causa à l'ennemi un dommage de plus de trente-six millions (juin 1693). Toutefois on ne livra plus de grandes batailles navales. La mer appartient dès lors à de hardis capitaines qui se conduisent eux-mêmes, n'écoutant que leur instinct et leur courage, tels que *Jean Bart* et *Duguay-Trouin*.

Guerre aux Pays-Bas ; le maréchal de Luxembourg ; batailles de Fleurus (1690), de Steinkerque (1692), de Neerwinden (1693). — Mais les actions décisives se livrèrent sur terre, aux Pays-Bas. Le maréchal de *Luxembourg*, négligent, paresseux, savait réparer ses fautes sur le champ de bataille même par des éclairs de génie. Il remporta une victoire signalée à **Fleurus** (1690), prit **Mons** et **Namur** sous les yeux de Louis XIV et malgré l'armée de Guillaume d'Orange.

En 1692, surpris dans une position défectueuse à Steinkerque, il change en quelques heures l'ordre de son armée, rétablit le combat et remporte la victoire.

Enfin, en 1693, la sanglante bataille de **Neerwinden** acheva de justifier la réputation qu'il avait acquise de *tapissier de Notre-Dame*, à cause des nombreux drapeaux qu'il y avait envoyés. On raconte que le prince d'Orange s'étonnait pendant l'action que son artillerie n'ébranlât point notre cavalerie, qui l'essuya six heures durant sans broncher : il vint en colère aux batteries, accusant le peu de justesse de ses pointeurs. Quand il en eut vu l'effet, il tourna bride et s'écria : « Oh ! l'insolente nation! » La victoire de Neerwinden fut la dernière du maréchal de Luxembourg, qui mourut deux ans après (1695).

Guerre en Italie ; Catinat ; bataille de Staffarde (1690) ; le duc de Savoie en Dauphiné ; bataille de la Marsaille (1693). — Le maréchal de *Catinat*, l'un des meilleurs capitaines, et certes le plus modeste, le plus intègre, avait été envoyé en Italie pour combattre le duc de Savoie, qui, maître du Piémont, s'était joint aux ennemis de Louis XIV · il remporta la victoire de Staffarde (1690), village situé, près du Pô, et conquit le Piémont.

Mais les coalisés soutinrent le duc de Savoie : celui-ci força les Français à repasser les Alpes ; lui-même envahit le Dauphiné, mais les résistances locales suffirent pour sauver cette province (1692).

Catinat reparut alors en Italie et remporta une victoire décisive à la **Marsaille**[1] (1693), et le duc de Savoie se retira un des premiers de la lutte (traité de *Turin*, 1696).

Paix de Ryswick (1697). — Les ennemis, aussi fatigués que Louis XIV de cette guerre sans pitié, consentirent à la paix, qui fut signée au château de *Ryswick*, en Hollande (1697).

La France conserva *Strasbourg*, mais restitua la Lorraine et les villes conquises dans les Pays-Bas et en Italie. Louis XIV dut abaisser son orgueil au point de *reconnaître Guillaume III comme roi d'Angleterre*. De plus, il rendit aux Hollandais les avantages commerciaux que Colbert leur avait enlevés, et ils purent mettre garnison dans les villes frontières des Pays-Bas, comme précaution contre une nouvelle agression de la France.

II. — LA SUCCESSION D'ESPAGNE.

Le testament de Charles II (1700). — Ce qui avait hâté la conclusion de la paix de Ryswick, c'était la prévision de la mort du roi d'Espagne Charles II, toujours languissant, qui mit trente-cinq ans à mourir (1665-1700). Charles II n'avait point d'héritier, et Louis XIV, fils d'une infante espagnole, Anne d'Autriche, époux d'une infante espagnole, Marie-Thérèse, songeait à la succession.

L'empereur d'Allemagne, *Léopold*, qui avait également épousé une infante espagnole, réclamait aussi cet héritage. Toutefois

1. Marsaglia, Marsaille (Piémont).

Marie-Thérèse, étant l'aînée, avait les droits les plus sérieux ; on n'opposait à Louis qu'une renonciation nulle, puisque la dot n'avait point été payée.

Louis XIV d'abord, pour plus de sûreté, signa avec Guillaume d'Orange des *projets de partage* qui n'assuraient pas grand avantage à la France, mais que la maison d'Autriche n'accepta pas, car elle espérait toujours la succession tout entière. Charles II en effet, indigné de ce démembrement projeté de sa monarchie, était disposé à la laisser à l'archiduc Charles, en faveur de qui il avait même testé. Mais plus il s'affaiblissait, plus il subissait l'influence de ses conseillers, gagnés à la cause française par l'habile marquis d'Harcourt, ambassadeur de Louis XIV Il signa enfin un dernier testament, en faveur du *duc d'Anjou*, second fils du dauphin et petit-fils de Louis XIV. Le vrai motif qui avait décidé Charles II, c'est qu'un démembrement était moins à craindre avec un prince français soutenu par Louis XIV En outre, Charles imposait comme condition la séparation des deux couronnes, et le duc d'Anjou, second fils du dauphin, ne paraissait alors avoir aucune chance de devenir héritier du trône de France.

Lorsque après la mort de Charles II (1er novembre 1700) on connut le testament, Louis XIV hésita longtemps à l'accepter, lié qu'il se trouvait par les traités de partage. Jamais délibération plus grave n'avait agité les conseils du roi. Enfin, le mardi 16 novembre, Louis, à son lever, fit entrer l'ambassadeur d'Espagne dans son cabinet, où se trouvait le duc d'Anjou, et lui dit de saluer son nouveau maître. Faisant alors ouvrir toutes grandes les portes de son cabinet et présentant son petit-fils aux seigneurs de la cour, Louis dit avec solennité : « Messieurs, voilà le roi d'Espagne ». Puis, se tournant vers le duc d'Anjou, il le pria de se souvenir sur le trône d'Espagne qu'il était prince de France. L'ambassadeur espagnol fit observer que le voyage allait devenir aisé, « que les Pyrénées étaient fondues ». On en a fait le mot célèbre : « Il n'y a plus de Pyrénées ».

Les Espagnols accueillirent avec enthousiasme le jeune duc d'Anjou, qui fut proclamé roi sous le nom de *Philippe V*. L'Angleterre, la Hollande, le reconnurent. L'empereur Léopold seul armait.

Fautes de Louis XIV ; nouvelle coalition contre la France (1701). — Louis XIV avait atteint son but, et l'Europe mécontente se taisait ; mais par ses fautes le roi provoqua une nouvelle coalition : 1° il viola le traité de Ryswick en remplaçant les garnisons hollandaises des places fortes belges par des garnisons françaises ; 2° il conserva au duc d'Anjou, par des lettres patentes, malgré le testament, ses droits à la succession au trône de France ; 3° à la mort de Jacques II, il salua son fils roi d'Angleterre, quoiqu'il eût reconnu ce titre, par le traité de Ryswick, à Guillaume III. Celui-ci forma une nouvelle ligue.

Trois hommes célèbres la dirigèrent : le grand pensionnaire de Hollande *Heinsius* ; *Churchill*, duc de Marlborough, habile général qui gouvernait l'Angleterre par sa femme, favorite de la reine Anne ; le prince *Eugène de Savoie*, dont Louis XIV n'avait pas voulu faire un colonel, et qui s'était mis au service de l'Autriche.

Situation de la France. — Louis XIV survivait aux grands ministres, aux grands capitaines qui lui avaient assuré tant de succès. Il en était arrivé à croire que ses choix donnaient du génie et que ses ordres forçaient la victoire. La révocation de l'édit de Nantes avait ruiné l'industrie. Tant de guerres avaient épuisé les finances ; c'est dans ces conditions que Louis allait de nouveau entreprendre de lutter seul contre toute l'Europe.

Période de victoires (1701-1703). — Le commencement de cette longue guerre fut pourtant heureux. Le *duc de Vendôme* répara habilement les fautes que le maréchal de Villeroi, pris dans la ville de *Crémone*, avait commises en Italie, et lutta avec avantage contre le prince Eugène de Savoie, sur lequel il gagna le combat de *Luzzara* (1702).

En Allemagne, Villars remporta, à force d'élan et de bravoure, la victoire de **Friedlingen**[1] (1702). Il se joignit ensuite au prince électeur de Bavière pour marcher sur Vienne, et gagna la bataille d'**Hochstett**[2] (1703). Dans la vallée du Rhin, Tallard remportait une autre victoire, à **Spire** (1703), et écrivait à Louis XIV : « Votre armée a pris plus d'étendards et de drapeaux qu'elle n'a perdu de simples soldats ».

Révolte des Camisards (1702-1704). — Mais ce fut là le terme des succès de la France. Villars fut obligé d'aller dans les Cévennes étouffer une révolte de protestants qui menaçait de devenir redoutable. Poussés à bout par la persécution, les pro-

---

1. Bourg du grand-duché de Bade, entre Fribourg et Huningue.
2. Ville de Bavière sur le Danube.

testants des Cévennes méridionales et de la Lozère prirent les armes, conduits par un chef qui se fit bientôt une renommée, *Jean Cavalier*. Il fallut les talents et l'habileté de Villars pour mettre fin (1704) à cette guerre civile, dite des *Camisards* (ce mot vient, dit-on, de *camisade*, attaque nocturne), qui s'ajouta à la guerre étrangère.

Période de revers : défaites de Blenheim (1704); de Turin (1706); de Ramillies (1706); d'Oudenarde (1708). — Tandis que Villars était occupé dans les Cévennes, le duc de Marlborough, par une marche des plus hardies, était arrivé de la Meuse au Danube et avait joint ses forces à celles du prince Eugène. Tous deux, réunis, battirent les maréchaux Tallard et Marsin, à **Blenheim**, dans les plaines mêmes d'Hochstett (1704), où les Français avaient été victorieux l'année précédente, et ceux-ci furent chassés de l'Allemagne.

Puis la fortune tourna contre nous en Italie, où le duc de Savoie, notre allié, avait fait défection. La Feuillade et Marsin perdirent la bataille de **Turin** (1706). Il fallut sortir de l'Italie comme on était sorti de l'Allemagne.

En Espagne, les Anglais s'étaient emparés de *Gibraltar* (1704), et en 1706 le roi Philippe V ne put empêcher son compétiteur l'archiduc Charles d'entrer dans Madrid.

Enfin, dans les Pays-Bas, le maréchal de Villeroi perdit la bataille de **Ramillies** (1706), et, malgré son habileté, le duc de Vendôme ne fut pas plus heureux à la bataille d'**Oudenarde**, parce que son action était contrariée par la timidité du jeune duc de Bourgogne qui commandait en chef (1708). Il fallut sortir des Pays-Bas, comme on était sorti d'Allemagne et d'Italie. La France se trouvait découverte.

Invasion de la France; siège de Lille; le maréchal de Boufflers (1708). — Ainsi, malgré quelques succès de Villars sur les bords du Rhin en 1707, la France était vaincue et ne tarda pas à être envahie. Les coalisés vinrent mettre le siège devant Lille. Le maréchal de *Boufflers* tint deux mois dans la ville, puis se retira dans la citadelle, où il résista encore deux mois. A bout de munitions et de vivres, il ne livra la citadelle que sur un ordre écrit de la main du roi. Le prince Eugène rendit les plus grands honneurs à Boufflers, qui demeura libre et fut créé par Louis XIV pair de France.

L'hiver de 1709, bataille de Malplaquet (septembre 1709). — Lille et la Flandre n'en étaient pas moins au pouvoir des coalisés. Des cavaliers ennemis se répandirent dans le nord de la France et poussèrent l'audace jusqu'à venir enlever, sur le pont de Sèvres, un officier du roi qu'ils prirent pour le dauphin.

L'hiver de 1709 fut horrible. « Une gelée, qui dura près de deux mois de la même force, avait, dès ses premiers jours, rendu les rivières solides jusqu'à leur embouchure, et les bords de la mer capables de porter des charrettes. Un faux dégel fondit les neiges, il fut suivi d'un subit renouvellement de gelée aussi forte que la précédente, trois autres semaines durant. Cette seconde gelée perdit tout. Les arbres fruitiers périrent; il ne resta plus ni noyers, ni oliviers, ni pommiers, ni vignes. On ne peut comprendre la désolation de cette ruine générale. Chacun resserra son vieux grain. Le pain enchérit outre mesure.... Les payements les plus inviolables commencèrent à s'altérer. En même temps les impôts, haussés, multipliés, exigés avec les plus extrêmes rigueurs, achevèrent de dévaster la France. Grand nombre de gens qui, les années précédentes, soulageaient les pauvres, se trouvèrent réduits à subsister à grand'peine, et beaucoup de ceux-là à recevoir l'aumône en secret. Il ne se peut dire combien d'autres briguèrent les hôpitaux, combien d'hôpitaux ruinés renvoyaient leurs pauvres à la charge publique, et combien d'honnêtes familles expiraient dans les greniers. Il ne se peut dire aussi combien tant de misère échauffa le zèle et la charité, ni combien immenses furent les aumônes[1]. »

Louis XIV, courbant son orgueil devant tant de malheurs, demanda la paix. Les coalisés, le croyant réduit à toute extrémité, n'en devinrent que plus acharnés : ils voulurent le forcer à chasser lui-même Philippe V d'Espagne « Mieux vaut faire la guerre à mes ennemis qu'à mes enfants ! » répondit-il, et il releva la tête; il écrivit à tous les gouverneurs, aux évêques, une lettre noble et patriotique. Le peuple comprit que Louis XIV ne luttait plus que pour l'honneur national. On oublia toutes les souffrances.

Les soldats de Villars n'avaient point de pain et ils étaient gais. « Quand des brigades marchent, écrivait Villars, il faut que les brigades qui ne marchent pas jeûnent. On s'accoutume à tout. Je crois cependant que l'habitude de ne pas manger n'est pas bien facile à prendre. » Attaqués à Malplaquet[2]

---

1. Mémoires du duc de Saint-Simon.
2. Village du département du Nord, à 28 kil. nord-ouest d'Avesnes.

(sept. 1709), les soldats jetèrent le pain qu'on venait de leur distribuer, pour courir plus légèrement au combat. Ils furent vaincus, mais causèrent à l'ennemi plus de mal qu'ils n'en reçurent. L'espoir revint à la France.

Changements survenus en Espagne; victoire de Villaviciosa (1710). — Trois changements importants, l'un dans la situation militaire, les deux autres dans la situation politique de l'Europe, relevèrent encore l'espoir que la France concevait d'une paix prochaine et honorable.

D'abord, la situation militaire s'était améliorée en Espagne. Là, du reste, était le nœud de la question. Louis XIV avait pour principal dessein d'asseoir sa famille sur le trône d'Espagne. Le peuple espagnol avait accueilli avec joie le prince français comme l'héritier légitime de ses rois. Il n'entendait pas qu'à cause des fautes de Louis XIV on vînt le contraindre à obéir à un autre roi. Sans doute la force des armes anglaises et portugaises avait donné, en 1706, à l'archiduc Charles, le compétiteur de Philippe V, la capitale, Madrid ; sans doute Philippe V avait été obligé de lever le siège de Barcelone et de faire le tour des Pyrénées par la France pour rentrer en Espagne du côté des Pyrénées occidentales, mais le maréchal de *Berwick* avait rétabli une première fois sa fortune à la journée d'**Almanza** en 1707. Sans doute Philippe V fut encore sur le point de perdre son royaume en 1709. Vaincu à *Almenara*, il se vit forcé de céder une seconde fois sa capitale à l'archiduc Charles et de transférer le siège de son gouvernement à Valladolid ; les Espagnols n'en tenaient pas moins à lui : ils demeuraient muets à l'arrivée de son adversaire; leur amour-propre national était froissé de ce que l'Europe, se mêlant de leurs affaires et dédaignant leur sentiment, voulait leur imposer un autre monarque. Le salut pour Louis XIV devait donc venir de l'Espagne.

Philippe V avait, dans la même année 1710, repris l'avantage, et le duc de Vendôme, disgracié depuis la journée d'Oudenarde, envoyé sur ce théâtre lointain des opérations, se trouva par le fait sur le vrai terrain des combats décisifs, et ses qualités militaires concoururent avec l'énergie des Espagnols à relever la cause française. Près de Villaviciosa (10 décembre 1710), le duc remporta une brillante victoire et, le soir, put dire à Philippe V fatigué : « Je vais vous faire donner le plus beau lit sur lequel un roi ait couché ! » Il fit apporter les étendards et les drapeaux pris à l'ennemi. La couronne d'Espagne était affermie sur la tête du petit-fils de Louis XIV. Premier résultat, premier changement qui améliorait la position de Louis. Le Portugal, que l'Angleterre avait tourné contre nous, fut frappé par une brillante expédition de Duguay-Trouin, qui s'empara de *Rio-de-Janeiro*, au Brésil.

Changements en Angleterre; disgrâce de Marlborough (1740). — C'était un général anglais, le duc de *Marlborough*, qui, par ses talents, par la combinaison de ses mouvements avec ceux du prince Eugène, général de l'empereur, avait, dans cette grande guerre, déjoué les plans les mieux coordonnés de Villars et infligé de rudes leçons aux collègues médiocres ou incapables de ce brillant capitaine. Le duc de Marlborough avait toute liberté d'action, parce que ses amis les Whigs, acharnés à cette guerre, dominaient alors en Angleterre, et que sa femme, *Sarah Jenning*, gouvernait la reine Anne. Or une intrigue de cour ruina le crédit de la fière et ambitieuse Sarah, qui avait froissé la reine par sa hauteur et ses exigences. Voltaire a dit dans son *Siècle de Louis XIV* : « Quelques paires de gants d'une façon singulière que la duchesse refusa à la reine, une jatte d'eau qu'elle laissa tomber en sa présence, par une méprise affectée, sur la robe de Mme Masham, changèrent la face de l'Europe. » C'est sans doute attribuer à de frivoles incidents plus d'importance qu'ils n'en eurent, car la disgrâce de la favorite n'entraînait pas celle de son mari ni un revirement politique; mais les Tories surent habilement profiter de cette disgrâce pour changer les sentiments de la reine Anne.

L'Angleterre n'avait plus rien à gagner à la continuation de la lutte, puisqu'elle avait pris possession du rocher de **Gibraltar** et s'était assuré une porte toujours ouverte pour pénétrer dans la Méditerranée. Elle avait assez humilié la France, qui, du reste, faisait subir à son commerce, par les courses hardies de ses marins, des pertes considérables. La continuation de la guerre, désormais sans objet, puisque Louis XIV avait compris ses fautes et abaissé son orgueil dans les conférences de la Haye et de Gertruydenberg, ne pouvait qu'aggraver les taxes déjà trop lourdes pour le peuple anglais. Aussi la reine Anne se décida-t-elle à une révolution ministérielle qui surprit l'Europe et déconcerta les alliés. Le comte Godolphin, grand trésorier, dont le fils avait épousé une fille de Marlborough, fut remplacé dans sa charge, ainsi que Sunderland, secrétaire d'État des affaires étrangères, Sunderland, fils de Godolphin et gendre de Marlborough. Le Parlement fut dissous, et la nation, sans laquelle, au delà du détroit, un ministère ne pouvait rien entreprendre de considérable, fut appelée à confirmer les choix de la reine. Les Tories l'emportèrent dans les élections (octobre et novembre 1710). L'Angleterre modifiait sa politique et inclinait vers la paix.

Changements en Allemagne; l'archiduc Charles empereur (1711). — Au mois d'avril 1711, la mort de Joseph Iᵉʳ, empereur d'Allemagne, amena un troisième changement, qui allait brusquer le dénouement. Cette mort assurait les domaines de la maison d'Autriche et la couronne impériale à *Charles*, le compétiteur de Philippe V. Si les alliés, contre toute attente, parvenaient à renverser enfin Philippe V, ce ne pouvait plus être qu'au profit d'un prince héritier d'une vaste monarchie. Ce prince eût ainsi reconstitué l'empire de Charles-Quint. Au lieu d'un péril lointain et peu probable de l'union des deux monarchies de France et d'Espagne, l'Europe se trouvait en présence d'un péril immédiat qu'elle-même aurait créé. L'absurdité d'un pareil résultat d'une guerre si acharnée démontrait la nécessité d'y mettre un terme, et les ministres anglais se félicitèrent de la politique qu'ils avaient adoptée. Aussi des pourparlers secrets furent-ils engagés avec les ministres anglais et aboutirent-ils à la signature de préliminaires de paix à *Londres* (8 octobre 1711). L'Angleterre se retirait de la coalition.

Deuils dans la famille de Louis XIV; victoire de Denain (1712). — Est-ce à dire que tout péril avait disparu? Non certes, et Louis XIV, dont les forces étaient épuisées, avait encore à combattre deux ennemis acharnés, la Hollande et l'Empire. La fortune même accablait encore le roi vaincu et humilié sous le poids des malheurs domestiques. Le dauphin mourait en 1711; le duc de Bourgogne, fils du dauphin, élève de Fénelon, mourait avec sa femme en 1712; puis le duc de Bretagne, leur fils aîné, fut également enlevé par la mort. Louis XIV, qui s'était vu à la tête d'une florissante famille, se trouva presque isolé; il n'avait plus pour héritier qu'un arrière-petit-fils âgé de deux ans. Et à ce moment la France était menacée d'une invasion ! Le prince Eugène assiégeait *Landrecies*; il appelait les lignes qu'il avait étendues jusqu'à *Denain* : le chemin de Paris. Louis XIV donna à Villars sa dernière armée, il lui dit d'un ton pénétré : « La confiance que j'ai en vous est bien marquée, puisque je vous remets les forces et le salut de l'État. Je con nais votre zèle et la valeur de mes troupes, mais enfin la fortune peut vous être contraire; s'il arrivait malheur à l'armée que vous commandez, quel serait votre sentiment sur le parti que j'aurais à prendre? » Villars n'osait répondre, balbutiait. Le roi reprit : « Pour moi, je sais que des armées aussi considérables ne sont jamais assez défaites pour que la plus grande partie de la mienne ne pût se retirer sur la Somme. Je compterais aller à Péronne ou à Saint-Quentin y ramasser tout ce que j'aurais de troupes, faire un dernier effort avec vous et périr ensemble ou sauver l'État. » Noble parole qui en fait oublier d'autres trop égoïstes; il n'eut pas besoin de la tenir : Villars, avec une heureuse audace, enleva le camp retranché de **Denain** (juillet 1712). Ce fut une victoire complète, qui entraîna la conquête des places surprises par les ennemis. La France était sauvée.

Cette victoire fut le coup décisif qui déconcerta la Hollande, affermit les dispositions pacifiques dès Anglais et montra à l'Europe que si elle n'avait pu renverser Philippe V, elle ne pourrait pas non plus abattre Louis XIV.

Traités d'Utrecht et de Rastatt. — La paix ne tarda pas à être signée au congrès d'**Utrecht** (1713), puis, après une courte et brillante campagne de Villars, avec l'empereur d'Allemagne à **Rastatt** (1714).

Philippe V renonçait formellement à ses droits à la couronne de France. A ce prix il gardait l'*Espagne* et ses *colonies*. Mais on lui enlevait les **Pays-Bas**, le **Milanais**, le **royaume de Naples**, qui étaient donnés à la maison d'Autriche.

Il cédait le rocher de **Gibraltar**, c'est-à-dire la porte de la Méditerranée, à l'Angleterre, qui le garde encore.

Il abandonnait la **Sicile** au duc de Savoie, qui prenait le titre de *roi de Sicile* (échangé bientôt contre celui de roi de Sardaigne).

L'électeur de Brandebourg était reconnu **roi de Prusse**.

Louis XIV ne perdait aucune des conquêtes de son règne, mais cédait à l'Angleterre quelques colonies (l'*Acadie*, *Terre-Neuve*) et s'engageait à combler le port de Dunkerque. Il reconnaissait l'ordre de succession établi en Angleterre en faveur de la maison protestante de Hanovre.

Ces concessions sans doute n'étaient pas trop onéreuses eu égard aux désastres éprouvés dans cette guerre. Mais la France perdait surtout par l'agrandissement des puissances rivales. *Les traités d'Utrecht détruisaient l'œuvre des traités de Westpha-*

lie. A la prépondérance de la France succédait celle de l'*Angleterre*, toute-puissante sur mer. De plus, une puissance nouvelle, bientôt redoutable, s'élevait en Allemagne : la *Prusse*.

Le traité de la *Barrière* compléta ceux d'Utrecht et de Rastatt en donnant aux Hollandais le droit de tenir garnison dans certaines places des Pays-Bas qui serviraient de barrière contre la France.

X. — Dernières années de Louis XIV.

La Cour; Port-Royal; détresse financière; testament et mort du roi.

La seconde partie du règne de Louis XIV. — Louis XIV mérite d'être classé parmi nos grands rois si l'on s'en tient à la première partie de son règne, si l'on regarde ses victoires, ses conquêtes, ses encouragements aux lettres, aux sciences, aux arts, si on le contemple au milieu des magnificences de Versailles et en pleine gloire. Il avait fait de la France la première nation de l'Europe, la plus instruite, la plus policée.

Les résultats de la seconde partie de son règne attristent singulièrement l'historien. Par la longue durée de la compression, Louis XIV avait avili la *noblesse*, enchaînée à la cour; il l'avait poussée au luxe, au jeu; il avait brisé les ressorts de cette caste militaire, qui ne garda plus de son antique énergie que la bravoure sur les champs de bataille. Il ruina l'autorité des *parlements*, qui se traineront misérablement au siècle suivant, sans retrouver leur noble fermeté. Il sépara le gouvernement de la nation en écartant les *États généraux* et en supprimant la plupart des *États provinciaux*.

Police; lettres de cachet. — Louis XIV avait créé une *police* pour assurer une plus régulière répression des crimes et pour aider la justice; en 1667 il avait établi un lieutenant général de police à Paris (Nicolas de la Reynie). Malheureusement ces agents furent surtout employés à rechercher les opinions, surprendre les secrets des lettres (ce qu'on appela plus tard le *cabinet noir*), arrêter tous ceux qui parlaient trop haut des fautes du roi ou des misères du temps. La police devint et resta un rouage gouvernemental. Les *lettres de cachet* multipliées mettaient la liberté des personnes à la discrétion des ministres du roi. Des hommes considérables étaient saisis et enfermés, sans jugement, à la Bastille et, malgré les recherches les plus savantes, on n'a jamais pu établir l'identité du prisonnier qu'on a appelé le *Masque de fer*, et qui vécut rigoureusement séquestré au château de l'île Sainte-Marguerite, puis à la Bastille, le visage couvert d'un masque de velours noir, servi avec déférence par ses geôliers. Dans les provinces, les intendants exerçaient un pouvoir absolu et employaient les troupes pour briser les oppositions : elles hâtaient par la terreur la levée des impôts.

Impôts. — Les taxes devenaient de plus en plus lourdes par suite des guerres ruineuses. Louis XIV sans doute faisait parfois porter sa vaisselle d'or et d'argent à la Monnaie, mais ces sacrifices, nécessaires dès le temps de la ligue d'Augsbourg, ne pouvaient suffire pour entretenir une armée de quatre cent mille hommes. Le roi établit la *capitation*, dont personne, pas même le dauphin, ne fut exempt. Ses produits et ceux des anciens impôts, même accrus et exigés avec la dernière violence, ne purent combler le déficit. Aussi Louis XIV emprunta-t-il à un taux usuraire, augmentant encore les difficultés. L'armée, à la fin du règne, ne recevait plus de solde régulière, et, dans les dernières années de la guerre d'Espagne, les soldats ne pouvaient vivre que de pillage et de maraude. Louis XIV laissa une dette de près de *trois milliards* de francs, somme qui nous paraît aujourd'hui peu considérable, mais qu'il faut tripler si nous tenons compte de la rareté du numéraire à cette époque. L'État ne payait plus ses créanciers qu'avec un papier déprécié.

Querelles religieuses; Port-Royal. — Louis XIV avait asservi le clergé et l'avait corrompu en attachant ses faveurs à l'obéissance. Aussi le clergé français n'avait-il plus la force de lutter contre le protestantisme que par l'armée royale. Au lieu des éloquents ouvrages de Bossuet, on employait les dragons. L'Église de France se discréditait aussi par les misérables querelles du *molinisme* et du *jansénisme*. Les Jésuites, tout-puissants, grâce au crédit du P. de la Chaise, confesseur du roi, réussirent à faire proscrire les Jansénistes. Les solitaires de Port-Royal furent dispersés. L'abbaye de *Port-Royal-des-Champs*, cet asile de savants et d'écrivains, fut détruite en 1709 et l'on profana jusqu'aux tombes. Il ne reste plus rien que quelques bâtiments de la ferme. Le jansénisme cependant survécut : il reparut dans un livre du *P. Quesnel*, prêtre de l'Oratoire. Les propositions contenues dans ce livre furent condamnées par le pape, qui publia la bulle *Unigenitus*, elle-même cause de troubles nouveaux.

Souffrances du pays. — Si les querelles religieuses ne s'apaisaient point et si les esprits inquiets s'y enfonçaient, ne pouvant se tourner vers les discussions politiques, les intérêts matériels étaient bien plus en souffrance. L'agriculture, ruinée, avait porté le poids de toutes les guerres et des impôts. Beaucoup de terres demeuraient en friche. L'industrie déclinait, au centre, à l'ouest et dans le midi de la France depuis la révocation de l'édit de Nantes. La misère était grande à la mort de Louis XIV, et les *Mémoires des intendants*, publiés de nos jours, nous révèlent la détresse de la plupart des provinces.

Loin d'être peuplée comme aujourd'hui, la France ne comptait que 19 millions d'âmes. Les guerres, la mortalité résultant des famines et des épidémies tendaient à réduire encore cette population. Dans presque tous les Mémoires reviennent les mêmes plaintes sur le déplorable état des ponts, des chemins, des routes, sur l'élévation des droits et des impôts, les maraudages des soldats. Certaines peintures sont effrayantes. Dans certaines provinces les paysans vivaient quasi à l'état sauvage. Ajoutons que les Mémoires ainsi rédigés, et qui ont été analysés par Boulainvilliers dans son *État de la France*, ne répondent pas aux dernières années du règne, aux misères horribles de l'hiver de 1709. Dans ce cruel hiver, la faim, l'affreuse faim se fit sentir à Versailles même, où la cour mangea du pain d'avoine, où des troupes d'affamés ébranlèrent les grilles du château.

Dernières années du règne de Louis XIV. — Les dernières années du règne de Louis XIV furent aussi tristes que les premières avaient été brillantes. Aux malheurs nationaux vinrent se joindre de cruelles afflictions domestiques. Louis XIV perdit son fils unique, le grand dauphin (14 avril 1711); le fils du dauphin, le duc de Bourgogne, l'élève de Fénelon, mourut avec sa femme (février 1712). Leur fils aîné, le duc de Bretagne, succomba le 8 mars, et enfin le duc de Berry, fils du grand dauphin, mourut en 1714. De sa nombreuse famille il ne restait à Louis que son petit-fils Philippe V, roi d'Espagne, et son arrière-petit-fils, le duc d'Anjou, alors âgé de cinq ans, qui fut Louis XV. Tant de pertes décidèrent le roi à prendre une mesure qui était un nouvel attentat à la moralité publique : ses fils légitimés, le duc du Maine et le comte de Toulouse, nés de la marquise de Montespan, furent déclarés héritiers de la couronne à défaut de princes du sang. Il les appela par son testament à faire partie du Conseil de régence, dont le duc d'Orléans, son neveu, n'eut que la présidence. Mais ce testament devait avoir le sort des autres et fut annulé après la mort du roi (1er septembre 1715).

XI. — Le mouvement intellectuel sous Louis XIV.

Les lettres ; les grands classiques. — Les arts : Le Brun ; Mansart, le Louvre, Versailles. — Les sciences. Commencement d'opposition : Fénelon et le duc de Bourgogne. — Vauban. — Bayle.

La littérature française au XVIIe siècle. — Le XVIIe siècle a mérité d'être appelé notre grand siècle littéraire, parce que les lettres, expression et image d'une société, arrivèrent à un point de perfection dû précisément à la politesse de la société française. La langue a suivi les mêmes degrés que la nation.

Aussi le grand siècle commence-t-il avant même que Louis XIV ait pu exercer son influence. Le *Cid* de **Corneille** date de 1636, le *Discours de la méthode* de **Descartes** de 1637 ; les *Provinciales* de **Pascal**, ce chef-d'œuvre d'esprit et d'éloquence, datent de 1656-1657. La poésie et la prose ont leurs monuments, leurs éternels modèles. Molière même a déjà fait applaudir de vraies comédies. C'est ce que nous pouvons appeler le siècle de Louis XIV avant Louis XIV. Ce plein épanouissement de la littérature tient donc à l'épanouissement même de la société française, et l'influence personnelle de Louis XIV, bien que sérieuse, ne fait qu'aider l'influence du temps, des mœurs, des circonstances historiques.

La protection accordée aux lettres a été sans doute un mérite du roi, mais un mérite qu'il a partagé avec beaucoup d'autres princes. Ce qui lui fait accorder une si grande place dans le mouvement littéraire de son siècle, c'est qu'il a contribué à donner aux œuvres des écrivains leur caractère principal par son gouvernement, ses idées personnelles, ses goûts. Il commande d'une façon absolue à un royaume uni : il ne voit devant lui que des sujets respectueux et soumis. Il veut la règle en tout, dans l'administration, dans l'armée, dans l'étiquette de la cour, dans le faste qu'il déploie, jusque dans les allées de son parc, et fait élaguer les arbres lorsque la liberté de la nature rompt l'alignement, comme il fait courber les têtes qui tenteraient de s'écarter de la soumission universelle. La ligne droite inflexible, la majesté, l'harmonie, les proportions, voilà ce qu'il impose en dehors même de la politique, voilà ce qu'il aime, et, comme tout un peuple ne cherche qu'à lui plaire, les écrivains comme les artistes façonnent leurs œuvres suivant ses désirs. Eux aussi se rangent, se disciplinent et, leur génie aidant, rencontrent les grandes beautés, atteignent à la majesté du style, à l'harmonie du langage, à la perfection littéraire.

Racine (1639-1699). — *Racine* débute à l'époque du mariage du roi par une ode, pour laquelle il est récompensé. C'est un admirateur enthousiaste de Louis XIV, qui dans les deux parties de son œuvre reproduit jusqu'au contraste des deux parties du règne. Profane et passionné dans ses premières tragédies, il parle le langage tendre qui était celui de la cour des premières années : il peint même Louis XIV dans Titus quittant Bérénice. Racine, vieilli comme le roi, a des scrupules, se tient, après sa tragédie de *Phèdre*, éloigné du théâtre et n'y revient que pour écrire, sous l'influence religieuse, les deux chefs-d'œuvre d'*Esther* et d'*Athalie*. C'est le poète qui reflète avec le plus d'éclat la politesse de la cour de Louis XIV.

Boileau (1636-1711). — Comblé, ainsi que Racine, des faveurs royales, *Boileau Despréaux* n'est ni aussi fleuri ni aussi élégant. Il devait marcher d'un pas plus pesant dans les galeries de Versailles, et ses vers un peu raides manquent de cette grâce délicate qui charme dans Racine et ne lasse jamais. Boileau a bien le style de la mission qu'il s'est donnée, de censeur des mauvais livres, de juge sévère du goût. C'est comme le ministre des lettres. Ses *Satires* tournent en ridicule les écrivains médiocres ou arriérés ; il les fustige avec une verve qui n'a pas la vivacité spirituelle du poète latin Horace, son modèle. Il imite encore Horace dans son *Art poétique*. Boileau voulait rendre la littérature régulière et majestueuse : il ne s'apercevait pas que lui-même montrait dans ses œuvres le défaut de cette sévérité froide : l'ennui.

Molière (1622-1673). — Ce n'est point parce que *Molière* avait la charge, honorifique alors, de valet de chambre tapissier du roi, qu'on le classe parmi les écrivains qui ont subi l'influence personnelle de Louis XIV. Molière a eu des rapports plus dignes avec le roi, qui le protégea contre les préjugés du temps, peu favorables aux comédiens. Notre premier poète comique n'amusait pas seulement le roi, il le servait. D'une main plus vigoureuse que Boileau, il souffletait les *Précieuses ridicules* qui auraient transformé l'élégante société française en société bouffonne, les femmes savantes qui l'auraient changée en classe de pédants, les marquis impertinents dont la fatuité déplaisait au jugement droit de Louis XIV, enivré d'orgueil sans doute, mais non fat. Molière donnait des leçons à cette feule de seigneurs, qui riaient souvent d'eux-mêmes en croyant rire des autres. Il contribua à former cet esprit de mesure, cette justesse de paroles et d'expressions, cette correction élégante des manières et du costume qui faisaient de la cour de Louis XIV un modèle de bon ton et d'extrême distinction. Le moraliste doublait le comédien ; les vices furent plus durement frappés que les ridicules, et par là Molière est demeuré le poète de tous les temps. Mais là il eut besoin de la protection du roi. C'était une grosse affaire que de mettre au théâtre *Tartuffe* : on voulut intéresser la piété de Louis XIV à l'interdiction de la pièce. Louis XIV jugea lui-même l'œuvre et la fit représenter, car elle démasquait l'hypocrisie, la fausse dévotion. Mais ce que Molière ne doit qu'à lui seul, c'est son esprit, sa langue figurée, poétique, toujours juste, incisive, familière, sans cesser d'être digne, plaisante, salée même de ce bon sel gaulois qui rappelle les vieux auteurs, mais restant toujours la langue épurée, polie du grand siècle.

Bossuet (1627-1704). — Si les poètes célébraient sur tous les tons la gloire de Louis XIV, il goûta aussi le plaisir de l'entendre proclamer par la voix d'un grand orateur de la chaire, *Bossuet*. L'Aigle de Meaux, comme on appela l'éloquent prédicateur, eut un génie tout à fait approprié au caractère du règne et de l'époque ; Bossuet se plaît dans les idées de grandeur. Ses *Oraisons funèbres* se déroulent avec une pompe toujours égale, et l'élévation des pensées concorde avec la beauté des images et la force des expressions.

Louis XIV lui confia l'éducation du dauphin. Cette éducation nous valut un chef-d'œuvre, le *Discours sur l'Histoire universelle*, où Bossuet jette sur le monde entier un regard si profond. Il déroule les siècles avec la science d'un érudit, juge les causes de l'élévation et de la chute des empires avec la sûreté d'un politique. Il n'est pas jusqu'au dessin général de l'ouvrage qui ne rappelle les convictions chères à Bossuet et à Louis XIV. Rattachant l'histoire du monde à une idée unique, il met tout l'univers aux pieds de Dieu, comme le royaume de France aux pieds de Louis XIV.

Fénelon (1651-1715). — Bossuet rappelait Corneille, *Fénelon* est le Racine de la prose. Son caractère comme sa langue diffèrent de la langue et du caractère de Bossuet. Le Cygne de Cambrai, plein de douceur, s'inclina devant l'Aigle de Meaux. Mais sa grâce souriante, ses œuvres plus accessibles à tout le monde, font qu'il est peut-être de nos jours plus étudié et plus lu que son émule si magistral et si sévère. Il goûtait mieux les Anciens, comme le démontrent son *Télémaque* et la *Lettre à l'Académie*. Il avait vécu avec Homère et Sophocle, Virgile et Horace autant qu'avec la Bible. Nous n'avons de lui qu'un très petit nombre de sermons, car il ne les écrivait point; son éloquence coulait de source.

Lui aussi fut remarqué du roi, attiré à la cour. Lui aussi eut une charge importante, l'éducation du fils du grand dauphin, le duc de Bourgogne. Fénelon prit cette tâche à cœur et avec des vues différentes de Bossuet. Celui-ci n'avait cherché qu'à inculquer à son élève les principes de Louis XIV, ceux de la monarchie absolue. Fénelon, dont la douceur était contrariée par ce qu'avaient de dur les maximes du gouvernement absolu, préparait celui que tout le monde espérait voir un jour sur le trône, à une politique moins égoïste, plus libérale. Aussi fut-il disgracié pour s'être écarté de l'inflexible ligne monarchique, comme il dut, en religion, faire amende honorable pour s'être, d'une façon un peu mystique, départi de la rigide orthodoxie. Fénelon, après avoir charmé la cour de Louis XIV, finit ses jours dans son diocèse de Cambrai, où il se signala par son inépuisable charité. Il soigna les blessés de Malplaquet et vit de près les malheurs que l'ambition, cette funeste conseillère si blâmée dans son *Télémaque*, avait appelés sur la France.

Mme de Sévigné (1626-1696). — Le don de bien écrire devint si naturel en ce siècle, que Mme de Sévigné, par de simples lettres, a mérité de prendre rang parmi les gloires du règne de Louis XIV.

Bien que maussade au début, car elle était amie de Fouquet et plaignait éloquemment son sort, elle ne tarda pas à se laisser attirer par l'éclat de la cour. Son gendre gouvernait la Provence. Sans doute on ne peut attribuer le mérite des lettres de Mme de Sévigné à l'influence de Louis XIV. Le tableau, il est vrai, ne donne pas plus de brillant au miroir, mais qu'eût servi le miroir brillant sans le tableau? Mme de Sévigné admire Louis XIV, célèbre les grands hommes de l'époque, pleure Turenne. Sans doute elle ne pleure pas les paysans bretons qui sont pendus parce que l'extrême misère les avait poussés à la révolte. Comme les grandes dames de l'époque, Mme de Sévigné n'est pas tendre pour le peuple. Elle aussi approuve la ligne droite inflexible de la monarchie absolue.

La Bruyère (1645-1696). — *La Bruyère*, par sa vie humble et obscure, échappa à l'influence directe de Louis XIV : il ne le contemplait que de loin, en sa qualité modeste de précepteur attaché à la maison de Condé.

Mais son livre des *Caractères* est, lui aussi, un tableau de la société du temps, tableau si exact qu'on mettait les noms sur les figures des personnages. Comme Molière, La Bruyère châtie les vices et les ridicules. C'est bien un esprit du temps, quoique sa langue plus alerte semble déjà présager le style plus léger du siècle suivant. La Bruyère porte le costume de l'époque de Louis XIV, mais d'une façon aisée, et sa phrase court vive, pénétrante, sans se soucier de la majesté qui était alors la règle de la littérature. Toutefois La Bruyère, par sa correction, la sévérité de son goût, le ton uniforme de son œuvre, ne s'écarte pas trop de la ligne droite.

La Fontaine (1621-1695). — Mais le bonhomme *La Fontaine* ne s'en soucie nullement et ne le cache point. Aussi Louis XIV ne l'aima-t-il pas, et le génie du fabuliste ne doit rien à l'influence royale. La Fontaine ne se plaît point dans les avenues rectilignes de Versailles, au milieu des buis et des ifs taillés en cônes, en pyramides ; il lui faut les vrais bois, les sentiers sinueux, les champs de blé et les prairies. Son œuvre, si légère en apparence, est aussi grande que le monde, car ce sont les hommes qu'il a peints sous la forme des animaux. Singulier moraliste qui ne prêche jamais et qui ne fut pas toujours édifiant, il nous donne des leçons par la voix des bêtes auxquelles il prête son esprit. Ses personnages à deux ou quatre pattes sont pour lui mieux que des acteurs qu'il fait mouvoir : il s'y intéresse vivement, il les aime, il croit volontiers que réellement ils parlent et nous le ferait croire. Sensible aux beautés de la nature à une époque où on ne la comprenait qu'ornée et peignée, La Fontaine met tout son soin à rester naturel : voilà pourquoi il est si aimable. La Fontaine est moins de son siècle que de tous les siècles, comme son livre charme tous les âges.

Les sciences. — Les sciences avaient alors réalisé de sérieux progrès. **Descartes** et **Pascal** avaient développé la *géométrie* et la *physique* ; l'abbé **Mariotte** avait découvert une grande loi physique. Denis **Papin**, né à Blois en 1647, mort en 1710, avait pensé à employer la vapeur d'eau comme force motrice. On construisit à Paris l'*Observatoire* pour les travaux de **Cassini**. **Tournefort**[1] fit faire un grand pas aux *sciences naturelles*, surtout à la *botanique*.

Les arts. — Le temps des grands écrivains fut aussi celui des habiles artistes. **Le Poussin et Lesueur** disparurent au commencement du règne de Louis XIV, mais on eut après eux **Lebrun**[2], **Mignard**[3], le célèbre paysagiste **Claude le Lorrain**[4], **Philippe de Champaigne**.

La sculpture se glorifia de **Puget**[5], qui savait donner au marbre l'expression et la vie, de **Coysevox**[6], de **Coustou**[7], de **Girardon**[8].

Les architectes les plus en faveur furent les deux **Mansart** et **Claude Perrault**.

Un Florentin, *Lulli*, excella dans la musique et fut, avec *Quinault*, le fondateur de l'opéra en France.

Monuments : Versailles. — Rien n'égale le goût de Louis XIV pour les bâtiments, goût noble mais ruineux, car ses constructions coûtèrent à la France, de 1661 à 1710, 165 millions du temps, qui représentent 350 millions de nos jours. Encore ne parlons-nous que des palais du Louvre, de Versailles, de Marly,

1. Tournefort, 1656-1708.
2. Lebrun, 1619-1690.
3. Mignard, 1610-1695.
4. Claude Gelée, dit le Lorrain, 1600-1682.
5. Puget, 1622-1694.
6. Coysevox, 1640-1720.
7. Coustou (Nicolas), 1658-1733.
8. Girardon, 1628-1715.

de Saint-Germain. Du moins on s'en peut consoler, puisque la plupart de ces constructions sont les plus éclatants témoignages des progrès de l'architecture.

Les deux frères Claude et Charles Perrault (l'auteur des Contes de fées) présentèrent le plan de ce qu'on appelle la *colonnade du Louvre*. Cette œuvre, qui emprunte à l'antique ses grandes lignes architecturales, ses riches colonnes corinthiennes, ses hautes ouvertures, produisit un effet grandiose et magnifique. Louis y trouva la majesté, la régularité et l'imposant des masses qui étaient pour lui tout l'art de bâtir.

Perrault ne put achever le Louvre ; à partir de 1670 toutes les dépenses se portent sur Versailles ; tout y est l'œuvre de Louis XIV, non seulement les monuments, mais la nature même. Versailles était le plus triste et le plus ingrat de tous les lieux, sans vue, sans bois, sans eau, sans terre, un sol formé de sable mouvant ou coupé de marécages. Louis se plut à tyranniser la nature, à la dompter à force d'art et de trésors. Où son père avait fait construire un petit château de briques, simple rendez-vous de chasse, Louis XIV prodigua l'or de la France pour créer une résidence qu'on appela *un favori sans mérite*.

Le roi voulut conserver le petit château de Louis XIII, en l'enserrant dans des constructions nouvelles. Celles-ci furent l'œuvre de *Jules Hardouin-Mansart*[1], neveu de l'architecte qui, sous la régence, avait bâti le *Val-de-Grâce* pour Anne d'Autriche. Gêné par le peu de hauteur des bâtiments de la cour de Marbre, qui empêchait d'atteindre au grandiose monumental, Hardouin-Mansart prit sa revanche du côté du jardin ; il retrouva l'imposant par l'extrême saillie du bâtiment du milieu et ses vastes ailes, avec colonnades, le développement immense des lignes horizontales, et la prodigieuse terrasse qui domine tout le pays environnant.

Lebrun peupla de ses peintures les galeries. « Avec son ampleur imposante, sa science de l'effet théâtral, il jette tout l'Olympe aux pieds du roi de France. Les nations vaincues sont personnifiées : l'Allemagne, la Hollande, l'Espagne, Rome elle-même y plient humblement les genoux ; mais nulle part n'apparaît la figure de la France : on n'y voit que celle de Louis. Un troisième artiste a complété Mansart et Lebrun : *Le Nôtre* a créé une campagne pour cette maison. Des fenêtres de son incomparable *Galerie*

1. Jules Hardouin-Mansart, 1646-1708.

des glaces, Louis ne voit rien qui ne soit lui-même. L'horizon entier est son ouvrage, car son jardin est tout l'horizon. Ces bosquets, ces avenues si droites, ne sont que la prolongation indéfinie du palais; c'est une architecture végétale qui reproduit et complète l'architecture de pierre. Les arbres ne végètent que sous la règle et l'équerre; les eaux, amenées à grands frais dans ces lieux arides, ne jaillissent qu'en dessins réguliers. Mille statues de marbre et de bronze sont les tableaux mythologiques de ce château de verdure. » (Demogeot, *Histoire de la littérature française.*)

Près de Versailles, Louis se fit une retraite où il pût quelquefois déposer sa vie théâtrale : *Trianon,* la miniature du grand château; mais, y retrouvant bientôt sa vie de représentation, il le déserta pour *Marly,* château qui n'existe plus.

Après Versailles, l'œuvre architecturale la plus importante du règne de Louis XIV est l'*hôtel des Invalides,* asile des vétérans de nos guerres. Commencé par Bruant, qui lui donna un style simple et digne, il fut achevé par Hardouin-Mansart, qui éleva le dôme majestueux de l'église.

Commencement de l'opposition. Fénelon, Bayle. — Les flatteries qu'écrivains et artistes prodiguaient au grand roi ne trompaient pas tout le monde. Sous Louis XIV même, malgré la sévérité de son gouvernement, des protestations se sont fait entendre. Quelles que fussent les rigueurs, l'opinion publique se faisait jour, et un esprit nouveau s'annonçait. **Vauban,** ému des souffrances du peuple, avait cherché à remplacer tous les impôts par un impôt unique, la *dîme royale.* Son livre fut condamné et Vauban ne dut qu'à ses longs services d'être épargné. **Fénelon** avait été disgracié pour avoir, dans son *Télémaque,* vanté les bienfaits d'un gouvernement tempéré, sage, bienfaisant: son livre avait paru une ironie. **Bayle,** le philosophe, écrivait à Rotterdam son *Dictionnaire historique,* où il ne craignait pas de discuter les opinions reçues, et son scepticisme lui aliénait à la fois les catholiques et les protestants.

Louis XIV avait, en exagérant l'autorité royale, affaibli son prestige et appelé la discussion sur les droits du souverain. Par son intolérance religieuse il avait développé l'hypocrisie et le scepticisme qui se cachait, mais qui s'affirmera hautement après sa mort. En tendant outre mesure les ressorts du gouvernement, il les brisa et livra à ses successeurs une autorité déjà déconsidérée.

XII. — L'Europe vers 1715.

L'Europe occidentale après les traités d'Utrecht et de Ra-
statt. — L'Europe orientale après les traités de Carlowitz,
de Passarowitz et de Nystadt. — Pierre le Grand.

I. — L'Europe occidentale.

Les traités d'Utrecht et de Rastadt. — L'Europe telle
que l'avaient constituée les traités d'*Utrecht* (1713) et de *Ra-*
stadt (1714), ne ressemblait plus guère à celle de 1648. L'équilibre, maintenu à cette époque, avait été rompu aux dépens de
la France, qui avait trop cherché à le renverser à son profit.

L'Angleterre; débuts de sa puissance maritime. — L'Angleterre, unie à l'intérieur depuis la fusion du *Parlement écos-*
sais avec le Parlement anglais (1707) (sous la reine Anne),
dotée d'un gouvernement libéral dont le jeu amenait au pouvoir tantôt les Whigs, tantôt les Tories, et se réglait sur les
fluctuations de l'opinion, donnait toute son attention à la marine et aux entreprises coloniales. Les flottes françaises n'osaient
plus se mesurer en ligne avec les siennes : elle avait enchaîné
à son alliance la marine hollandaise, bien affaiblie d'ailleurs :
elle n'avait plus à redouter les vaisseaux espagnols. Ses colons
peuplaient, cultivaient les côtes de l'*Amérique septentrionale*,
où ils faisaient sortir de terre comme par enchantement les
villes et les États. A ces colonies, échelonnées depuis le Canada
français jusqu'à la Floride espagnole, les Anglais avaient
ajouté *Terre-Neuve* et l'*Acadie*. Ils possédaient les *Bermudes*,
les *Lucayes*, la *Jamaïque*, *Saint-Christophe* dans les Antilles.
Aux Indes, le comptoir de *Calcutta* (Bengale) venait d'être
fondé sur l'Hougly.

Préludant à une politique de prévoyance, les Anglais s'appliquaient déjà à tenir les clefs de toutes les mers. Postés en 1703
sur le rocher de *Gibraltar*, d'où l'on n'a pu les déloger, ils
occupaient *Minorque*, une des Baléares, qui fortifiait leur position dans la Méditerranée. Le xviii° siècle, qui s'ouvre, verra
s'affermir et se développer cet empire maritime et colonial de
l'Angleterre.

La France. — La France gardait les limites que lui avait données Louis XIV et qu'elle devait conserver jusqu'en 1789. En dehors de la frontière du nord elle gardait, dans la province belge de Namur, des enclaves, *Marienbourg, Philippeville,* postes avancés qui protégeaient la vallée de la Meuse. Elle allait, dans la vallée de la Sarre, jusqu'à *Sarrelouis;* au nord de l'Alsace, l'enclave de *Landau* couvrait Wissembourg et Strasbourg. La Lorraine avait été restituée à son duc; mais, enfermée entre des provinces françaises, traversée au besoin par nos armées qui avaient le droit de passage sur les routes, elle faisait déjà presque partie du territoire. La frontière de l'est suivait le Jura, laissant encore le comté de *Montbéliard* au duc de Wurtemberg. Au sud-est, la *Savoie* nous manquait. Et à l'intérieur le *comtat Venaissin,* avec Avignon, appartenait toujours au pape. Comme nous l'avons dit, la France ne perdait que par rapport aux gains des autres puissances. En outre, les *provinces belges* appartenaient à l'*Autriche,* installée ainsi sur notre frontière du nord.

L'empire colonial, quoique entamé par l'abandon de Terre-Neuve et de l'Acadie, offrait encore un vaste champ à l'activité des émigrants, trop peu nombreux pour peupler les immenses forêts du *Canada* et les savanes de la *Louisiane.* Une partie des *Antilles* et les côtes malsaines de la Guyane complétaient les possessions de la France en Amérique, qui comprenaient en outre en Afrique les comptoirs du *Sénégal* et l'île *Bourbon* et en Asie les établissements de l'*Inde.* Malheureusement au xviii° siècle le gouvernement n'aura pas l'ambition de fortifier et de développer cet empire colonial, qui aurait pu devenir magnifique.

L'Espagne. — La maison de Bourbon sans doute pouvait se dire qu'après tout elle avait donné des rois à l'Espagne. Mais ce pays, dépouillé de toutes ses provinces annexes, ruiné à l'intérieur, se trouvait relégué au moins au troisième rang.

Le roi **Philippe V** (1701-1746) était réduit à la péninsule (moins le Portugal). Plus de marine, plus d'armée, plus d'agriculture, plus d'industrie. L'œuvre de régénération devait absorber toute l'attention du gouvernement espagnol, et à cette heure un ministre ambitieux, *Alberoni,* rêvait au contraire de recouvrer les provinces perdues. Il voulait rattacher des branches à ce tronc qui languissait. Ce qui restait de meilleur à l'Espagne, c'était son empire colonial : l'*Amérique du Sud* (moins le Brésil), l'*Amérique centrale,* le *Mexique, Cuba, Porto-Rico,* la *Floride* dans l'Amérique du Nord; les *Philippines* et les

Mariannes en Océanie ; *Oran*, *Ceuta*, les *îles Canaries*, *Fernando-Po*, *Annobon* en Afrique.

L'Italie. — Éternel champ de bataille des puissances rivales, l'Italie demeurait morcelée. Les traités d'Utrecht l'avaient livrée presque tout entière à l'Autriche, qui possédait le *Milanais*, le *Mantouan*, les *Présides* (villes de garnison sur la côte toscane) et le royaume de *Naples*.

La maison de Médicis, qui s'éteignait à *Florence*, celle de Farnèse à *Parme*, ne pouvaient, non plus que le *Saint-Siège*, échapper à cette double étreinte de l'Autriche, maîtresse au nord et au sud. Les petites républiques de *Lucques* et de *Gênes* comptaient à peine, quoique celle-ci eût la Corse. *Venise* ne s'était point relevée, bien qu'elle possédât une partie de l'Istrie et les côtes de la Dalmatie.

Sans qu'on pût encore entrevoir l'avenir, un petit État subsistait sur les deux versants des Alpes et commençait alors à prendre de l'importance : le *Piémont-Savoie*, dont le souverain venait d'obtenir, avec la Sicile (qu'il échangea bientôt contre la Sardaigne), le titre de *roi*. Titre d'abord sans valeur, qui excita, au lieu de la satisfaire, l'ambition de la maison de Savoie.

La Suisse. — Paisibles dans leurs vallées, que leurs hautes montagnes protégeaient, les Suisses, répartis alors en *treize* cantons, n'avaient pas encore su tirer parti de la fertilité de leur sol et de l'abondance de leurs eaux. Les jeunes gens allaient louer leurs services aux armées étrangères, notamment à la France.

L'Allemagne. — Les guerres de Louis XIV avaient eu pour but l'affaiblissement de l'Autriche, et pour résultat son agrandissement. L'empereur Charles VI avait déjà *Naples* et les *Pays-Bas*. L'Autriche, à l'est, avait gagné, dans les guerres contre les Turcs, la *Transylvanie* (paix de Carlowitz, 1699). Elle conservait en outre son ascendant sur l'Allemagne, et le *titre impérial* la rendait toujours maîtresse de presque tout le centre de l'Europe.

Les États allemands restaient toujours divisés en électorats (8), margraviats, duchés, principautés, fiefs ecclésiastiques, mais l'électeur de Bohême était roi (c'était l'empereur même), celui de *Saxe* devenait alors roi de Pologne, celui de *Brandebourg* roi de Prusse.

Le royaume de Prusse. — Le dernier surtout devait bien

profiter de ce titre acheté au faible Léopold pour prix de l'alliance contre Louis XIV. Le royaume de Prusse est borné sans doute au *Brandebourg*, à la *Prusse ducale*, aux comtés de *Gueldre*, de la *Mark*, de *Ravensberg*, de *Clèves*, de *Juliers*, aux territoires de *Camin*, de *Halberstadt*, de *Magdebourg*; il est composé de morceaux dispersés du Rhin au Niémen, mais l'ambition de recoudre ces morceaux viendra naturellement à ces nouveaux rois, dans lesquels l'Autriche se préparait, sans le vouloir, de redoutables adversaires, et l'Allemagne de durs maîtres.

La Suède. — Les Suédois, qui au XVIIe siècle s'étaient élancés victorieusement hors de leur péninsule, étaient victimes des folies de Charles XII.

Le Danemark. — Le Danemark (îles et péninsule) se renferme aussi dans sa vie intérieure; il possède pourtant encore la *Norvège*.

La Pologne. — Encore très vaste, toujours brillant par le luxe et la vaillance de sa noblesse, le royaume de *Pologne* semblait un des principaux États de l'Europe. Les Polonais dominaient du Dniester et des Carpathes au Niémen et à la Vistule. Ils avaient rendu d'importants services à l'Europe en combattant l'invasion musulmane. Jusqu'au fond des chaumières, dans les pays chrétiens on se redisait les exploits de **Jean Sobieski** (élu en 1674), roi de Pologne qui était accouru, avec une générosité chevaleresque, pour délivrer Vienne, assiégée et vivement pressée par les Turcs (en 1683). L'ingratitude paya ce dévouement, et au XVIIIe siècle la Pologne n'échappera pas aux convoitises coupables de l'Autriche, complice de la Prusse et de la Russie.

La Turquie. — Depuis la bataille de Lépante, la Turquie avait sans cesse décliné. Quoique ses armées fussent encore redoutables, elles avaient plié devant les efforts des Russes, des Polonais, des Hongrois et des Autrichiens. La grande guerre de 1682 à 1699, que termina la paix de *Carlowitz,* leur arracha presque toute la *Hongrie*.

La paix de *Passarowitz* leur coûta le banat de *Temesvar,* une partie de la *Valachie*, une partie de la *Servie* et *Belgrade* Les Turcs avaient aussi reculé devant les Russes, mais de ce côté ils conservaient encore tout le littoral de la mer Noire.

II. — Lutte de la Suède et de la Russie. — Charles XII et Pierre le Grand.

Progrès de la Russie ; Pierre le Grand. — Vers la fin du XVII° siècle, la Russie comprenait déjà un immense territoire, qui s'étendait de la mer Glaciale à la mer Caspienne. Lorsque Fédor III, l'aîné des fils d'Alexis, mourut en 1682, le titre de *tsar* fut partagé entre ses deux frères *Ivan* et *Pierre*, mais l'autorité resta aux mains de leur sœur *Sophie*. En 1689, *Pierre*, arrivé à l'âge de dix-sept ans, réussit à confiner cette princesse ambitieuse dans un couvent et décida son frère, pauvre infirme à peu près aveugle et muet, à se démettre du pouvoir. C'était guidé par le Genevois Lefort qu'il avait préparé et accompli cette révolution.

Dans l'impatience d'essayer ses forces naissantes, il déclara, en 1695, la guerre à la Turquie. Elle ne fut point brillante, bien qu'il eût pris *Azof* (1696), et il sentit que, pour réussir dans ses projets, il fallait qu'il s'initiât lui-même aux secrets de la civilisation européenne. En 1697, il quitte Moscou, se rend en Hollande, à Saardam, et là, pendant plusieurs mois, sous le nom de Pierre Michaeloff, et généralement appelé par ses compagnons Peterbaas (maître Pierre), travaillant comme un simple ouvrier du chantier, il apprend l'art de construire un vaisseau, de le lancer, de le gréer, de le gouverner, et il envoie dans ses États une colonie d'artisans, de marins, d'ingénieurs. Il va ensuite étudier l'Angleterre, l'Allemagne. A Vienne, il apprend une révolte des *Strélitz*, corps redoutable qui rappelait les prétoriens de Rome et les janissaires de Turquie. Pierre avait déjà failli être leur victime en 1682. Cette fois, c'était la princesse Sophie qui les soulevait du fond de son cloître pour ressaisir le pouvoir. Pierre accourt, fait pendre ou rouer 2 000 des mutins, en fait décapiter 5 000 autres, et remplit lui-même l'office de bourreau (1698). La garde entière fut licenciée sans résistance. Une révolte des cosaques du Don, à Azof, fut vite réprimée et avec la même cruauté. Lefort meurt en 1697, mais le tsar continue les réformes. Il organise des régiments sur le modèle de ceux qu'il a vus en Allemagne. Il astreint les fils des boyards à servir comme soldats ou matelots avant d'être officiers. Il fonde une école de cadets de marine, dote Moscou d'un hôpital, et de verste en verste (1068 mètres) établit des poteaux peints pour guider les voyageurs et les marchands.

Afin d'encourager le mérite, il fonde, à l'exemple des autres nations de l'Europe, un ordre de chevalerie, celui de Saint-André. Pour faciliter ses rapports avec les peuples de l'Occident, il fixe le commencement de l'année au 1er janvier au lieu du 1er septembre (1699). Mais ce n'était qu'une demi-réforme : en n'adoptant pas le calendrier grégorien, l'année russe s'est mise en retard de douze jours sur la nôtre.

Pierre ne pouvait atteindre son but, la grandeur de la Russie, que par l'abaissement de la Suède. Depuis la paix de Westphalie, la Suède tenait les embouchures de tous les fleuves allemands, du Wéser, de l'Elbe, de l'Oder ; et, comme elle possédait la *Poméranie*, la *Livonie*, l'*Esthonie*, l'*Ingrie* et la *Carélie* avec la *Finlande*, la mer Baltique était un lac suédois. Mais la Russie ne pouvait devenir une puissance européenne qu'en occupant le golfe de Finlande, et la maison de Brandebourg désirait rejeter hors de l'Allemagne les intrus qui en occupaient une si bonne part. Le Danemark avait de semblables désirs, et l'électeur de Saxe, roi élu de Pologne, souhaitait une guerre pour se donner le droit de garder ses troupes saxonnes dans ce royaume, qu'il eût voulu rendre héréditaire.

Charles XII, roi de Suède. — Charles XI, le plus grand roi de la Suède depuis Gustave-Adolphe, était mort, laissant le trône à un jeune prince de dix-huit ans. Aussitôt la coalition se forme (1699) : les Russes de Pierre le Grand entrent dans l'Ingrie, les Saxons d'Auguste II dans la Livonie, les Danois de Frédéric III dans le Holstein, dont le duc est beau-frère de Charles XII.

Le nouveau roi de Suède, à la première nouvelle de la coalition, loin de s'étonner, s'arme rapidement. Il commence par le Danemark, débarque dans l'île de Seeland, et court tout droit à Copenhague, qu'il menace d'un bombardement. Les Danois, effrayés, se hâtent de signer le traité de **Traventhal** (18 août 1700).

Déjà les Saxons avaient levé le siège de Riga sur les représentations de la Hollande. Charles XII court aux Russes et arrive sous les murs de **Narva** avec 8000 hommes en face d'une armée dix fois plus nombreuse. Il suffit aux Suédois de quelques heures pour culbuter cette cohue de barbares (30 novembre 1700). Charles XII marche ensuite contre les Saxons, qu'il trouve retranchés derrière la Dvina. Ils n'en sont pas moins battus et perdent Mittau et la Courlande (juillet 1701).

Charles XII en Russie; Pultawa (1709). — Charles XII résolut alors de détrôner Auguste II, roi de Pologne (1702). Il perdit cinq ans à remporter de stériles victoires. Pour en finir, il envahit la Saxe. Auguste II alors céda et, par le traité d'*Altranstadt*, renonça à la couronne de Pologne en faveur de *Stanislas Leczinski*, le protégé du roi de Suède (1706). Arbitre de l'Europe, Charles XII pouvait donner la main à la France, alors engagée dans la guerre de la succession d'Espagne, et prendre la coalition à revers; mais, au lieu de s'abattre sur l'Allemagne, il se jeta en Russie. Chassant devant lui les Russes aventurés sur le territoire polonais, il passa sur la glace la Bérésina (1708) et entra à Mohilev. D'abord il semble résolu à marcher sur Moscou, tandis qu'un de ses généraux, Lubecker, attaquerait la capitale naissante de la Russie, *Saint-Pétersbourg*. Mais, arrivé à Smolensk, il abandonne la route de Moscou et se dirige vers le sud. Le plus habile général du tsar, Schérémétoff, dévaste tout devant lui. Charles XII avance cependant : il compte sur un soulèvement des cosaques de l'Ukraine, car il a conclu une alliance avec leur hetman, *Mazeppa*; mais le voilà qui s'égare dans l'inextricable marais de Pinsk. Le tsar a le temps de battre Mazeppa et un autre lieutenant de Charles XII. Survient le terrible hiver de 1709 : la moitié de l'armée périt; l'autre est écrasée à la bataille de **Pultawa**. Charles XII s'enfuit en Turquie.

Loin de se décourager, il excita le Divan à déclarer la guerre à la Russie. Le tsar ne put défendre le passage du Pruth, et se trouva enveloppé par 150 000 ennemis. La tsarine Catherine le sauva en ouvrant d'elle-même des négociations avec le grand vizir, qui se laissa gagner. Le tsar rendit Azof; par la destruction du port de Taganrog, il renonça à s'ouvrir la mer Noire. Charles, par ce traité, était une seconde fois vaincu. Il s'obstina, pendant trois ans, à rester en Turquie, faisant jouer mille ressorts afin d'armer le sultan contre le tsar. Il ne put réussir. Fatigué de ses intrigues, le Divan voulut le contraindre à quitter le territoire ottoman. Charles XII se défendit à Bender, avec ses domestiques et ses officiers, contre 15 000 hommes. Quand il se décida à partir, en 1715, il était trop tard. La Suède avait perdu toutes ses provinces extérieures. Charles, qui avait traversé l'Allemagne sous un déguisement, fut assiégé dans Stralsund par une armée combinée de Danois, de Saxons, de Prussiens et de Russes. Il s'échappa avant la capitulation, sut diviser ses ennemis, attaqua d'abord le Danemark et envahit la Norvège ; mais il périt devant Frédérickshall, probablement assassiné (11 déc. 1718).

Traité de Nystadt (1721). — La sœur de Charles XII, *Ulrique-Éléonore*, fut désignée par les États pour lui succéder (31 janvier 1719), mais à la condition de signer une capitulation qui restreignait singulièrement l'autorité royale. Elle s'associa, le 4 avril 1720, son époux, Frédéric de Hesse-Cassel, et des traités onéreux rétablirent la paix dans les États du Nord.

La Suède reconnut Auguste II pour roi de Pologne, céda à la Prusse, avec les îles d'*Usedom* et de *Wollin*, la partie de la *Poméranie* comprise entre la Peene et l'Oder (Stettin), et reconnut au Danemark la possession du *Slesvig*. Par le traité de **Nystadt** (1721) elle céda à la Russie tous les pays que baignent les golfes de Finlande et de Riga (*Livonie*, *Esthonie*, *Ingrie*, partie de la *Carélie*, du pays de *Viborg*, de la *Finlande*). Ce traité avec la Russie était, entre tous les autres, le plus funeste ; on peut l'appeler l'abdication de la Suède.

III. — Les réformes de Pierre le Grand.

Réformes politiques ; le gouvernement, l'administration. — L'abdication de la Suède, c'était l'avènement de la Russie. Pierre s'appliqua à poursuivre l'œuvre de création que la guerre même n'avait point interrompue. En 1716 il avait entrepris un nouveau voyage en Europe, principalement en France, où il étudia pendant six mois nos arts et nos progrès, en même temps qu'il observa notre décadence politique. Quant aux mœurs, il ne pouvait en être scandalisé : Pierre était débauché autant que barbare ; le souverain qui se plaisait dans les festins grossiers ne pouvait guère blâmer les folies des soupers du Régent.

Pierre, dont le tempérament cadrait avec les théories, affirma encore davantage l'autocratie russe. Il organisa sans doute un *Sénat* dirigeant, mais ce grand conseil lui était absolument soumis. Seulement il mit de l'ordre dans le gouvernement central et créa des *collèges*, sorte de ministères, pour les affaires étrangères, la guerre, la marine (amirauté), le trésor (finances), la justice, les manufactures, les mines, le commerce. L'empire fut divisé en *douze* gouvernements et *quarante-trois* provinces. Les villes s'administrèrent elles-mêmes par leurs bourgmestres, qui élisaient un président ou *maire*. Ces corps municipaux (magistrats) demeuraient néanmoins soumis à un magistrat principal, pris dans le conseil municipal de Pétersbourg. Le tsar n'avait pas seulement à créer l'administration, mais les mœurs administratives, et il fit une guerre impitoyable à l'ignorance, à la cupidité, à la corruption.

Il introduisit dans la justice l'usage de la *procédure écrite*, et, au-dessus des tribunaux particuliers de provinces et de villes, s'éleva la *Cour suprême*, délégation du Sénat. La police fut fortement centralisée, et, pour triompher de l'opposition que rencontraient les réformes, Pierre créa l'*inquisition d'État*, tribunal secret opérant à l'aide de la torture et dont le souvenir est resté sinistre.

Le tsar avait besoin de beaucoup d'argent : il établit l'impôt de la *capitation*, dont furent exempts le clergé et la noblesse, l'impôt du *papier timbré*, et recourut à de nombreux expédients, à des monopoles et à des taxes, qui frappaient jusqu'aux barbes longues.

L'*armée* dépassa bientôt deux cent mille hommes, grâce à un système de recrutement arbitraire qui rendait très lourdes les charges militaires. En outre, les tribus de *Kosaks* fournissaient de nombreuses troupes irrégulières. Les populations des côtes furent sujettes à la *conscription maritime*, et la Russie eut une flotte de plus de quarante vaisseaux.

Changement de capitale; fondation de Saint-Pétersbourg (1703). — Pour ne pas être gêné dans ses réformes par les vieilles traditions, Pierre changea la capitale et voulut créer une jeune cité pour son nouvel empire. Lorsqu'on choisit une capitale, on la recule le plus loin possible des frontières : Pierre la mit aux frontières mêmes, en face de la Suède, dans un pays à peine conquis et encore sauvage. Il voulait une ville en relations faciles avec l'Europe, et la Baltique était la seule route ouverte. Il traça donc l'emplacement de sa capitale, qui devait être sa ville, **Pétersbourg**, dans les marais que forment les quatorze bras de la Néva, cette courte et large rivière qui déverse dans le golfe de Finlande les eaux du lac de Ladoga. S'installant lui-même dans une petite maison de bois, il surveilla les travaux, faisant enfoncer des pilotis dans les marais, ne regardant point à l'argent, encore moins aux hommes, qui périssaient par milliers, faisant élever des forts, des casernes, des églises, des palais, des maisons et transplanter, pour peupler cette cité qui sortait des eaux, des habitants des provinces voisines. A plusieurs reprises les travaux furent arrêtés par des inondations qui auraient découragé tout autre que Pierre le Grand. Il s'obstina, et Saint-Pétersbourg, en dépit de l'opposition de la noblesse, attachée à Moscou, est restée la capitale : elle est même devenue une des plus remarquables villes de l'Europe.

Réformes sociales; les classes. — Pierre ne changea point le fond de l'organisation sociale. Il maintint la servitude des paysans, se bornant à quelques règlements sur les ventes de serfs et ordonnant de ne point séparer les familles. Il détermina les catégories entre lesquelles étaient répartis les habitants des villes, rangeant dans la première les banquiers, les manufacturiers, les médecins, les pharmaciens, les orfèvres, les riches marchands; dans la seconde, les petits marchands et les maîtres de métiers; dans la troisième, les ouvriers et les journaliers.

La *noblesse* devint surtout une noblesse impériale, recrutée non seulement dans les anciennes familles de boyards, mais aussi parmi les fonctionnaires. Ceux-ci, dans l'ordre civil comme dans l'ordre militaire, furent rigoureusement hiérarchisés, et les *quatorze* degrés de grades civils correspondirent aux grades militaires : c'est ce qu'on appelait le *tchine*. Les nobles devinrent donc surtout les serviteurs de l'État ou plutôt du tsar, qui le personnifiait, et les instruments d'un despotisme qu'ils appuyaient tout en en souffrant eux-mêmes.

Une des révolutions les plus considérables fut l'émancipation des femmes. Jusqu'alors les Slaves, voisins de l'Asie, avaient gardé les coutumes asiatiques de la reclusion des femmes, qui ne sortaient de la maison (ou *terem*) que voilées (avec le *fata*) et dans des litières fermées. Pierre imposa le costume et les mœurs de l'Occident, fit tenir des assemblées, donna des fêtes où les femmes parurent comme dans les cours européennes, et imposa, au besoin par le bâton, les belles manières et la politesse. Il créa ainsi la société russe, qui est devenue une des plus distinguées et des plus élégantes.

Réformes religieuses; le Saint-Synode. — Pierre le Grand avait régularisé la hiérarchie religieuse comme les autres; mais il lui déplaisait de voir à la tête de cette hiérarchie un patriarche qui, commandant à un clergé nombreux, semblait partager son pouvoir. En 1700 il ne remplaça point le patriarche qui venait de mourir, et confia la direction suprême des affaires religieuses à un conseil d'évêques, ou *Saint-Synode*. Il se trouvait délivré d'une autorité rivale, et, sans prendre un titre nouveau, maître du clergé par ce synode qui lui était soumis, Pierre devint en réalité le chef de l'Eglise russe, et son pouvoir, comme celui de ses successeurs, fut ainsi fortifié par l'autorité religieuse.

Réformes économiques. — Ce qui avait surtout frappé Pierre le Grand dans ses voyages, c'était le développement de l'agriculture, de l'industrie et du commerce des nations européennes. Il voulut que la Russie les égalât. Mettant en œuvre les ressources de son pays, il encouragea la culture, introduisit des espèces bovines, établit des haras. Il fit établir à Pétersbourg, comme à Moscou, des manufactures de draps, et des Français vinrent même organiser des fabriques de tapisseries. Il unit le Ladoga au Volga par un canal et projeta encore d'autres canaux destinés à relier les magnifiques fleuves de son vaste empire. Il négocia des traités de commerce, et bientôt les relations de la Russie avec l'Occident devinrent très actives, au double profit de l'un et de l'autre.

Grandes écoles; académies. — Nul plus que Pierre n'appréciait la science. Il la voulut répandre en Russie; mais, homme pratique avant tout, il n'encouragea que les études spéciales, positives. Il créa des académies et des écoles pour la marine, les travaux publics, la comptabilité. Il s'appliqua à transporter en bloc toutes les connaissances techniques auxquelles l'Europe occidentale n'était arrivée que par de longs et patients efforts. Il ne songea pas à avoir une littérature et des sciences russes, mais il fit traduire tous les ouvrages importants qui avaient du crédit en Europe et jeta ainsi en Russie une immense quantité de notions littéraires et scientifiques qui la mettaient du premier coup au niveau des autres pays. Du reste, il s'était surtout entouré d'étrangers, de Hollandais, de Suédois, d'Allemands, de Français, et le plus célèbre de ses auxiliaires fut Le Fort.

Pierre n'entendait point cependant renier sa nationalité. Il maintint la langue slave et même créa l'alphabet civil, distinct de l'alphabet religieux. Des imprimeries furent établies dans la capitale et dans les principales villes, et Pierre fit publier la *Gazette de Saint-Pétersbourg*. Du reste, le tsar, dans les dernières années de son règne, encouragea même les hautes études, fit classer les archives et fonda l'*Académie des Sciences de Saint-Pétersbourg*, qui devait prendre un rang des plus honorables parmi les compagnies savantes de l'Europe.

Ce fut donc une œuvre gigantesque que celle de Pierre le Grand, et l'histoire n'offre rien de pareil dans le cours des siècles. Il mesurait son travail à l'immense étendue de son empire et de sa tâche, son opiniâtreté à la ténacité de ses sujets, qui repoussaient une civilisation improvisée, sa cruauté à leur résistance, en un mot sa barbarie à leur attachement pour la barbarie.

Ce prince, que Voltaire appelle « moitié héros et moitié tigre », fit condamner à mort son fils Alexis, qui intriguait avec les mécontents. Alexis succomba dans sa prison, et l'histoire ne saurait affirmer de l'innocence du tsar (1718). Pierre mourut lui-même en 1725, sa propre victime, épuisé par les débauches. Il avait, dans toutes les directions, agrandi son empire et le rêvait plus vaste encore; il léguait à ses successeurs un immense héritage d'ambition, non qu'il eût formulé cette ambition dans un *testament*, comme on l'a dit longtemps, mais il l'avait écrite dans tous ses actes et il avait tracé un plan si logique et si clair, que les tsars n'ont pas cessé de le suivre avec une patiente obstination.

L'Europe vers 1715. — L'Europe, vers 1715, se dessinait à peu près telle qu'elle subsistera dans l'époque contemporaine, avec la grande nation maritime et commerçante, l'*Angleterre*, le vaste *État russe*, l'*empire germanique* qui se maintient.

Les royaumes qui avaient brillé jusque-là, *Espagne*, *Portugal*, *Suède*, déclinent.

La *Hollande*, après avoir joué un rôle important rentre dans l'ombre.

L'*Italie* ne se réveille pas encore.

La *Pologne* a jeté son dernier feu avec Sobieski.

La *Turquie* recule lentement, mais toujours.

La *France* demeure un royaume étendu, compact, à peu près uni. Elle a fait un pas vers ses frontières naturelles. Mais elle est déchue du premier rang. Ce qui la relève, c'est l'esprit de ses écrivains, de ses philosophes, les travaux de ses savants. Elle garde la royauté intellectuelle de l'Europe.

XIII. — La France de 1715 jusqu'au milieu du XVIIIe siècle.

La Régence et les essais de Réforme. — Law. — Fleury. D'Argenson. — Machault.

I. — LA RÉGENCE DE PHILIPPE D'ORLÉANS.

Minorité de Louis XV; régence du duc d'Orléans (1715-1723). — Tandis que de grands événements s'accomplissaient à l'est de l'Europe et annonçaient une nouvelle puissance, la France déclinait, d'abord durant la minorité, puis durant le long règne de Louis XV (1715-1774).

Une joie bruyante avait accompagné les funérailles de Louis XIV. « J'ai vu, dit Voltaire, de petites tentes dressées sur le chemin de Saint-Denis. On y buvait, on y chantait, on y riait. » La régence commençait, temps resté fameux par la licence à laquelle s'abandonnèrent la cour et la noblesse, invitées au plaisir par le régent lui-même, le duc **Philippe d'Orléans**, neveu de Louis XIV, qui se dégrada au milieu des débauches.

Dans un lit de justice solennel, Philippe d'Orléans fit casser le testament de Louis XIV par le Parlement et se fit donner la régence sans condition; en retour, il rendit au Parlement le *droit de remontrance*. Il essaya de substituer aux anciens ministres des *Conseils* composés de seigneurs, mais il revint bientôt au système ancien des secrétaires d'État et au pouvoir absolu. Il prit pour conseiller et premier ministre son ancien précepteur, *Dubois*, homme fourbe et vicieux. Dubois ne songeait qu'à maintenir la paix au dehors en se faisant l'allié ou plutôt le pensionné de l'Angleterre. Il ne comprenait point les grands changements survenus dans l'est de l'Europe et ne sut tirer aucun profit de la visite de Pierre le Grand, en 1617. Le tsar d'ailleurs, tout en admirant la France, jugeait sévèrement la légèreté de la politique et de la cour du régent.

Le système de Law; les banques. — La grande difficulté était de trouver de l'argent pour payer les dettes de l'État. Le duc d'Orléans accorda sa confiance à un Écossais, **Law (Lass)**[1],

1. On prononce à tort Lass, mais l'usage a consacré cette prononciation, qui vient probablement de ce que ce nom anglais frappa le plus souvent les oreilles avec la forme du génitif Law's bank, Law's company.

qui opéra une révolution financière et commerciale et révéla, au prix d'une catastrophe, les bienfaits du *crédit*.

Les *banques* étaient connues dès le moyen âge, mais les banquiers lombards n'étaient guère que des changeurs; ils faisaient surtout le commerce des monnaies; un simple banc (*banco*) composait tout leur bureau, et, lorsqu'un d'eux manquait à ses engagements, on brisait son banc (*banco rosso* ou *rotto*, de là « banqueroute »). Ce n'était point le crédit. On le vit poindre avec les *lettres de change*, qui supprimaient le transport des métaux spécieux. Ce papier, signé, parafé, avait donc déjà une valeur toute de confiance. La découverte de l'Amérique jeta une grande quantité de numéraire dans la circulation; elle activa aussi les relations commerciales, et, les voyages devenant plus lointains, le système des lettres de change, effets de commerce, billets à ordre, se généralisa. Les banquiers devinrent des intermédiaires nécessaires. Les banques d'*Amsterdam* et de *Hambourg* étaient remarquées, au XVII° siècle, pour leur grand mouvement d'affaires. La *banque d'Angleterre* date de 1694. Ce fut elle qui la première se chargea d'acquitter les lettres de change avant leur échéance, en retenant une *prime* proportionnée au temps qui restait à courir; cette prime s'appelait l'*escompte*. En France on citait, en 1543, la banque de Lyon; en 1549, la banque ou bourse de commerce de Toulouse, celle de Rouen en 1561. Mais si toutes ces banques aidaient les transactions, elles ne constituaient pas encore le véritable crédit. L'Écossais Law l'entrevit.

La banque de Law (1716). — En Écosse, les banques s'étaient multipliées et Law s'était familiarisé avec leur mécanisme, tout en cherchant dans le jeu les ressources nécessaires à sa vie de luxe et de plaisirs. A la fin du règne de Louis XIV il avait été écarté de Paris, mais il y avait connu le duc d'Orléans et y reparut lorsque celui-ci fut devenu le maître. Tout en jouant avec le régent et les courtisans, Law exposait les idées hardies que sa vive imagination avait conçues. L'état des finances était déplorable, et le déficit laissé par Louis XIV, de deux milliards. Les financiers du temps se voyaient à court d'expédients. Ils avaient réduit les pensions, les rentes, poursuivi les *traitants*, auxquels une Chambre ardente avait fait rendre gorge. Mais les prodigalités du régent absorbaient les ressources ainsi obtenues. Law éblouit le duc d'Orléans en lui promettant d'acquitter toutes les dettes de l'État si on l'autorisait à appliquer son système.

Philippe se laissa gagner et finit par risquer les finances du royaume dans cette tentative.

Law put donc fonder une *banque* (1716) au capital de 6 millions, divisés en 1200 *actions*. Cette banque, d'abord établissement privé, recevait les dépôts d'argent et escomptait les effets de commerce. Mais ce qui était nouveau, c'est que, banque de dépôt et d'escompte, elle devenait aussi banque d'*émission*.

Aux lettres de change, aux billets ou créances infiniment variées qu'on lui apportait et qu'elle escomptait, elle substituait sa propre signature sur des **billets**, méthodiquement coupés, de cent, de cinq cents livres, de mille livres, sans échéance lointaine, et **payables à vue** si on les présentait à ses caisses. On les pouvait toujours, au premier besoin, transformer en monnaie et, avantage immense pour une époque où les refontes de monnaie étaient continuelles, en *écus de banque*, c'est-à-dire en espèces invariables de poids et de titre. La banque escomptait d'ailleurs à un taux modéré et par là délivrait le commerce des usuriers. Tout le monde se disputa ses billets, si utiles pour les grandes transactions, et aussi précieux que l'argent, puisqu'on pouvait les échanger à volonté contre du numéraire. L'intérêt de l'argent baissa; le commerce extérieur, les manufactures se relevèrent. Le crédit était fondé : en voulant l'étendre, Law le ruina.

La Compagnie des Indes. — Il créa une *Compagnie commerciale* (1717), qui devait exploiter d'abord les richesses de la vallée du Mississipi. Les *actions* de cette Compagnie, qui, disait-on, rapporteraient des profits considérables, durent être achetées en espèces, mais aussi en *billets d'État*, c'est-à-dire en créances sur l'État. De cette manière, la *dette* se payait et les créanciers recevaient des actions qui leur faisaient espérer une part des bénéfices de la Compagnie ou qui, vendues immédiatement, leur procuraient des écus.

La Banque royale (1718). — Les succès de Law avaient déterminé le régent, non seulement à soutenir sa banque, mais à l'ériger en *Banque royale*. Ce fut dès lors un établissement public, et son papier devenait une monnaie d'État. Aussi Law ne se gêna-t-il plus pour multiplier ces billets, qui partout étaient reçus dans les caisses des agents du Trésor, et il s'imagina vraiment qu'il augmentait la richesse en jetant dans la circulation ces quantités de papier.

Il rêvait davantage encore. Sa Compagnie de commerce devait

devenir l'unique Compagnie du royaume : elle absorba successivement toutes les autres Sociétés coloniales. En outre, il rêva d'en faire l'unique caisse où rentreraient tous les impôts. Il lui fit adjuger la fabrication des *monnaies*, la ferme des *tabacs*, les *fermes* de la plupart des impôts et les *recettes générales*. La Compagnie se substituait à des fermiers nombreux et avides, grand avantage pour l'État, mieux servi, et pour le peuple, moins accablé. Il y eut là une tentative sérieuse pour améliorer le mode inique et vexatoire de perception des impôts. Mais c'était vouloir entreprendre trop de choses à la fois, et Law, enivré par le succès, encouragea, excita dans le pays une fièvre de spéculation qui le perdit. Sa folie contagieuse gagna tout le monde.

L'agiotage. — Les actions de la Compagnie, en effet, se vendaient très cher, car Law avait imaginé de ne donner les actions nouvellement émises qu'à ceux qui avaient les anciennes. On appelait les nouvelles actions les *filles*. Pour avoir des filles, il fallait une *mère*; pour avoir des *petites-filles*, il fallait une mère et des filles. Graduées ainsi, les actions se soutenaient les unes les autres dans leur marche ascendante; on se les disputait; des actions de 500 livres se vendaient dix fois, trente fois leur valeur. La facilité qu'offraient les billets de la banque donnait encore plus d'activité ou, pour mieux dire, de fureur à ce marché. « Le commerce des actions de la Compagnie des Indes établi dans la rue Quincampoix, de laquelle chevaux et carrosses furent bannis, augmenta tellement qu'on s'y portait toute la journée, et qu'il fallut placer des gardes aux deux bouts de cette rue, y mettre des tambours et des cloches pour avertir à sept heures du matin de l'ouverture de ce commerce et de la retraite à la nuit, enfin redoubler les défenses d'y aller les dimanches et les fêtes. On se précipitait à changer terres et maisons en papier, et ce papier faisait que les moindres choses étaient devenues hors de prix. Toutes les têtes étaient tournées. Les étrangers enviaient notre bonheur et n'oubliaient rien pour y avoir part. Les Anglais mêmes, si habiles et si consommés en banques, en compagnies, en commerce, s'y laissèrent prendre, et s'en repentirent bien depuis. Il y eut des fortunes prodigieuses. » (*Mémoires de Saint-Simon.*)

Les princes du sang, les courtisans ne furent point les derniers à réparer de cette manière les brèches de leur patrimoine. Le régent, toujours prodigue, répandait autour de lui ce papier merveilleux, que les plus habiles se hâtaient de convertir en beaux ecus sonnants. Le luxe, la corruption se donnèrent libre carrière. Toutes les conditions furent renversées. Des artisans, des laquais devinrent millionnaires et éclipsèrent des grands seigneurs. La société se trouva dans un tel désordre, qu'il y eut des crimes excités par cette folie d'avidité.

Catastrophe (1720). — Cependant la caisse de la Compagnie recevait peu d'espèces, puisqu'elle vendait ses actions contre des créances; son commerce ne pouvait lui rapporter de bénéfices que dans l'avenir, et l'on sut bientôt que les prétendues mines d'or de la Louisiane n'existaient pas. Pour satisfaire l'avidité du public, Law avait multiplié indéfiniment les billets de banque. Il avait fini par considérer son papier comme une richesse réelle, tandis que ce n'était qu'une promesse et que ses billets ne pouvaient avoir de valeur qu'autant qu'ils étaient garantis par des métaux précieux ou des marchandises. Les valeurs de papier dépassèrent dix milliards, alors que le numéraire en France n'allait pas au delà d'un milliard. La confiance s'ébranla, se perdit; on se précipita pour réaliser son papier en espèces. Law eut le tort de réunir la *Compagnie* à la *Banque*, la chimère à l'institution utile (février 1720). Nommé *contrôleur général*, il rendit plus sérieuse la guerre engagée contre l'argent et voulut que les billets devinssent la seule monnaie. On chercha d'autorité à supprimer tout usage d'or, d'argent. Le Parlement, qui dès le premier jour s'était montré hostile aux nouveautés de Law, refusait d'enregistrer les édits rendus pour soutenir le système qui croulait : on l'exila à Pontoise. Mais le système n'en tomba pas moins. L'État déclara (oct. 1720) que les billets, déjà discrédités, ne seraient plus acceptés comme monnaie; ce fut une catastrophe immense. Law s'enfuit du royaume (décembre 1720).

Résultats du système de Law. — Sans doute cette catastrophe découragea pour longtemps d'un nouvel essai du crédit, sans doute l'État se reconnut débiteur des créanciers de la Compagnie, et la dette publique fut accrue de 13 millions de rentes annuelles. Mais, durant les années d'abondance, Law, qui présidait aux finances, avait délivré l'agriculture de l'impôt d'un dixième sur les biens-fonds, de l'arriéré dû sur les tailles; il avait supprimé nombre d'offices onéreux, et de plus l'*intérêt de l'argent* avait diminué. Le *commerce* et l'*industrie* avaient pris un tel essor, que même la catastrophe ne les arrêta point. On avait joué avec une arme dangereuse : elle avait éclaté dans des mains imprudentes; mais sa force était connue, et cela suffisait pour produire une véritable révolution financière. On avait compris l'utilité, la réalité de la banque, on sentait que le papier pouvait circuler comme monnaie. La vente des actions, qui facilitait pour les Compagnies la réunion de grands capitaux, continua plus sagement. Ce fut l'origine de la spéculation et du marché de la *Bourse*, instituée en 1724.

Le système eut aussi des résultats politiques et sociaux. Il rapprocha les classes dans le tourbillon du jeu et de l'agiotage; il abaissa la noblesse, déconsidérée par la licence effrénée qu'encourageaient ces gains déshonnêtes, et en même temps il accrut l'importance de la bourgeoisie, qui par l'argent devint une puissance. Les distinctions sociales se maintenaient, mais le respect qui les avait protégées s'affaiblit et diminuera davantage à mesure que s'avancera le XVIIIᵉ siècle.

Fin de la régence (1723). — Durant les saturnales que favorisa le système de Law, un terrible fléau, la peste, désola la Provence, où quatre-vingt-cinq mille personnes périrent (1720). L'admirable dévouement, à Marseille, de l'évêque *Belzunce*, du chevalier *Rose* et de plusieurs échevins, qui prodiguèrent mille fois leur vie pour sauver celle de leurs concitoyens, consola la France épouvantée de cette calamité.

Louis XV était à peine reconnu majeur, en 1723, que le régent mourut; Dubois, son trop peu scrupuleux ministre, l'avait précédé au tombeau.

II. — LES MINISTRES DE LOUIS XV.

Le duc de Bourbon (1723-1726). — Louis XV n'était point prince à s'imposer le rude travail que s'imposait son aïeul. Il assistait au conseil, mais demeurait muet, froid, impassible. Le plus proche des princes du sang, le duc *de Bourbon*, homme avide et sans mœurs, prit la place de premier ministre.

Le duc de Bourbon faillit rejeter une seconde fois le pays dans la guerre, en renvoyant une infante d'Espagne, élevée à la cour et fiancée à Louis XV. Il répudiait la politique de Louis XIV et rompait cette union de la France et de l'Espagne qui nous avait coûté tant de batailles et de désastres. Le duc de Bourbon fit épouser au roi Marie Leczinska, la fille d'un roi de Pologne détrôné, Stanislas Leczinski. Le duc de Bourbon avait cru se donner ainsi un appui et se perpétuer au pouvoir. Mais il ne tarda pas à être disgracié et remplacé par l'ancien précepteur de Louis XV, le vieux cardinal de Fleury (1726).

Ministère du cardinal de Fleury (1726-1743). — L'évêque de Fréjus, le septuagénaire Fleury, ancien précepteur de Louis XV, était arrivé sans bruit et triompha modestement. Il refusa le titre de premier ministre, mais accepta bientôt le chapeau de cardinal. Laissant le roi s'abandonner à son oisiveté, il prit sur lui toute la charge du gouvernement. Fleury, dont la main sénile dirigea les affaires dix-sept ans, se proposa constamment pour objets la paix et l'économie, sans les atteindre. Il se fit bénir par l'abolition du cinquantième, la diminution des tailles, des remises sur les contributions arriérées et par quelques autres mesures que l'habile financier Orry lui conseilla. Il releva le crédit public, rétablit pour un moment l'équilibre entre les recettes et les dépenses, construisit des routes, mais ne sut pas arrêter les gaspillages des traitants, abandonna l'industrie et le commerce, laissa tomber en ruine notre marine. Intolérant dans un siècle où la foi déclinait, il remit en vigueur la bulle *Unigenitus*, persécuta les jansénistes, exila, pour une protestation, quarante membres du Parlement, puis les rappela presque aussitôt (1730), dans la crainte de quelque trouble, mêlant ainsi la faiblesse à la violence. Ces querelles religieuses donnèrent lieu à la folie des *convulsionnaires*, qui dura cinq ans (1727-1732). Au cimetière Saint-Médard, sur le tombeau d'un diacre, nommé Pâris, mort, disait-on, en odeur de sainteté, se passèrent des scènes extravagantes et scandaleuses dont le ridicule fit enfin justice.

A l'extérieur, Fleury eut surtout pour politique de ménager l'Angleterre. Il désirait la paix et néanmoins se vit obligé de s'engager dans la guerre de la succession de Pologne et dans celle de la succession d'Autriche, au début de laquelle il mourut (1743). Ces guerres vinrent déranger tous ses plans de sage économie, mais la France avait, grâce à lui, respiré, repris des forces et pouvait faire face à ses ennemis.

Les ministres de Louis XV; d'Aguesseau. — Fleury avait confié le poste élevé de garde des sceaux et de chancelier de France à un célèbre magistrat, *François d'Aguesseau* (1668-1751), qui avait été exilé par la régence à cause de son opposition au système de Law. Il demeura chancelier de 1737 à 1750, et, jurisconsulte éminent, fit rendre de savantes ordonnances sur les donations, les testaments, les substitutions. Ce fut une des lumières et une des gloires de la magistrature française, en même temps qu'un orateur dont les *Mercuriales* (discours d'ouverture) étaient écrites en une langue noble, élégante et fine.

D'Argenson. — La famille d'Argenson avait déjà fourni des magistrats et des intendants sous le règne de Louis XIV. Marc-René d'Argenson avait même été de 1677 à 1715 lieutenant général de police : il avait organisé la police politique. Mais ses fils méritèrent une célébrité plus louable. L'aîné, le marquis *Louis d'Argenson* (1694-1757), fut conseiller d'État, intendant, ministre des affaires étrangères de 1744 à 1747. Il dirigea les négociations qui tendaient à isoler et à accabler la maison d'Autriche : c'était un diplomate attaché aux doctrines de la vieille école, mais en littérature et en philosophie il se déclarait l'ami des écrivains les plus hardis : ce fut un ami de Voltaire.

Son frère cadet, le comte *Marc-Pierre d'Argenson* (1696-1764), joua un rôle plus important dans le gouvernement de Louis XV. Chargé du ministère de la guerre en 1743, il s'occupa avec un tel zèle des armées, qu'on lui attribua en partie le mérite des succès de la guerre de la succession d'Autriche. Ce grand seigneur, imbu déjà des idées nouvelles, favorisait l'élévation des officiers roturiers et leur accordait de grands avantages. Il créa en 1751 l'École militaire, qui devait assurer l'instruction des officiers. Il ne dépendit pas de lui que la guerre de Sept Ans fût moins malheureuse, mais les commandements étaient donnés à des favoris, et d'Argenson dut se retirer lui-même en 1757, victime de l'animosité de Mme de Pompadour.

Machault. — D'Argenson conduisait la guerre. *Machault* (1701-1794) avait d'abord (1745) dirigé les finances. Il chercha, dans cette société embarrassée de privilèges, et où bien des sources de revenus se trouvaient fermées pour le trésor royal, à faire peser l'impôt sur un plus grand nombre de terres. Il fit surtout, en 1747, rendre un édit fameux, connu sous le nom d'*édit de mainmorte*, qui « défendait tout nouvel établissement de chapitre, collège, séminaire, maison religieuse, sans une permission expresse du roi ». Cet édit tendait à arrêter le développement des domaines ecclésiastiques. En 1749, Machault essaya d'accroître le rendement des impôts par la création d'un véritable impôt sur le revenu dit du *vingtième* et portant même sur les classes privilégiées. En 1753, il fit rendre un arrêté pour le libre commerce des grains dans l'intérieur de la France. Mais il se montrait trop hardi, et Louis XV, lui enlevant le contrôle général des finances, le relégua au ministère de la marine. Là, Machault pouvait donner cours, sans porter ombrage à personne, à son activité et à son initiative. Mais il n'y resta même point. Au moment où l'on aurait eu le plus besoin de ses talents dans la guerre de Sept Ans, il fut disgracié avec le comte d'Argenson (1757). Louis XV se privait de gaieté de cœur de ceux qui pouvaient le mieux le servir, et l'on comprend que ses guerres, un moment heureuses, se soient finalement terminées par des revers.

XIV. — Les affaires européennes. — Guerre de la succession de Pologne.

Règlement de la succession d'Espagne, des successions de Pologne et de Toscane. — Les Bourbons d'Espagne en Italie. — Stanislas Leczinski en Lorraine.

Règlement de la succession d'Espagne; la Quadruple Alliance. — La minorité et la santé en apparence débile de Louis XV avaient éveillé en Philippe V l'espérance de monter sur le trône de France. Il pensait que les renonciations qu'on lui avait imposées seraient nulles. Il était d'ailleurs excité par un ministre ambitieux, l'Italien *Alberoni*, qui, malgré la faiblesse de l'Espagne, entendait reconstituer l'ancienne monarchie et reprendre les annexes perdues aux traités d'Utrecht. Alberoni intriguait dans toute l'Europe, qu'il voulait bouleverser, et sa politique brouillonne amena précisément une coalition contre l'Espagne.

Le duc d'Orléans, chef de la branche cadette des Bourbons et appelé éventuellement à recueillir la succession de la branche aînée si le jeune Louis XV disparaissait, s'allia avec l'*Angleterre*, la *Hollande*, puis la *maison d'Autriche* pour le maintien des traités d'Utrecht : ce fut ce qu'on appela la *Quadruple Alliance*. Il déjoua une conspiration ourdie en France par l'ambassadeur espagnol *Cellamare* et la duchesse du Maine (1718). Une armée française, conduite par le même maréchal de Berwick qui avait jadis affermi le trône de Philippe V, pénétra en Espagne et s'empara de *Fontarabie* (1719). Les Français incendièrent sur les côtes les arsenaux et les navires en construction, à la grande joie des Anglais, qui, de leur côté, s'étaient emparés du port de *Vigo*. Les Espagnols, qui avaient essayé de reprendre la Sicile, en furent chassés, et Philippe V alors, disgraciant Alberoni, demanda la paix (1720).

Par le traité de la *Quadruple Alliance*, Philippe V, qui renonçait à toutes ses prétentions, recevait la promesse de la succession de *Parme* et de *Plaisance* pour un des fils qu'il avait eus d'Élisabeth Farnèse. Le duc de Savoie abandonnait la Sicile à l'empereur et obtenait la *Sardaigne* en gardant le titre de roi.

Les Bourbons d'Espagne en Italie. — Le duc de Bourbon renversa toute la politique suivie par le régent. Il avait renvoyé à Philippe V sa fille, qui avait été fiancée au jeune Louis XV.

Philippe V, indigné de cette insulte, s'empressa de signer avec l'Autriche le traité de *Vienne* (1725). Charles VI avait promulgué une *pragmatique sanction* par laquelle il assurait la succession à ses filles, contrairement aux coutumes des pays autrichiens; Philippe V garantit cet acte. En retour, l'empereur s'engagea à aider l'Espagne à reprendre Gibraltar et Port-Mahon; il renouvela les promesses faites en 1720 au sujet des duchés de *Parme* et de *Toscane*, à l'extinction des maisons de Médicis et de Farnèse, et il fiançait deux archiduchesses aux deux infants, ce qui eût établi l'union de l'Espagne et de l'Autriche, que Louis XIV avait brisée au prix de tant d'efforts. Voilà ce qu'avait fait le duc de Bourbon.

Il s'empressa du moins de former une contre-ligue de la France, de l'Angleterre et de la Prusse; mais un autre ministre, *Fleury*, eut à suivre cette affaire. Fleury rétablit la paix par les *Préliminaires de Paris* (1727). Toutes ces difficultés se résolurent au profit des Bourbons d'Espagne. L'infant *don Carlos* prit possession (1731) des duchés de Parme et de Plaisance en Italie, en attendant d'autres couronnes qui devaient rétablir l'influence de l'Espagne dans la péninsule.

Guerre de la succession de Pologne (1733-1738). — Fleury fuyait la guerre : elle vint le chercher. Ne pouvant l'éviter, il la fit à demi et l'aggrava.

Auguste II, roi de Pologne, était mort. Le trône fut alors réclamé par Stanislas Leczinski, beau-père du roi, le candidat de la noblesse polonaise. Stanislas fut élu (1733). Les Russes et les Autrichiens lui opposèrent Auguste de Saxe. C'était à la force de décider. Stanislas se vit bientôt enfermé dans la ville de Danzig et assiégé par les Russes. On ne pouvait laisser ainsi tomber le père d'une reine de France. Fleury céda à l'opinion, mais n'envoya que quinze cents hommes, que le comte de Plélo jeta avec une audace extraordinaire contre toute une armée : héroïsme qui n'eut d'autre résultat que d'apprendre aux Russes à connaître le fier courage français.

Fleury vengea du moins cet échec éprouvé au nord par de brillants succès remportés au midi. Ne pouvant atteindre la Russie, il se vengea sur l'Autriche. D'accord avec la Savoie, à laquelle il promit le Milanais, d'accord avec l'Espagne, à laquelle il montrait à conquérir le royaume de Naples, il envoya une armée sur le Rhin et une autre en Italie.

Sur le Rhin, le maréchal de Berwick fut tué glorieusement au siège de *Philippsbourg*. En Italie, Villars jeta, suivant son expression, les dernières étincelles de sa vie. Après une brillante entrée en campagne, il mourut à Turin.

Le maréchal de Coigny, qui lui succéda, remporta les victoires de **Parme** (juin 1734) et de **Guastalla** (septembre). Ces deux batailles assurèrent la conquête du Milanais. Le comte de Montemar, à la tête des Espagnols, gagna la victoire de **Bitonto** et le royaume de Naples.

La succession de la Toscane; la Lorraine. — Ces victoires relevèrent l'influence de la France, qui au traité de Vienne (1738) parut l'arbitre de l'Europe.

Un *infant d'Espagne*, un Bourbon, obtint le royaume de **Naples.** Deux provinces du Milanais, celles de Novare et de Tortone, passèrent au *roi de Sardaigne*. Le gendre de l'empereur Charles VI, *François de Lorraine*, reçut la **Toscane**, mais en retour il céda la **Lorraine** à Stanislas Leczinski, et cette province, à la mort de Stanislas, devait revenir à la couronne de France. C'était là un profit réel, quoique à lointaine échéance.

Malheureusement Fleury fut obligé, en 1741, de s'engager dans la guerre dite de la succession d'Autriche, mais il ne vit que deux années de cette lutte longue et acharnée.

XV. — Autriche et Prusse pendant la première moitié du XVIIIe siècle. Guerres d'Autriche et de Sept Ans.

L'État prussien. — Frédéric II. — Marie-Thérèse. — Guerres de la succession d'Autriche et de Sept Ans : exposé général de la politique. — Indication des principales actions militaires. — Rôle de la France dans ces guerres.

I. — LE BRANDEBOURG, LE DUCHÉ DE PRUSSE, LE ROYAUME DE PRUSSE.

La marche de Brandebourg. — La Prusse s'est formée par la réunion de trois régions, isolées d'abord l'une de l'autre : 1° le pays des rives de la Sprée et du Havel : la *marche de Brandebourg*; 2° la région baltique au delà de la Vistule, la *Prusse* proprement dite, bordée par le Niémen; 3° une partie de la *vallée du Rhin.*

La *marche* (pays frontière) ou le margraviat de *Brandebourg* devint de bonne heure, au moyen âge, un des fiefs importants. Possédée par la maison *ascanienne,* dont le plus remarquable représentant fut *Albert l'Ours* (1134-1170), elle s'étendit aux dépens du Mecklembourg, de la Silésie, de la Poméranie. Les margraves de Brandebourg furent compris en 1356 dans le collège électoral de l'Empire, et le pays forma dès lors l'*électorat de Brandebourg.* On voyait déjà s'élever les villes de Potsdam, de Francfort-sur-l'Oder, de Berlin sur la Sprée (affluent du Havel).

La marche de Brandebourg fut vendue, au commencement du xve siècle, à la famille de *Hohenzollern*[1] (1415), qui possédait alors quelques seigneuries dans le pays devenu aujourd'hui bavarois, entre autres Nuremberg, Anspach et Bayreuth. C'est cette famille qui, transplantée dans les sables et les marais du Brandebourg, a si prodigieusement grandi, qu'elle a couvert l'Allemagne de son ombre.

En 1473 le margrave *Albert,* surnommé l'*Achille* et l'*Ulysse* du Nord, partageant ses domaines à ses fils, *réserva à l'aîné* la *marche électorale.* Il stipula par une clause de son testament

---

1. Le château de Hohenzollern existe encore, dans la principauté de ce nom, enclave du Wurtemberg.

(que l'on appela la *disposition achilléenne*) que tous les domaines présents et futurs attachés à l'électorat ne *pourraient en être démembrés*. A l'âge de dix-huit ans, l'héritier devait signer l'engagement solennel d'obéir à cette loi, qui interdisait en outre tout engagement ou vente d'une fraction quelconque de la marche. L'électorat de Brandebourg put donc grandir sans pouvoir diminuer. Il échappa à ces mille partages qui ruinèrent, en les divisant à l'infini, les grandes maisons de l'Allemagne.

Le duché de Prusse. — Tandis que l'électorat de Brandebourg acquérait une place importante parmi les États de l'Allemagne, l'Ordre Teutonique, dans lequel s'était fondu celui des chevaliers Porte-Glaives, avait conquis et colonisé le pays de la Prégel et du Niémen, occupé par les *Borusses* et désigné sous le nom de *Prusse*. Ces moines-chevaliers avaient même étendu leur domination jusqu'au golfe de Finlande. Ils avaient colonisé le pays, et la population germanique remplaça la population slave. *Marienbourg* était devenu la capitale de l'ordre en 1308, et la prospérité de la Prusse avait tellement augmenté que ce pays comptait, au xiv* siècle, 85 villes et 1400 villages allemands sans compter les villages polonais et prussiens. Les villes de la côte étaient affiliées à la ligue Hanséatique. Mais, au début des temps modernes, l'Ordre Teutonique tomba en pleine décadence : les chevaliers n'étant plus soutenus par l'ardeur des croisades, la richesse avait amené la corruption ; ils furent vaincus par la Pologne, qui leur prit le pays à l'ouest de la Vistule, Marienbourg, Elbing, Danzig, et leur imposa sa suzeraineté (traité de Thorn, 1466). Le domaine restreint de l'Ordre n'en constituait pas moins une province encore importante, qui passa bientôt à la famille de Brandebourg.

Un prince cadet de cette famille devint en effet le grand maître de l'Ordre Teutonique. C'était encore un prince du nom d'*Albert*, ce nom qu'on retrouve toujours dans l'histoire des premières grandeurs de la maison de Brandebourg. Albert se convertit à la religion de Luther en 1525, et garda les biens de l'Ordre, qui furent transformés en duché de Prusse.

Réunion de la Prusse et du Brandebourg. — Ce duché, en 1618, passa à la branche aînée, et les margraves électeurs de Brandebourg acquirent ainsi la contrée entre la Vistule et le Niémen. La Pologne toutefois séparait le *margraviat* du *duché*. Les margraves de Brandebourg, eux aussi, s'étaient, dès les premiers temps, convertis à la doctrine protestante et étaient devenus le plus ferme appui de la Réforme dans l'Allemagne du Nord.

Pays rhénans. — Au XVIIe siècle, la maison de Brandebourg joua un rôle actif dans la guerre de Trente Ans et rallia autour d'elle les princes protestants ligués contre la maison d'Autriche. Aussi, profitant des victoires françaises, gagna-t-elle des domaines sur le Rhin, la moitié du **duché de Clèves,** les comtés de la **Mark et de Ravensberg.**

La paix de Westphalie (1648) lui valut encore les riches évêchés et territoires de **Cammin** (Oder), **Magdebourg** et **Halberstadt** (Elbe), **Minden** (Weser); c'étaient déjà quelques liens pour les différentes parties des domaines prussiens.

Frédéric-Guillaume, le Grand Électeur (1640-1688) : la colonisation intérieure. — Ainsi trois tronçons, isolés par d'autres États, mais *ne pouvant être détachés*, constituaient les possessions du margrave électeur de Brandebourg, duc de Prusse. La politique de cette maison fut de réunir ces tronçons, sans trop regarder aux moyens. *Frédéric-Guillaume* (1640-1688), surnommé le *Grand Électeur*, n'accrut pas seulement le territoire du Brandebourg : il s'appliqua à le peupler. Appelant des étrangers, notamment des Hollandais, il ouvrit un asile aux exilés, nombreux alors, car la paix de Westphalie avait laissé aux princes allemands le choix de la religion dans leurs États, et les princes n'entendaient pas laisser ce même choix à leurs sujets ; on voyait les protestants chassés des États catholiques, les catholiques bannis des États protestants. Frédéric-Guillaume reçut aussi avec empressement les protestants français après la révocation de l'édit de Nantes : six mille d'entre eux s'établirent à *Berlin* même, dont la population, encore très médiocre, fut doublée et atteignit quatorze mille âmes. A Magdebourg, à Francfort-sur-l'Oder, à Brandebourg, à Kœnigsberg, des réfugiés français fondèrent des manufactures, et quantité d'industries nouvelles furent enseignées aux villes du Brandebourg et de la Prusse. Les carrières libérales étaient aussi largement représentées dans l'émigration française : jurisconsultes, médecins, architectes, peintres, érudits apportèrent au milieu des Allemands, si patients à l'étude, une somme considérable de connaissances et d'idées acquises. L'Électeur eut même deux corps de son armée, grands mousquetaires et grenadiers à cheval, composés en majorité de Français.

Frédéric-Guillaume sut habilement tirer parti de tous ces éléments divers, et, grâce à son administration, l'agriculture et l'industrie se développèrent. Il honorait le travail des champs, et l'Électrice même avait son étable dont elle prenait soin et un jardin modèle. Les sables du Brandebourg sont favorables à la culture des fleurs; dans les faubourgs de Berlin, des jardiniers français créèrent cette culture, qui est restée une des richesses du pays. Les troupes françaises de l'Électeur de Brandebourg prirent part à la guerre de la ligue d'Augsbourg, qui commençait au moment où mourut le Grand Électeur.

Frédéric Ier, roi de Prusse (1701). — Son successeur, *Frédéric III* (1688-1713), compléta son œuvre en élevant ses États au rang de royaume. Il acheta cette faveur en servant la politique de la maison d'Autriche contre la France, et, à la veille de la guerre de la succession d'Espagne, il reçut de l'empereur Léopold le titre de *roi*, qui devait tant profiter à l'ambition prussienne sans la satisfaire, puisqu'elle convoitera et saisira la couronne impériale elle-même. Ce fut le *duché de Prusse* qu'on transforma en royaume (1701), et Frédéric III se couronna lui-même, à *Kœnigsberg, premier roi de Prusse.* Frédéric III, devenu *Frédéric Ier*, n'eut cependant point la joie de voir son titre reconnu par l'Europe, reconnaissance qui n'eut lieu que l'année de sa mort, en 1713, aux traités d'Utrecht. Frédéric Ier, fier de sa couronne, chercha à tenir état de roi. Il affectait des airs magnifiques et dépensait pour le luxe et l'ostentation des sommes qui n'étaient point en rapport avec les ressources d'un pays qui ne comptait qu'un peu plus de deux millions d'habitants.

Frédéric-Guillaume Ier (1713-1740); création de l'armée prussienne. — Le fils de ce premier roi de Prusse, *Frédéric-Guillaume Ier*, au contraire, fut avare. La honteuse pauvreté des envoyés de la cour de Berlin excitait la risée des capitales étrangères; les princes et les princesses de la maison royale satisfaisaient à peine leur appétit à chacun de leurs repas. Prince bizarre, bourru, pieux jusqu'au mysticisme, familier et dur jusqu'à la cruauté, simple jusqu'à la grossièreté, intempérant et censeur rigide, jouant du bâton, même avec les juges, Frédéric-Guillaume Ier n'eut qu'une préoccupation : constituer une armée. Poussant cette idée jusqu'à la manie, il faisait dépendre la qualité des soldats de leur taille : il lui fallait des géants, et ses embaucheurs parcouraient l'Europe, l'Asie, l'Afrique pour enrôler tous les hommes hauts de six pieds. Il ne reculait pas devant les violences les plus tyranniques, et ses capitaines, chargés chacun d'un district de recrutement, surveillaient la jeunesse et enlevaient de force les plus fiers gaillards. La discipline fut rigoureuse. Les soldats, assouplis, manœuvrèrent comme des machines, avec une précision mathématique dont on se moqua jusqu'au jour où l'on s'efforça de l'imiter.

On aurait pu croire que ce *roi-sergent*, comme on appelait Frédéric-Guillaume, aimait la guerre. Loin de là : il se montra le plus pacifique des princes. Ce fut un roi de revues, non un capitaine. Et l'Europe douta de l'excellence du système militaire prussien jusqu'à ce qu'elle le vît mis en œuvre par le fils de Frédéric-Guillaume.

Cette force imposante, qui ne s'éleva pas à moins de quatre-vingt mille hommes, permit pourtant à Frédéric-Guillaume de jouer un rôle dans les coalitions contre Charles XII et d'acqué-rir, après la mort de ce roi aventurier, si prodigue de la vie des hommes, les îles d'*Usedom* et de *Wollin*, la ville de *Stettin* et toute la **Poméranie** en deçà de la Peene. Il avait d'ailleurs pratiqué le même système de colonisation que ses prédéces-seurs : il accueillit les protestants chassés de l'archevêché de Salzbourg dans le Tyrol et attira beaucoup d'étrangers, aux-quels il donnait des terres. En 1725, près de dix mille habitants nouveaux avaient été appelés en Prusse et de nombreux artisans développèrent encore l'industrie du pays.

La géographie n'avait point favorisé la Prusse, mais, à défaut de cadre naturel, cet État devint, par la force de son organisa-tion, une *expression politique*, et le génie de Frédéric II en fit un des royaumes les plus importants de l'Europe.

II. — Guerre de la succession d'Autriche.

La succession d'Autriche (1740-1748). — La mort de l'em-pereur d'Allemagne *Charles VI*, en 1740, fournit aux ennemis de la maison d'Autriche une occasion d'affaiblir cette maison tou-jours puissante en dépit des luttes qu'elle n'avait cessé de sou-tenir. Charles VI laissait ses nombreux États à sa fille **Marie-Thérèse**, qu'il avait, par une *pragmatique sanction*, déclarée et fait reconnaître d'avance par tous les souverains comme son héritière. Marie-Thérèse avait épousé *François de Lorraine*, devenu grand-duc de Toscane, et désirait naturellement faire choisir son époux comme empereur par les princes allemands.

Non seulement elle n'y réussit pas, mais elle eut encore à défendre ses États héréditaires contre ses voisins, surtout contre le
roi de Prusse. Ce fut la guerre dite de la *succession d'Autriche,*
qui troubla profondément l'Allemagne et commença la *grandeur de la Prusse.*

Frédéric II de Prusse (1740) ; invasion de la Silésie.
— Le fils de Frédéric-Guillaume, *Frédéric II,* héritait d'un
royaume déjà fort et d'une belle armée. Malgré le peu de
goût qu'il avait manifesté dans sa jeunesse orageuse pour l'art
militaire, il allait révéler un génie guerrier de premier ordre,
et ce prince, dont on connaissait surtout le talent sur la flûte et
les ambitions poétiques, allait se placer au rang des plus grands
capitaines et des fondateurs d'États. Frédéric II profita de la
mort de Charles VI pour enlever à l'Autriche une riche et fertile province, la Silésie, qui comprenait la vallée supérieure de
l'Oder et donnait de la profondeur à son royaume tout en longueur. La bataille de **Molwitz** (près de Breslau) (1741), qu'il
gagna, prouva ses qualités militaires et la force de l'armée
prussienne. L'électeur de Bavière, de son côté, briguait la couronne impériale. Le cardinal de Fleury, malgré ses dispositions
pacifiques, cédait à l'opinion qui réclamait la guerre contre la
maison d'Autriche et, traitant à *Nymphenbourg* avec Frédéric,
envoyait une armée en Allemagne pour soutenir l'électeur de
Bavière et le roi de Prusse.

Les Français en Bohême. — Une armée française alla
joindre les Bavarois dans la vallée du Danube, envahit l'Autriche
et répandit la terreur jusque dans Vienne. Puis elle se rejeta
sur la Bohême. Jamais les Français ne s'étaient avancés si loin.
Dans cette armée on remarquait un fils naturel de l'électeur de
Saxe, *Maurice,* prince aventureux, fougueux, avide de gloire et
de plaisir. Il avait adopté la France pour patrie, et allait mériter
qu'elle s'honorât d'un tel fils adoptif. Toujours hardi, il conseille
de brusquer l'attaque de la ville de **Prague,** capitale de la
Bohême : il la dirige lui-même avec un brave colonel, d'obscure
origine, un enfant du peuple, *Chevert,* qui s'en empara.

Marie-Thérèse et la Hongrie ; retraite des Français. —
Presque abandonnée de tous, dépouillée d'une partie de ses
États, Marie-Thérèse fit appel à la générosité des Hongrois, que
ses ancêtres avaient opprimés ; mais, animés de sentiments
chevaleresques, ils se dévouèrent pour une princesse malheureuse et s'écrièrent, réunis à la diète de Presbourg : *Mourons*

pour notre roi Marie-Thérèse! La cavalerie hongroise se répandit dans toute la vallée du Danube, et les Français se virent isolés dans la Bohême, puis enfermés dans Prague (1742).

Le maréchal de Belle-Isle fut obligé de quitter avec son armée Prague, où il ne laissa qu'une poignée d'hommes. En huit jours il ne fit que trente-huit lieues, car le froid était horrible et la route était jonchée de nos soldats morts de misère. Un jeune écrivain plein d'avenir, *Vauvenargues*, succomba aux fatigues de cette retraite désastreuse. De plus les Français laissés dans Prague semblaient perdus, sacrifiés. Mais Chevert les commandait et, par son énergique défense, obtint une capitulation honorable (1743).

Ce fut dans ces conjonctures que mourut le cardinal de Fleury. Notre allié l'électeur de Bavière était écrasé. Le roi de Prusse, Frédéric II, qui avait gagné une nouvelle bataille à **Czaslau** (Bohême) (1742), nous abandonnait et traitait avec Marie-Thérèse, qui lui cédait la *Silésie*. L'Angleterre entrait en lice contre nous, avec la Hollande.

Premier changement; guerre générale; danger de l'Alsace et de la Lorraine; Louis XV à Metz. — Une première fois cette guerre si ondoyante et si diverse changea de caractère. La vieille lutte de la France contre l'Angleterre et la Hollande se ranima. La guerre devenait générale, à la fois continentale et maritime. Les Français avaient pu se maintenir en Allemagne, où le maréchal de Noailles avait livré contre les Anglais une sanglante mais stérile bataille à **Dettingen** (Bavière, sur le Mein) (1743). Louis XV résolut de faire la conquête des Pays-Bas, qui appartenaient à l'Autriche depuis le traité d'Utrecht. Il s'avança dans la Flandre avec **Maurice de Saxe**, créé maréchal de France (1744); mais à ce moment les troupes hongroises et croates, qui avaient traversé l'Allemagne, débordèrent sur l'Alsace, puis sur la Lorraine. Le roi Stanislas dut s'enfuir de Lunéville : c'était une véritable invasion.

Aussitôt Louis XV quitte la Flandre et part avec le maréchal de Noailles pour défendre les provinces de l'Est. Tout à coup il tomba gravement malade à Metz (1744). Le peuple s'émut; on disait du roi, dont l'énergie avait produit une vive impression : « S'il meurt, c'est pour avoir marché à notre secours ». On se répétait aussi le mot que Louis XV dit au maréchal de Noailles : « Allez et souvenez-vous que, pendant qu'on portait Louis XIII au tombeau, le duc d'Enghien gagnait une bataille ». Le roi se rétablit, et c'est aux démonstrations du peuple qu'il dut le surnom de *Bien-Aimé*. Les alliés n'osèrent affronter l'armée française et se retirèrent. Le roi de Prusse Frédéric II, qui s'était déjà retiré de la lutte, y rentra, se jeta sur la Bohème, et cette utile diversion permit à la France de reprendre l'avantage.

Les Français dans les Pays-Bas; victoire de Fontenoy (1745). — Louis XV retourna alors dans les Pays-Bas, et Maurice de Saxe put marcher en avant. Malade et ne pouvant monter à cheval, il conservait toute son ardeur et disait : « Il ne s'agit pas de vivre, mais de partir ».

On mit le siège devant *Tournai*. Les Anglais et les Hollandais vinrent pour défendre cette place, il fallut se battre à **Fontenoy** (Hainaut, à 7 kil. de Tournai), où le maréchal de Saxe remporta une victoire vivement disputée, mais décisive.

La victoire de Fontenoy eut un grand retentissement et de belles conséquences : *Tournai*, *Gand*, *Oudenarde*, *Bruges*, *Ostende* capitulèrent, et les Français en 1746, entrèrent à *Bruxelles*.

Succès et nouvelle défection du roi de Prusse. — Mais Frédéric demeurait isolé. Les Français, au lieu de chercher à le joindre, s'étaient jetés sur les Pays-Bas. L'empereur qu'il soutenait, Charles VII, venait de mourir, laissant un fils qui se réconciliait avec Marie-Thérèse. L'époux de Marie-Thérèse, *François de Lorraine*, était élu empereur d'Allemagne. Frédéric ne songea plus qu'à se retirer du conflit. Il avait acquitté, suivant son expression, par les victoires de **Friedberg** (Silésie) et de **Kesseldorf** (Saxe) (1745), la lettre de change que Louis XV avait tirée sur lui à Fontenoy. Il signa avec l'Autriche le traité de **Dresde**, qui lui assurait la possession de la *Silésie* et le comté de *Glatz*. Nous restâmes seuls encore une fois avec l'Espagne contre l'Angleterre et l'Autriche.

Défection de l'Espagne : nouveau changement de la guerre. — La France soutenait un prétendant, Charles-Édouard, en Angleterre : le prétendant fut vaincu à *Culloden* (1746). Elle envoyait en Italie une armée qui rejoignait les Espagnols, et, par les victoires de *Coni* et de *Bassignano* (Piémont), gagna le comté de Nice et le Milanais. Mais l'impératrice Marie-Thérèse, libre au nord, porta ses armées vers le midi, et, à la journée de **Plaisance** (sur la rive droite du Pô), l'armée franco-espagnole fut vaincue (1746). A ce moment, Philippe V, roi d'Espagne, mourait; l'armée espagnole nous abandonnait. Cette fois nous étions bien seuls à lutter contre tous. La dernière phase de la guerre commençait.

Les Sardes envahissent la *Provence*. Les Anglais tentent un débarquement sur les côtes de Bretagne. On repousse les Anglais et les Sardes, mais au midi il faut une lutte opiniâtre pour défendre notre frontière.

Victoires de Maurice de Saxe à Raucoux (1746), à Lawfeld (1747); traité d'Aix-la-Chapelle (1748). — Au nord seulement nos opérations sont offensives; c'était là qu'il fallait acheter la paix, car on ne luttait que pour l'obtenir. Les Pays-Bas se trouvent en notre puissance, et le maréchal de Saxe gagne une nouvelle victoire à **Raucoux** (un peu au nord de Liège) (1746). Alors la Hollande s'effraye. Elle rétablit le stathoudérat comme en 1672 et s'unit à l'Angleterre et à l'Autriche. La Russie même se joint à nos ennemis. Nous voilà en face d'une coalition. Nos armées lui tiennent tête. La victoire de **Lawfeld** (province de Limbourg) (1747), la prise de **Berg-op-Zoom** (Brabant), l'investissement de *Maestricht*, forcent les alliés à demander la paix : elle est signée à **Aix-la-Chapelle** (aujourd'hui Prusse Rhénane) (1748).

La France aurait pu, pour tant de sacrifices, garder les Pays-Bas, puisque ses troupes les tenaient. Un désintéressement absurde présida aux négociations. La Prusse conserva la Silésie. Un infant d'Espagne obtint **Parme et Plaisance**. *Gênes* fut déclarée indépendante; en un mot les alliés de la France, qui pourtant, excepté Gênes, l'avaient abandonnée, étaient satisfaits; et Louis XV, le croirait-on, se contenta de l'honneur : il voulut « traiter en roi, non en marchand ». La maison d'Autriche conserva la couronne impériale et sa puissance. L'Angleterre poursuivit son œuvre de la conquête des mers. La lutte qui, aux colonies (voir le chapitre XXVI), avait été fructueuse, se trouva arrêtée, au grand désespoir du conquérant de l'Inde, Dupleix.

III. — La guerre de Sept Ans.

L'Angleterre depuis Guillaume III; la rivalité avec la France. — La guerre de la succession d'Autriche avait déjà prouvé avec quelle vivacité s'était réveillée la vieille rivalité de la France et de l'Angleterre.

Au XVIIIe siècle, l'Angleterre, sortie des difficultés intérieures, pouvait, avec une entière liberté, poursuivre ses ambitions extérieures. A Guillaume III avait sans doute succédé la fille de Jacques II, *Anne* (1702-1714), mais cette princesse, protestante, continua l'œuvre de son beau-frère : elle maintint la religion et les libertés de l'Angleterre. Elle avait, en 1707, réalisé l'union définitive avec l'*Écosse* en fondant ensemble les deux parlements d'Édimbourg et de Londres. L'*unité politique* était complète. Mais les descendants de Jacques II ne désespéraient pas de reprendre la couronne et l'œuvre de ce prince. Aussi les Anglais, pour se garantir contre une réaction qu'ils redoutaient, allèrent-ils, sans se soucier des degrés de parenté, chercher une dynastie rattachée à la famille des Stuarts, mais protestante : la famille de *Brunswick-Hanovre*.

L'électeur de Hanovre succéda à la bonne reine Anne sous le nom de *George I*er (1714-1727), et commença une dynastie qui s'est perpétuée jusqu'à nos jours. A peine connaissait-il la langue et la constitution du pays qu'il était appelé à gouverner. Cette ignorance même servit à souhait les libertés anglaises, car le Parlement resta le maître, et, sous ce prince comme sous ses successeurs, *George II* (1727-1760) et *George III* (1760-1820), des ministres sortis du Parlement, et dont la renommée égala celle des Richelieu et des Mazarin, dirigèrent l'administration avec plus d'habileté, parce qu'ils avaient moins de puissance.

Robert Walpole, qui de 1721 à 1742 avait dominé le Parlement, faussa, autant qu'il fut en lui, les institutions anglaises en gouvernant par la corruption. L'égoïsme de Walpole cadrait trop bien avec la sagesse et l'économie du cardinal de Fleury pour que les deux ministres ne s'entendissent point. Mais cette alliance avec la France et les ménagements de Walpole envers l'Espagne, qu'on voulait contraindre à ouvrir ses colonies, irritèrent les Anglais ; Walpole tomba au début de la guerre de la succession d'Autriche (1742), quelques mois avant la mort de Fleury.

L'Angleterre soutint l'Autriche, et sa marine s'attaqua aux flottes française et espagnole. La France répondit en soutenant le prétendant *Charles-Édouard*, héritier légitime des Stuarts ; mais, Charles-Édouard ayant été définitivement battu à *Culloden* (1746), les Anglais célébrèrent ce triomphe comme une revanche de Fontenoy. Les Tories commencèrent dès lors à désespérer du retour des Stuarts et, sans cesser de former un parti, s'attachèrent moins à combattre la dynastie qu'à maintenir les traditions d'autorité, les privilèges de l'aristocratie, et à ralentir le progrès des idées libérales.

Commencement de la guerre de Sept Ans. — La guerre de la succession d'Autriche n'avait satisfait qu'à moitié le patriotisme des Anglais ; la paix d'Aix-la-Chapelle, quoiqu'elle n'eût assuré aucun avantage à la France, les mécontenta. Ils s'irritèrent bien plus lorsqu'ils virent, durant les années qui suivirent cette paix, la France s'enrichir par l'industrie et le commerce, et ses navires marchands faire aux leurs une concurrence sérieuse. Le développement que prenait l'empire colonial de la France aux Indes et en Amérique les exaspéra. Aussi, en 1756, sans déclaration de guerre, les amiraux anglais capturèrent, dans toutes les mers, plus de trois cents vaisseaux marchands. Ce fut le commencement de la guerre de Sept Ans.

Cette audacieuse provocation et cette politique violente étaient dues surtout à un nouveau ministre, qui ne devint que l'année suivante le chef réel du gouvernement, mais qui exerçait déjà une grande influence, **William Pitt** (1708-1778). Pitt s'inspira surtout, dans sa politique, de sa haine contre la France et, en excitant les jalousies et l'ambition de l'Angleterre, devint le chef du parti whig, l'âme de la guerre de Sept Ans.

Lutte dans la Méditerranée ; prise de Port-Mahon par les Français (1756). — Cette guerre n'avait pourtant pas débuté d'une façon heureuse pour les Anglais. Une flotte française, commandée par *La Galissonnière*, avait transporté dans l'île de *Minorque* (une des îles Baléares) une armée conduite par le maréchal *de Richelieu*. Une flotte anglaise, conduite par l'amiral *Byng*, arriva trop tard et fut repoussée par la flotte française. A Londres, l'irritation fut telle, que le ministère fit traduire devant un conseil de guerre l'amiral Byng, qui fut fusillé sur son propre vaisseau. Les Anglais ne voulaient plus admettre qu'ils pussent être battus sur mer et renouvelèrent les rigueurs de l'ancienne Carthage, qui se vengeait sur ses généraux.

L'armée de Richelieu attaqua et enleva, après un brillant assaut, la forteresse de **Port-Mahon**. La France se trouvait maîtresse dans la Méditerranée, et cette victoire montrait qu'elle pouvait envisager sans trop de crainte son duel avec l'Angleterre. Mais le gouvernement de Louis XV compliqua cette guerre, pourtant assez sérieuse, par une autre sur le continent, contre le royaume de Prusse, qui lui devait précisément sa grandeur.

La Prusse et l'Autriche; renversement des alliances. — Le royaume de Prusse prospérait grâce à l'administration de Frédéric II, aussi habile dans les arts de la paix que dans la guerre. Marie-Thérèse, jalouse, ne pouvait non plus se consoler de la perte de la Silésie et pleurait, dit-on, à la vue d'un Silésien. Aussi cherchait-elle de tout côté des ennemis au roi de Prusse. Elle flattait les ministres de Louis XV et *Mme de Pompadour*, la favorite, véritable maîtresse de ce gouvernement. Fière d'être traitée à l'égal d'une reine par l'héritière des Césars germains, Mme de Pompadour fit changer la politique de la France, dirigée depuis des sièc'es contre la maison d'Autriche; elle se porta vers cette puissance avec d'autant plus d'ardeur que sa vanité souffrait des épigrammes du roi-poète, Frédéric II. Les alliances furent renversées : la *France*, naguère unie à la Prusse contre l'Autriche, se retourna du côté de l'*Autriche* contre la Prusse, et l'*Angleterre*, qui avait soutenu dans la guerre précédente la maison d'Autriche, défendit la *Prusse*. Les Anglais au moins restaient fidèles à leur unique préoccupation : l'abaissement de la France. La France se contredisait, à huit ans de distance; après avoir aidé Frédéric II à prendre la Silésie, elle allait aider Marie-Thérèse à la lui enlever.

Les Français en Hanovre; batailles de Hastembeck et de Closter-Seven. — Les Français furent d'abord vainqueurs dans le nord de l'Allemagne, où ils combattaient les Anglais, qui défendaient le *Hanovre*. Le maréchal *d'Estrées* gagna, au mois de juillet, la bataille de **Hastembeck**[1] (1757). On le remplaça sans motif par le maréchal de *Richelieu*. Le vainqueur de Port-Mahon, brillant au feu, mais négligent, fastueux, avide, laissait son armée indisciplinée ravager les pays et s'enrichissait lui-même par ces pillages. On donna le nom de Hanovre à un pavillon qu'il fit plus tard construire, près des remparts de Paris (là où est aujourd'hui le boulevard des Italiens). Le maréchal néanmoins par ses manœuvres força, au mois de septembre, une armée anglaise à capituler à **Closter-Seven**[2]; mais Richelieu commit la maladresse de ne point désarmer les troupes prisonnières. William Pitt refusa de ratifier cette capitulation, et l'armée anglaise s'échappa.

Bataille de Rosbach (1757). — Une autre armée française,

---

1. Bourg du Hanovre.
2. Bourg du Hanovre, non loin de Stadé.

commandée par le prince de *Soubise*, courtisan qui songeait plus à parader qu'à combattre et qui embarrassait l'armée de ses luxueux équipages, s'était avancée vers la Saxe pour se réunir avec l'armée impériale allemande. Frédéric II se vit pressé de tous les côtés par des ennemis qu'il repoussait, mais qui revenaient sans cesse. Il ne tarda pas cependant à remarquer que, du cercle dessiné autour de lui par les coalisés, le point le plus faible était celui où se trouvait l'armée franco-allemande. Il se porta contre elle avec une vigueur et une rapidité qui déconcertèrent des généraux incapables. Ceux-ci comptaient le tourner : ce fut lui qui les surprit dans cette marche où ils prêtaient le flanc. Les bataillons prussiens attaquèrent les troupes franco-allemandes à **Rosbach** (aujourd'hui Saxe prussienne), les coupèrent, les dispersèrent avant qu'elles eussent pu se mettre en bataille (novembre 1757). Les Français étaient chassés du centre de l'Allemagne.

Défaites de Crevelt (1758) et de Minden (1759). — Ils ne furent pas plus heureux en Westphalie, où ils n'avaient pas à combattre Frédéric II lui-même, mais un de ses lieutenants, *Ferdinand, duc de Brunswick*. On avait envoyé de ce côté, pour commander les troupes, un prince du sang, le comte de *Clermont*, qui à ses nombreux domaines joignait l'abbaye de Saint-Germain des-Prés. Ce grand seigneur abbé, « général des Bénédictins », comme on l'appelait, s'entendait à la guerre comme un abbé et se fit battre à la journée de **Crevelt**[1] (juin 1758).

Quelques succès remportés par le duc de *Broglie*, vainqueur à Bergen (avril 1759)[2], furent annulés par les désastres du maréchal de *Contades* à Minden (août 1759)[3].

Succès de Clostercamp (1760) ; le chevalier d'Assas. — Il serait pourtant injuste de croire que le sentiment de l'honneur militaire, l'idée du devoir, l'esprit de sacrifice, ces principes de la grandeur d'une nation, avaient disparu. Le ministère d'ailleurs était passé en des mains habiles, et le duc de Choiseul, depuis 1758, s'efforçait de rétablir la discipline, veillait aux approvisionnements et surtout au choix des généraux. S'il ne put réparer les désastres qu'on avait éprouvés, du moins réussit-

---

1. *Crevelt* ou *Crefeld*, aujourd'hui ville de la régence de Dusseldorf, sur la rive gauche du Rhin (Prusse Rhénane), centre important de manufactures de soieries, ville de 74 000 habitants.

2. *Bergen*, ville de la Hesse (Prusse), près de Francfort.

3. *Minden*, chef-lieu de régence, sur le Weser, en Westphalie (Prusse).

il à en prévenir le retour. Dans les dernières années de la guerre, les armes françaises se relevèrent en Allemagne. En 1760 le duc de Broglie envahit de nouveau la Hesse et le Hanovre. Le marquis de *Castries* remporta un sérieux avantage à **Clostercamp** (aujourd'hui Prusse Rhénane), où se dévouèrent le chevalier d'*Assas*, capitaine au régiment d'Auvergne, et le sergent *Dubois*. Frédéric II était trop pressé de son côté pour venir en aide aux Anglais, et la guerre d'Allemagne traîna languissante jusqu'à la paix de 1763.

Guerre maritime. — La guerre d'Allemagne n'avait pu enlever le Hanovre à l'Angleterre et avait absorbé les ressources de la France au moment où elles auraient été plus utiles pour soutenir la guerre maritime. Le ministre Machault avait fait tous ses efforts pour mettre notre flotte en état de continuer les succès qui avaient marqué le début de la guerre. Il fut disgracié en 1757 avec d'Argenson, qui, comme lui, ne craignait pas de résister à l'influence de la favorite, et Louis XV se priva de deux hommes qui seuls relevaient sa faible administration. La guerre maritime ne tarda pas à devenir désastreuse, et les colonies, privées de tout secours parce que l'Angleterre interceptait les communications, purent être considérées comme perdues.

Descente des Anglais en Bretagne ; le combat de Saint-Cast (1758). — Les Anglais attaquèrent même les côtes de France. Après avoir en vain essayé de détruire *Saint-Malo*, ils incendièrent *Cherbourg*. Ils songèrent ensuite à prendre *Brest*, mais ce port n'est accessible du côté de la mer que par le *goulet*, bien défendu. Alors ils résolurent de l'assaillir par terre en traversant la péninsule de Bretagne. Ils allèrent descendre dans la baie de *Saint-Brieuc* ; mais les paysans harcelèrent l'armée anglaise. Une poignée d'hommes dirigée par un hardi Breton, *Rioust de Villaudrens*, l'arrêta au passage d'une rivière et donna le temps au gouverneur de la province, le *duc d'Aiguillon*, d'accourir avec les milices. Les Anglais battirent en retraite : ils furent atteints et culbutés à *Saint-Cast*. Les Français les poursuivirent jusque dans les chaloupes où ils s'embarquèrent, et leur firent essuyer de grandes pertes. Une colonne rappelle encore à Saint-Cast cette manifestation du patriotisme breton. Les Anglais pourtant continuèrent de bloquer les côtes de France : ils dispersèrent une flotte du marquis de Conflans et enfermèrent ses vaisseaux dans l'estuaire de la Vilaine et dans celui de la Loire (1759). Ils s'emparèrent ensuite de *Belle-Ile* (1760). L'Inde le Canada, la Guadeloupe, la Martinique étaient aux mains des Anglais, victorieux sur toutes les mers.

Le Pacte de famille (1761) : intervention de l'Espagne. — L'administration de la marine venait pourtant de passer, comme celle de la guerre, entre les mains du duc de *Choiseul*, qui s'efforçait de réparer toutes les pertes et de reconstruire rapidement un matériel naval. Il négociait en même temps, mais les hauteurs de William Pitt l'obligèrent à continuer la lutte. Alors Choiseul, diplomate autant qu'administrateur, resserra habilement l'alliance de la France avec l'Espagne et y fit entrer le roi de Naples et l'infant duc de Parme. Il réunissait en un faisceau serré tous les princes et toutes les forces de la maison de Bourbon, par ce pacte resté célèbre sous le nom de **Pacte de famille (15 août 1761)**.

Malheureusement ce coup de maître venait trop tard. Il intimida d'abord l'Angleterre et amena la chute de William Pitt, qui ne put décider le roi George III à déclarer immédiatement la guerre à l'Espagne. Les Tories arrivèrent au pouvoir. Quoique plus modérés, ceux-ci durent encore céder à l'entraînement public et, en 1762, profitèrent de l'intervention de l'Espagne pour se jeter sur ses colonies, les Philippines, Cuba, et pour enlever les galions qui rapportaient l'or du Mexique. La marine espagnole, qui avait commencé à se relever, fut maltraitée et se trouva enveloppée dans notre désastre. Satisfaits de ce résultat, les Tories consentirent à négocier avec la France et, malgré Pitt, qui, souffrant, se fit porter à la Chambre des communes, signèrent, dès 1762, les préliminaires de paix.

Victoires de Frédéric II. — Pendant que ces événements se passaient à l'ouest de l'Europe, le roi de Prusse se trouvait aux prises avec une coalition formidable dans laquelle, outre la France et l'Autriche, étaient entrées la Suède et la Russie. A peine formé, le royaume prussien se voyait menacé d'une ruine complète. Le génie de Frédéric II le sauva.

Toujours le premier prêt, Frédéric attaqua. Il enveloppa les Saxons dans le camp retranché de **Pirna**. Les Autrichiens arrivèrent au secours des Saxons ; Frédéric les refoula à **Lowositz** (Bohême), et cette victoire lui livra le camp de Pirna (1756). Il gagna encore la bataille vivement disputée de **Prague** (1757). Une nouvelle armée autrichienne, conduite par le général *Daun*, méthodique et prudent, marcha pour forcer Frédéric à lever le siège de Prague. Frédéric se hâta de se porter à sa rencontre.

En vain fit-il des prodiges de valeur à **Kollin** (Bohême), ses troupes plièrent. Le roi de Prusse s'obstinait à continuer la lutte : « Croyez-vous donc toujours vivre? » criait-il à ses soldats. Il fallut battre en retraite et abandonner la Bohême.

Les Suédois, à ce moment, débarquèrent en Poméranie. Les Russes approchaient à l'est. Frédéric, qui ne pouvait espérer aucun secours des Anglais, cernés à Closter-Seven, se trouvait dans une situation d'autant plus critique que l'armée franco-allemande s'avançait vers l'ouest pour fermer le cercle d'ennemis dessiné autour de lui. Frédéric alors brise ce cercle de fer par le coup terrible de **Rosbach** (1757). Cette victoire, quoique remportée sur une armée dont la moitié était allemande, fut célébrée par les Prussiens comme une victoire nationale : l'esprit teutonique se réveilla, et déjà les peuples de l'Allemagne, dont beaucoup avaient combattu contre lui, regardaient le vainqueur de Rosbach comme leur chef et le défenseur de la patrie allemande.

Le roi de Prusse se retourna aussitôt contre les Autrichiens, qui avaient envahi la Silésie, et en triompha à **Leuthen** ou **Lissa** (décembre 1757), victoire plus brillante que celle de Rosbach, et qui, au jugement de Napoléon, aurait suffi pour justifier le renom militaire de Frédéric.

Russes et Prussiens; revers et situation désespérée de Frédéric II. — Malgré ces avantages signalés, Frédéric II n'était pas délivré. Au contraire, le danger allait devenir plus menaçant. Les Russes prenaient une part plus active à la guerre : déjà ils avaient remporté, en 1757, un succès à *Jægerndorf* (près de Kœnigsberg) et arrivaient en masse compacte. Frédéric les battit à **Zorndorf** (1758)[1], où il y eut un carnage de 20 000 hommes et où l'on ne fit point de prisonniers, car déjà commençait la lutte entre la race germanique et la race slave. Frédéric a le temps à peine de faire une merveilleuse campagne, en Saxe, contre les Autrichiens, que les Russes reviennent. Une bataille acharnée s'engage à **Kunersdorf**[2] Malgré son génie militaire et sa bravoure, Frédéric ne peut enfoncer les lignes russes, qu'il détruit sans les rompre. Après avoir eu deux chevaux tués sous lui, son habit criblé de balles, il se retire vaincu et plein de rage (1759). Des deux côtés on fut vivement impres-

---

1. *Zorndorf*, village du Brandebourg.
2. *Kunersdorf*, village du Brandebourg, près de Francfort-sur-l'Oder.

sionné de cette sanglante journée. « Que je remporte encore une victoire comme celle-là, écrivait le général russe Soltikoff à la tsarine Élisabeth, et je retournerai seul, un bâton à la main, en porter la nouvelle à Saint-Pétersbourg. » Frédéric, à son tour, se croyait perdu : « C'en était fait des Prussiens, a-t-il dit, si les Russes avaient su profiter de leur succès; ils n'avaient qu'à donner le coup de grâce. »

Plusieurs de ses généraux en effet étaient défaits en même temps. Il perdait Dresde. Les Français pénétraient de nouveau dans la Westphalie et dans la Hesse. Sans doute ils sont battus à *Minden*, mais les Autrichiens et les Russes menacent Berlin, Frédéric essaye de négocier : on refuse de l'écouter. Il comprit alors qu'il ne lui restait que deux alliés, suivant son expression : « la valeur et la persévérance ». Pour comble de maux, un hiver rigoureux ajoute à la détresse de la Prusse, déjà meurtrie, et qui ne tient debout que par l'énergie de son roi.

Frédéric ne désespère point, même lorsqu'il voit les Russes camper à **Berlin**. Sa capitale est abandonnée au pillage, ses villages sont livrés aux flammes, plus d'un sixième de la population a péri victime de la guerre et de la misère. Frédéric combat toujours. « Son royaume n'était plus à ses yeux qu'une ville assiégée. Peu importe la propriété détruite, les liens civils rompus, l'avilissement des monnaies, les fonctionnaires impayés, la destruction complète, en certaines provinces, des rapports administratifs : tant qu'il lui resterait des hommes, des chevaux, du pain de seigle et des pommes de terre, de la poudre et des balles, tant qu'il pourrait encore nourrir et tuer des soldats, il résolut de continuer la guerre. » (Macaulay.)

Retour de fortune; traité de Hubertsbourg (1763). — En 1760 la victoire lui revint, et cette campagne compta parmi ses plus fameuses, car, enveloppé de trois armées autrichiennes et d'une armée russe, il leur échappa, remporta sur les Autrichiens une victoire à **Liegnitz** [1], alla délivrer sa capitale, puis, reprenant l'offensive, attaqua l'armée autrichienne du maréchal Daun à **Torgau** [2] et la força à reculer. Mais ses succès mêmes l'épuisent. Il n'a plus qu'une ombre d'armée et une ombre de royaume. L'Angleterre, où Pitt a abandonné le pouvoir, n'envoie plus ses subsides. La ruine de Frédéric II, en dépit de sa per-

1. *Liegnitz*, ville de Silésie (Prusse).
2. *Torgau*, ville de Saxe (Prusse).

sévérance, ne semble plus qu'une question de temps. La mort d'Élisabeth de Russie le sauve (1762). C'est un ami, un admirateur, j'allais dire un adorateur de Frédéric, qui monte sur le trône de Russie, *Pierre III*. La coalition se brise. Pierre envoie des secours à Frédéric, qui contient les armées autrichienne et impériale et traite en maître. La paix de *Hubertsbourg* (près de Dresde) laisse à Frédéric les premières conquêtes de son règne (1763). La *Silésie* demeura irrévocablement prussienne. Frédéric promit d'appuyer l'élection au trône impérial du fils de Marie-Thérèse, *Joseph*.

Traité de Paris (1763). — Presque en même temps avait été signée à *Paris* la paix entre la France, l'Espagne et l'Angleterre : paix onéreuse pour la France, car Louis XV abandonnait le Canada et le golfe du Saint-Laurent, puis plusieurs des Antilles : la *Dominique, Saint-Vincent, Tabago*, enfin les établissements du *Sénégal*. L'Espagne cédait la *Floride*, et la France la dédommageait par l'abandon de la **Louisiane**. Aux Indes nous ne gardions que quelques comptoirs (Chandernagor, Pondichéry, Karikal, Mahé). Cette guerre déplorable et mal conduite coûtait ainsi à la France la plus grande partie de son empire colonial.

Progrès de la Prusse. — La Prusse sortait de la guerre de Sept Ans, meurtrie, dépeuplée, vide de soldats et d'artisans. Les campagnes, qui de 1745 à 1756 avaient fleuri sous la sage administration de Frédéric, étaient ruinées par le passage de tant d'armées.

« On ne peut, écrivait le roi, se représenter cet État que sous l'image d'un homme criblé de blessures, affaibli par la perte de son sang et près de succomber sous le poids de ses souffrances. La noblesse était dans l'épuisement, le petit peuple ruiné, nombre de village brûlés, beaucoup de villes détruites. Une anarchie complète avait bouleversé tout l'ordre de la police et du gouvernement. En un mot, la désolation était générale. L'armée ne se trouvait pas dans une meilleure situation : dix-sept batailles avaient fait périr la fleur des officiers et des soldats. Les régiments étaient délabrés et composés en partie de déserteurs ou de prisonniers. L'ordre avait disparu et la discipline était relâchée au point que nos vieux corps d'infanterie ne valaient pas mieux qu'une nouvelle milice. »

Frédéric II se remit aussitôt à l'œuvre et répara une seconde fois, avec une merveilleuse intelligence, les désastres de son royaume. La Prusse venait d'acheter chèrement le droit de vivre : il fallait prouver à l'Europe qu'elle pouvait vivre. Elle fit plus : elle prospéra. Frédéric exempta d'impôts la Silésie, répartit les chevaux de l'armée dans les campagnes, ouvrit au public les magasins militaires, reconstruisit les villes, les villages, convertit en hameaux les métairies de la couronne. Un fermier anglais fertilisa les sables du Brandebourg. On y planta des navets qu'on laissait pourrir et qui formaient une couche de terre végétale. Dans la Haute-Silésie on établit des colonies d'étrangers, surtout d'Allemands : on donnait aux colons maison, écurie, grange, jardin et douze à vingt arpents de terre, plus du bétail, l'exemption d'impôts et du service militaire pendant quelques années. Les seigneurs furent invités à imiter le roi, et c'était un ordre. Ils durent former des villages sur leurs domaines. Le roi s'occupait de tout : des méthodes de culture, des qualités du sol, de la construction des maisons, des écoles, des chemins, des canaux.

Frédéric II écrivait à Voltaire : « Je reviens de la Silésie, dont j'ai été bien content. L'agriculture y a fait des progrès très sensibles. Les manufactures prospèrent. Nous avons débité à l'étranger pour cinq millions de toile et pour un million deux cent mille écus de drap. On a trouvé une mine de cobalt dans les montagnes qui fournit à toute la Silésie. Nous faisons du vitriol aussi bon qu'à l'étranger. Un homme fort industrieux y fait de l'indigo tel que celui des Indes ; on change le fer en acier avec avantage et plus simplement qu'à la façon de Réaumur. Notre population est augmentée, depuis 1756, de 180 000 âmes. Enfin tous les fléaux qui avaient abîmé ce pauvre pays sont comme s'ils n'avaient jamais été, et je vous avoue que je ressens une douce satisfaction à voir une province revenir de si loin. »

Frédéric II et les lettres. — Frédéric n'était pas seulement un grand capitaine, un habile administrateur : lettré et savant, il accueillait et comblait d'honneurs Algarotti, Bastiani, Maupertuis, d'Argens, Euler.

Enfin, il fit venir à sa cour, dans l'intervalle de ses deux grandes guerres (1750), le grand écrivain de l'époque, *Voltaire*. Il le créa chambellan, lui donna la clef d'or, la croix d'un ordre fameux, une pension de 20 000 livres, le logea dans son palais. Toutefois le roi de la littérature et le roi de la Prusse ne purent longtemps vivre en bonne intelligence. Leur orgueil s'égalait

La susceptibilité du poëte n'était dépassée que par celle du prince. La satire de Voltaire n'épargna point les familiers du roi. Il y eut rupture, départ. Voltaire emportait un volume inédit de poésies de Frédéric. Celui-ci le fit poursuivre, arrêter à Francfort, et retenir douze jours prisonnier jusqu'à ce que le volume fût rendu. Pendant la guerre de Sept Ans il y eut réconciliation, et la correspondance reprit aussi spirituelle que par le passé.

L'État prussien. — Le résultat du règne de Frédéric II, qui devait encore accroître ses États d'une partie de la Pologne, fut donc considérable. C'est lui qui a vraiment **créé la Prusse.** Ses prédécesseurs avaient préparé les éléments : lui seul fit la nation prussienne en lui donnant une organisation politique et militaire. Il forma, avec des Allemands et des colons de tous pays, le génie prussien, méthodique, raide, compassé, sévère et bien différent du génie allemand, si rebelle à la règle et à l'unité. Il légua en même temps à son peuple un patrimoine de victoires et son ambition.

XVI. — La France et l'Angleterre aux Indes et en Amérique.

Les affaires maritimes et coloniales. — Rivalité de la France et de l'Angleterre en Amérique et aux Indes. — L'empire anglais. — Voyages de découvertes.

I. — La France et l'Angleterre aux Indes.

L'Inde; démembrement de l'empire mongol. — La paix de Paris avait été achetée au prix de notre empire colonial, qui aurait pu devenir immense et qui mérite qu'on s'y arrête. Les Français, sous le règne de Louis XIV, avaient commencé à dominer de vastes espaces en Amérique et établi en Asie des comptoirs qui pouvaient servir de base à de nouvelles acquisitions. L'indifférence du gouvernement de Louis XV amena la ruine de ces entreprises; nos explorations servirent à d'autres.

Au pied de l'Himalaya, cette chaîne la plus haute du globe, où des cimes dépassant 8 000 mètres sont couvertes d'un hiver éternel, s'étend une vallée large et fertile qui jouit d'un éternel été, abritée contre les vents du nord, chauffée par un soleil tro-

pical et arrosée par les eaux abondantes que roule le Gange.
À cette vallée fait suite un plateau triangulaire enveloppé par la
mer d'Oman et le golfe du Bengale, plateau fertile, assez élevé
au niveau de la mer pour que la chaleur y soit moins insupportable que dans la vallée du Gange : le *Dékhan*. L'ensemble de
ce pays forme l'*Hindoustan* ou l'*Inde*, renommée dans l'antiquité par ses riches productions et ses nombreuses populations.
Pays neuf fois aussi étendu que la France, couvert d'une luxuriante végétation, abondant en mines, en pierres précieuses. Les
Portugais en avaient ouvert la route et révélé les magnificences,
mais ni eux ni les Hollandais, qui les avaient suivis, n'avaient
songé à s'établir à l'intérieur.

La Compagnie française des Indes, créée par Colbert, ne s'était
non plus préoccupée que du commerce : elle avait fondé *Pondichéry*, sur la côte de Coromandel ; mais, englobée dans les
désastreuses aventures de Law, elle végétait. Pourtant un des
gouverneurs de Pondichéry, l'habile *Dumas*, acquit *Karikal*
(1739), et la Compagnie avait en outre fondé des comptoirs à
Chandernagor, dans la vallée du Gange, à Mahé, sur la côte
de Malabar. Mais ses vues n'allaient pas plus loin que le trafic,
et ses directeurs timides ne comprenaient point le parti qu'ils
auraient pu tirer de leur établissement dans ces terres favorisées
du soleil.

Les circonstances étaient pourtant favorables. L'Inde, soumise
aux Mongols durant le moyen âge, tendait à leur échapper. Après
la mort de l'empereur *Aureng-Zeb* (1707), qui trônait dans l'opulente cité de *Delhi* (sur la Djemna), les neuf provinces constituant cet empire se rendirent indépendantes. Les *nizams* ou
vice-rois et leurs lieutenants, les *soubabs*, les *nababs*, s'approprièrent les pays qu'ils administraient. L'empire mongol se démembrait comme jadis l'empire de Charlemagne. Les rivalités affaiblissaient ces royaumes divers, et les Européens ne se trouvaient
plus en présence d'une masse redoutable et difficile à entamer.

Dupleix. — Le fils d'un fermier général, Dupleix, né à Landrecies en 1697, avait, tout jeune, pris goût pour les voyages et
les aventures. Dès l'année 1721, il débarqua, comme agent de
la Compagnie, dans l'Hindoustan, où il devait rester plus de
trente années et arriver à la plus haute fortune. Ce ne fut d'abord
qu'un commerçant adroit ; mais l'intelligence avec laquelle il fit
ses affaires et celles de la Compagnie lui valut le poste de gouverneur de Chandernagor. Là où il n'y avait qu'une bourgade, il

bâtit une ville : ses vaisseaux multipliés y apportèrent les produits des pays lointains, même ceux de la Chine. Aussi le nomma-t-on gouverneur de Pondichéry en 1740, puis gouverneur général des possessions françaises. Dupleix était aidé par sa femme, *Jeanne Albert*, fille d'un médecin de Paris et d'une créole portugaise, célèbre dans l'Inde sous le nom de princesse Jeanne. Familière avec tous les dialectes du pays, elle entretenait, pour le compte de son mari, une vaste correspondance diplomatique, et Dupleix étendit le champ de son activité en intervenant dans les querelles des souverains du pays.

Les hostilités dans l'Inde durant la guerre de la succession d'Autriche; Dupleix et La Bourdonnais. — La guerre vint le détourner de ses plans, tout en lui fournissant l'occasion de s'agrandir aux dépens des Anglais. Ceux-ci, en effet, avaient, de leur côté, fondé des comptoirs au Bengale et sur la côte de Coromandel. Ils avaient pour principale ville *Madras*. Dupleix en médita la conquête. Or le gouvernement de Louis XV avait envoyé dans les mers de l'Inde un chef d'escadre, **La Bourdonnais**. L'accord des deux chefs aurait pu produire de brillants résultats : leur rivalité devint funeste

Mahé de la Bourdonnais avait rendu de grands services comme gouverneur des *îles de France* (Maurice) et *Bourbon* (la Réunion). Il avait, par sa bonne administration, favorisé le développement de ces deux colonies : il y avait introduit la culture de la canne à sucre, établi des raffineries, et son souvenir y est resté populaire. Lors de la guerre de la succession d'Autriche, il balaya les mers des Indes et réussit à jeter une expédition sur la côte de Coromandel. Il avait forcé *Madras* à capituler et s'était montré généreux au sujet des conditions (1746). Dupleix survint, irrité, cassa la capitulation, pilla et incendia Madras. La Bourdonnais, accusé par Dupleix, fut rappelé et enfermé à la Bastille, où il attendit plusieurs années, dans une rigoureuse captivité, un jugement dont il sortit victorieux; mais, usé par la douleur, il mourut presque au lendemain de sa délivrance.

Dupleix et les protectorats. — La paix d'Aix-la-Chapelle obligea Dupleix à rendre Madras aux Anglais. Alors il songea à se dédommager d'un autre côté. « Un Français, le premier, a dit Macaulay, devina qu'il était possible de fonder une domination européenne sur les ruines de la monarchie mongole; ce fut Dupleix. Son intelligence active, vaste, remuante, novatrice, avait déjà formé ce plan à une époque où les plus habiles de la Compagnie anglaise ne s'occupaient encore que d'affaires commerciales. Et il ne s'était pas seulement proposé ce but sublime, il avait conçu avec une netteté, une justesse de vues qu'on ne saurait trop admirer, les moyens les plus propres à l'y conduire. Il s'était dit que la plus puissante armée dont pussent disposer les princes indiens serait incapable de lutter contre un petit corps discipliné à l'européenne et dirigé selon les lois de la tactique civilisée. Enfin il savait à merveille que, pour exercer dans l'Inde l'autorité suprême, un aventurier d'Europe n'avait rien de mieux à faire que de s'assurer un ascendant durable sur quelqu'une de ces vaines idoles honorées du titre de *nizam* ou de *nabab* : vrai mannequin dont il dirigerait les mouvements et par la bouche duquel passeraient ses ordres. En un mot, les artifices guerriers ou politiques qu'employèrent avec tant de succès, quelques années plus tard, les hommes qui menèrent à bien la conquête de l'Inde, furent compris d'abord et pratiqués par ce Français ingénieux, hardi, plein d'ambition. »

En 1748, Dupleix se mêla aux révolutions du pays, et bientôt il eut fait un vice-roi (*nizam*) du Dékhan, un *nabab* de la Carnatique. Les armes et la politique françaises avaient partout l'ascendant. A Pondichéry l'enthousiasme était au comble. Chaque jour amenait un triomphe nouveau, des fêtes nouvelles. Les batteries tiraient des salves : on chantait le *Te Deum* dans les églises. Le nouveau nizam y vint visiter ses alliés ; et la cérémonie de son installation fut célébrée en grande pompe. Dupleix, vêtu comme les musulmans du rang le plus élevé, fit son entrée dans le même palanquin que le nizam, et, dans les solennités qui suivirent, prit le pas sur tous les grands de la cour. Il fut proclamé gouverneur de l'Inde depuis la rivière Kishnah jusqu'au cap Comorin, c'est-à-dire d'une étendue de pays presque égale à la France.

La Compagnie anglaise ; lord Clive. — La Compagnie anglaise ne savait comment arrêter les progrès des Français. Un jeune homme, **Clive**, envoyé aux Indes parce que ses parents n'avaient su qu'en faire en Angleterre, employé comme simple commis, avait déjà montré du goût pour les armes, lorsqu'il proposa de frapper un coup décisif, de renverser le nabab de la Carnatique, créature de Dupleix, et de lui substituer le prétendant soutenu par les Anglais. Il réussit et s'illustra tout d'abord par la prise, puis par la défense de la capitale, *Arcote*. La Compagnie le soutint ; les victoires se succédèrent. Le major

Lawrence poursuivit de son côté l'œuvre de Clive, et la Carnatique fut bientôt gouvernée par un fantôme soumis aux Anglais. Dupleix lutta autant qu'il fut en lui, mais il n'avait point de talents militaires. En fait de troupes, on ne lui expédiait que le rebut des galères. Lentement, il est vrai, mais sans s'arrêter jamais, la puissance anglaise continuait à grandir, celle de la France continuait à décroître[1]. »

Rappel de Dupleix. — Ces luttes ne faisaient point l'affaire des marchands de la Compagnie française, qui, ne comprenant point l'avantage des plans de Dupleix, ne le soutenaient point. Elle voulait du commerce, non des royaumes, comme si ces royaumes ne devaient point lui fournir un immense commerce. Elle voulait des dividendes et non des victoires, comme si notre défaite n'allait pas ruiner tout espoir de dividendes. Le gouvernement, pressé d'ailleurs par le cabinet britannique, devant lequel il plia, rappela Dupleix (1754), qu'il avait d'abord récompensé.

Pour Dupleix, il pleura en quittant cette presqu'île de l'Inde où, depuis plus de trente années, il avait rendu le nom français si imposant. De plus grandes douleurs l'attendaient à Paris, malgré l'accueil enthousiaste qu'il avait reçu des populations depuis Lorient jusqu'à cette ville. Sa femme, sa fille, fiancée au brave Bussi, et que le Grand Mongol avait demandée en mariage, moururent bientôt. Dupleix usa ses dernières années à réclamer treize millions qu'il avait avancés à la Compagnie et qui représentaient sa fortune, celle de ses parents et de ses amis. Dupleix mourut dans la misère en 1763.

Progrès de la Compagnie anglaise. — La Compagnie anglaise ne tarda pas à être amenée à agir dans le nord de l'Hindoustan comme elle avait agi au midi, à soumettre le *Bengale* comme elle avait soumis la *Carnatique.*

Le Bengale était gouverné par le plus affreux tyran, *Surajah-Dowlah.* Surajah détestait les Anglais : il s'empara du fort *William* et fit périr plus de cent vingt prisonniers dans un étroit et horrible cachot, appelé le *Trou noir,* où ces malheureux moururent en une nuit, étouffés par la chaleur (1751).

Des troupes furent envoyées de Madras pour venger cette cruauté et renverser Surajah-Dowlah. Clive les commandait. Le nabab, après avoir entamé des négociations, demanda des secours aux Français. Aussitôt Clive se tourne contre Chander-

----

1. Macaulay, *Œuvres diverses : Lord Clive.*

nagor et s'en empare. Surajah-Dowlah, privé d'appui, n'en risqua pas moins une bataille à **Plassey** (1757), comptant sur ses forces vingt fois supérieures. Clive, avec mille Anglais et deux mille cipayes, lui infligea une sanglante défaite. Le concurrent de Surajah, *Meer-Jafier*, fut proclamé nabab et fit périr son adversaire qu'on avait saisi. « La Compagnie et ses agents virent alors pleuvoir sur eux les dédommagements et récompenses pécuniaires en vue desquels la révolution s'était opérée. Une somme de 800 000 livres sterling (20 millions de francs). en espèces d'or et d'argent, fut expédiée au fort William. La flottille chargée de ce trésor était de plus de cent barques; elle accomplit son voyage triomphal, pavillon au vent, musiques sonnantes. » Clive reçut 7 millions. Il fut plus puissant que ne l'avait été Dupleix; la Compagnie le nomma gouverneur de ses possessions au Bengale, et, quand il retourna en Angleterre, le roi le nomma pair d'Irlande.

La guerre de Sept Ans; Lally-Tollendal; perte de Pondichéry (1761). — Toutefois les Français luttaient encore. Le *marquis de Bussi*, gendre de Dupleix, maintenait notre influence dans le Dékhan. On aurait dû lui donner le commandement; on lui préféra l'Irlandais **Lally-Tollendal**, général savant et intrépide, loyal, mais irascible, qui avait juré une haine éternelle aux Anglais et voulait les expulser de la péninsule indienne. Profitant de la guerre de Sept Ans, il leur fit une guerre acharnée, s'empara de Gondelour, du fort Saint-David, et songea à attaquer Madras. Sans troupes, sans argent, mal secondé par les escadres, obligé de lutter contre une administration corrompue et insouciante, il vit toute son audace échouer et fut obligé de lever le siège de *Madras* (1759). Ses hauteurs, ses violences, sa colère trop loyale, lui aliénaient les esprits et l'empêchaient de se créer des ressources. Il ne put que défendre **Pondichéry**, assiégée pendant dix mois par les Anglais (1760-1761). Malgré des prodiges de valeur, il dut rendre la place, qui fut détruite. Le courageux défenseur de nos colonies se vit accusé en France de trahison, de concussions. Prisonnier des Anglais, il demanda à venir se justifier. Une injuste sentence l'envoya à l'échafaud, et on le traîna à la Grève un bâillon à la bouche pour l'empêcher de protester de son innocence (1766). Sa mémoire fut réhabilitée sous Louis XVI, grâce aux instances de son fils, Lally-Tollendal; mais cette mort n'en est pas moins une honte pour le gouvernement de Louis XV.

Les Anglais se montrèrent plus justes. Après une nouvelle administration aux Indes (1764-1768), pendant laquelle il réforma vigoureusement les abus, lord Clive se vit à son retour en Angleterre l'objet d'ardentes attaques. On lui fit un procès à la Chambre des communes. Les calomnies s'évanouirent et il ne resta que l'accusation d'avoir, lors de sa première administration, obtenu des sommes considérables des princes qu'il avait dominés. Clive se défendit librement. La Chambre déclara qu'il avait abusé de son pouvoir, mais aussitôt elle vota une autre déclaration, portant que « lord Clive avait rendu à son pays de grands et méritoires services ». Toutefois Clive, depuis longtemps en proie à un sombre chagrin, se suicida (1774).

II. — Conquête de l'Hindoustan par les Anglais.

La Compagnie anglaise et le gouvernement; le Regulating Act (1773). — Les victoires remportées sur les Français délivraient l'Angleterre de ses plus sérieux concurrents aux Indes. La paix de 1763 rendit à la France Pondichéry, Karikal, Chandernagor, mais avec un territoire si limité, que ces villes demeurèrent à peine des comptoirs. Clive avait obtenu du Grand Mongol, pour la Compagnie, l'autorisation de percevoir les revenus des provinces du *Bengale*, d'*Orissa* et de *Bahar*, premier pas vers la souveraineté définitive. Toutefois les Anglais étaient loin de posséder la péninsule entière de l'Hindoustan et toute la vallée du Gange, comme ils les possèdent aujourd'hui. Ce ne fut qu'au prix d'efforts successifs, en suivant la politique qui leur avait déjà si bien réussi, que peu à peu ils établirent leur domination sur *Bénarès*, la capitale sacrée, le centre religieux des Hindous, puis leur suzeraineté sur le royaume d'*Oude*. Au centre et à l'ouest de la presqu'île, ils rencontrèrent une résistance très vive, acharnée même.

Hayder-Ali, souverain de *Mysore*, se rendit dès l'abord si redoutable, qu'il obtint en 1769 un traité avantageux. La Compagnie se trouvait alors dans une situation critique. Toutes ces guerres coûtaient cher, et cette association de marchands, devenue souveraine d'un empire, risquait de faire banqueroute. Le gouvernement vint à son secours, mais en se faisant reconnaître le *droit de surveiller l'administration de l'Inde* (Regulating Act, 1773). C'était le premier pas du gouvernement, qui, à chaque difficulté suscitée par les incroyables abus et l'impitoyable avidité des agents de la Compagnie, étendra son action et finira par attirer à lui la domination directe de l'Inde.

Warren Hastings; Hayder-Ali et Tippo-Saïb. — Lors de la guerre d'Amérique, les hostilités se renouvelèrent entre la France et l'Angleterre (1778). Les Français, dont les comptoirs se trouvèrent de nouveau saisis, s'allièrent avec Hayder-Ali. Le gouverneur **Warren Hastings**, dans les années 1780-1781, déploya une telle activité, une telle énergie, qu'il sauva, on peut le dire, l'empire britannique aux Indes. Hayder-Ali remporta plusieurs victoires, mais le gouverneur sut détacher de son alliance le peuple le plus redoutable, les *Mahrattes*, montagnards farouches, terreur des molles populations de l'Hindoustan. Hayder-Ali se vit forcé de reculer. La France n'avait point d'armée pour le soutenir, et les victoires navales du bailli de Suffren, si brillantes qu'elles fussent, ne le sauvaient pas. Hayder-Ali mourut en 1782. Mais il eut un digne successeur dans son fils *Tippo-Saïb*, qui autant que son père détestait les Anglais. Il continua la lutte; toutefois la France, à la fin de la guerre d'Amérique, l'abandonna. Contente de retrouver ses possessions perdues, elle signa le traité de Versailles (1783), traité inopportun dans l'Inde, où, l'année suivante, Tippo-Saïb se vit obligé d'accepter la paix. ·

Warren Hastings, quoique si occupé au midi, avait étendu la domination de la Compagnie sur des princes de la vallée du Gange. Il ne regarda pas aux moyens. Les directeurs lui demandaient de l'argent, toujours de l'argent. Ne voulant pas opprimer les sujets des provinces conquises, déjà courbées sous un poids accablant, il eut recours à ce qu'il appelait des transactions pécuniaires avec les princes voisins, louant les soldats de l'armée anglaise à des tyrans, prenant part à de fructueuses révolutions, violant les promesses, les engagements et sachant pressurer les souverains qui dépendaient de lui. Il faut dire que Warren Hastings ne cherchait point, par ces honteux moyens, sa fortune personnelle. S'il se rendit coupable de crimes honteux, ce fut pour les intérêts de la Compagnie. Néanmoins il abusa tellement de sa puissance, qu'à son retour en Angleterre la Chambre des communes lui intenta un procès resté fameux, car il ne dura pas moins de huit ans (1788-1795). Warren Hastings fut acquitté.

Quelques années après, le dernier défenseur de l'indépendance du Mysore, Tippo-Saïb, qui avait repris les armes en

1792, périt sur les murs de sa capitale assiégée, *Seringapa-tam* (1799). Sa mort délivra les Anglais d'un adversaire redou-table. Ils purent dès lors faire de rapides progrès et, pendant les guerres de la République et de l'Empire, gagnèrent de nouveaux territoires.

III. — LES COLONIES FRANÇAISES EN AMÉRIQUE.

Le Canada. — En Amérique comme aux Indes, la France, grâce à sa négligence et à son indifférence, avait vu lui échapper tout un empire. On a dit que les Français n'avaient point le génie colonial. C'est une erreur. Partout où ils ont passé, ils ont laissé des traces durables. Mais le gouvernement et, il faut bien le dire aussi, l'opinion ne portaient point aux choses lointaines l'intérêt que le gouvernement et le public anglais leur ont toujours porté. Le gouvernement français ne laissait point libre champ à l'initiative individuelle et portait ses tracasseries au delà de l'Océan. Si encore ces colons si rigidement surveillés, on les eût protégés, défendus! ils eussent fait des merveilles, car ni la bravoure ni l'intelligence ne leur manquaient.

Le *Canada*, découvert par un Français, Jacques Cartier, colonisé par un Français, Champlain, était semé d'une population française qui se multipliait et qui progressait lentement, mais sûrement. En dépit des tracasseries de l'administration de la métropole, qui voulait dans ces pays neufs et immenses appliquer les règles compliquées d'une surveillance étroite, maintenir des monopoles et des taxes onéreuses, le commerce prospérait dans les villes de *Québec* et de *Montréal*, devenues de véritables villes françaises. Le sol fertile était cultivé pendant l'été, et, l'hiver, les Canadiens couraient jusqu'aux grands lacs chercher des fourrures que leur vendaient les Indiens chasseurs et qui s'exportaient avantageusement. Il y avait donc là, sous un climat froid sans doute, mais sain, les éléments d'une magnifique colonie. Les Canadiens, fortement attachés à la France, luttaient avec ardeur contre les Anglais. Adroits, hardis, ils faisaient cent lieues sur la neige pour surprendre les postes anglais. Le marquis de *Vaudreuil, Montcalm* dirigeaient avec intrépidité la défense, mais ils ne disposaient que d'une armée trop faible pour couvrir de si vastes espaces et ne recevaient point de renforts. Au contraire, les Anglais envoyaient sans cesse des corps de troupes réglées, et, en 1758, 80 000 combattants se préparèrent à étouffer sous leur masse la poignée de braves qui portaient si fièrement le drapeau de la France.

Montcalm; bataille de Québec; abandon du Canada. — Montcalm livra devant **Québec** une dernière bataille. Il tomba glorieusement, frappé à mort. La lutte fut si acharnée, que le général anglais *Wolf* périt lui-même et que les Anglais payèrent chèrement la victoire. Malgré l'obstination du marquis de Vaudreuil, la France perdit le Canada, cédé à l'Angleterre par le traité de Paris en 1763. L'Espagne, alliée de la France, dut céder la *Floride*. Pour la dédommager, le gouvernement de Louis XV lui abandonna la Louisiane.

Du même coup, la France renonça à la vallée du Saint-Laurent, à la vallée du Mississipi, qui enfermaient et enveloppaient de toutes parts les colonies anglaises. Si quelque chose peut nous consoler, c'est de penser que par delà les mers, sur les bords du Saint-Laurent, à Québec, à Montréal, on parle encore notre langue, on garde nos vieilles mœurs. Les Canadiens sont restés fidèles au souvenir de la mère patrie et demeurent les soutiens fermes et nobles de notre influence morale.

Les voyages de découvertes. — L'importance des guerres maritimes montre combien on se préoccupait, au xviii° siècle, des contrées lointaines. On cherchait à compléter les connaissances géographiques, si augmentées depuis deux siècles.

Dampier, en 1704, visita la côte nord-ouest de l'Australie et découvrit la *Nouvelle-Bretagne*.

Wallis, Carteret, Bougainville, puis le fameux capitaine anglais *Cook* (1728-1779), révélèrent l'existence de nombreux archipels dans cette partie du monde qu'on appelait l'*Océanie*. Cook reconnut la *Nouvelle-Zélande*, découvrit la *Nouvelle-Calédonie*, les îles de la *Société*, celles des *Amis* et les îles *Sandwich*, où il périt. Il franchit trois fois le cercle polaire antarctique.

Sur ses traces marchèrent les Français *Lapérouse* (1741-1788) et *d'Entrecasteaux* (1740-1793). Lapérouse fit naufrage sur les récifs de l'île Vanikoro. L'Anglais *Vancouver* (1750-1798) chercha un des premiers une communication au nord de l'Amérique, entre l'océan Atlantique et l'océan Pacifique. Le Danois *Bering* (1680-1741) détermina exactement l'extrémité orientale de l'Asie en reconnaissant le détroit qui a gardé son nom. Le globe se dessinait ainsi tout entier sur des cartes de plus en plus précises.

XVII. — L'Europe orientale au XVIIIe siècle. Catherine II.

La Russie. — Catherine II. — Conquêtes sur la Turquie. Partages de la Pologne.

I. — CATHERINE II ET LA POLOGNE.

La Russie depuis Pierre le Grand; Catherine II (1762-1796). — A côté de la Prusse, la Russie continuait de grandir, moins rapidement toutefois que sous le règne de *Pierre Ier*, dont les successeurs, *Catherine Ire* (1725-1727), *Pierre II* (1727-1730), *Anne de Courlande* (1730-1740), *Élisabeth* (1740-1762), n'avaient point le génie. Des rivalités de favoris jetaient le trouble dans le gouvernement. Menchikof, les Dolgorouki, Biren, Munnich se proscrivirent tour à tour.

Après le règne d'*Élisabeth*, qui fit à la Prusse une guerre acharnée, après le règne de *Pierre III* (1762), qui sauva au contraire *Frédéric II*, on eut le long et remarquable règne de *Catherine II* (1762-1796), femme impérieuse et cruelle, qui gagna le trône en faisant étrangler son mari. Cette femme fut le vrai successeur de Pierre le Grand; elle en avait l'ambition, l'habileté, la vigueur et les vices.

C'est au détriment de la Suède, de la Turquie, de la Pologne, que la Prusse et la Russie cherchaient à s'agrandir. La Suède, au traité de Nystadt, avait perdu ses provinces continentales, et à l'intérieur un parti russe s'agitait. La Turquie, troublée par une série continuelle de révolutions de sérail, avait bien dégénéré, mais elle avait au moins un gouvernement et tenait bon. La Pologne au contraire, troublée par l'anarchie, offrait une proie à ses cupides voisins.

Causes de la ruine de la Pologne. — La Pologne était le premier État slave formé dans les plaines de l'Europe orientale. Sans frontières naturelles, sans cadre précis, elle avait atteint la Baltique sans pouvoir atteindre la mer Noire. Pays ouvert de tous côtés, e le prêtait aux retours offensifs des peuples qu'elle avait jadis vaincus, et elle n'était point protégée par les accidents géographiques qui permettent quelquefois à un petit peuple de maintenir sa nationalité contre de nombreuses armées. Ni le Dniéper, ni le Dniester, ni le Boug, ni le Niémen, ni même la Vistule ne pouvaient servir de barrière, et ce pays, situé en quelque sorte le long de la ligne de partage des eaux, se trouvera divisé comme les eaux elles-mêmes, qui s'en vont au nord-est et au sud-ouest.

Ce manque d'*unité géographique* n'aurait pas été une cause déterminante de ruine, puisque les Prussiens comme les Russes y ont suppléé par l'unité politique; mais les Slaves de Pologne, catholiques et latinisés, avaient essayé d'absorber une grande partie des Slaves russes, attachés à la religion grecque. Ils avaient dominé la Lithuanie, la Petite-Russie, la Russie Rouge, sans avoir pu s'assimiler ces voisins de même sang, mais non plus de même esprit. Attirés vers l'Orient par les populations nombreuses qu'ils avaient soumises, ils voulurent imposer la religion de la minorité à la majorité. En plein xviiie siècle, à l'heure où les philosophes prêchaient partout la tolérance, ils partaient en quelque sorte à la croisade et augmentaient ainsi cette antipathie qui les séparait de leurs frères les Slaves d'Orient : les *discordes religieuses* seront la seconde cause de leur ruine.

A vrai dire, le défaut capital de cette nation, pourtant valeureuse, fut la mobilité extrême et la fougueuse indiscipline. La noblesse était tout et perdit tout. Brave, mais tumultueuse, chevaleresque dans un siècle de politique et d'égoïsme, brillante cavalerie lorsque les batailles commençaient à se gagner par l'infanterie, aimant la liberté jusqu'à l'anarchie, tandis que les peuples voisins aimaient l'ordre jusqu'à la servitude, la noblesse polonaise, se déchirant elle-même, compromit son indépendance pour des privilèges, ruina sa nationalité par d'absurdes prétentions. Toujours à cheval, mêlant le combat aux délibérations, elle avait pour principe que dans une diète la résistance d'un député suffisait pour empêcher une décision (**liberum veto**), et que les ennemis d'une loi, réunis en **confédération**, pouvaient opposer le fer à la loi. Monarchie élective ou plutôt république aristocratique entourée de monarchies despotiques, elle devait exciter et faciliter, par son *anarchie*, leurs convoitises.

Les Polonais, d'ailleurs, depuis 1572, ne pouvaient trouver de repos que sous l'autorité de princes venus ou de France, ou de Hongrie, ou de Suède, et surtout de Saxe. Les électeurs de Saxe s'étaient habitués à regarder la Pologne comme un fief quasi héréditaire, et les Polonais à considérer l'Allemagne comme un appui. Le pays était ainsi ouvert d'avance aux étrangers. En rejetant, par de frivoles jalousies, les princes nationaux, une grande partie de la noblesse polonaise semblait renier sa propre nationalité.

Bien qu'il soit pénible d'accabler un peuple vaincu et écrasé, l'histoire impartiale ne saurait omettre, parmi les causes de la ruine de la Pologne, la profonde *division des classes*. Élégants cavaliers, ardents chasseurs, guerriers enthousiastes, les nobles polonais n'avaient point songé à relever du servage les paysans qu'ils rivaient à la charrue. La misère, l'ignorance, l'ivrognerie dans lesquelles ils les laissaient croupir ne pouvaient leur préparer des soldats au jour du péril, et, quoique les Russes ne fussent non plus guère tendres pour les serfs, ils gagnèrent d'abord les paysans polonais. Ce pays ainsi divisé par la nature, par les races, par les classes, sans qu'il y eût ni centre ni autorité fixe, deviendra aisément la victime des conspirations de deux souverains, vrais auteurs de ce partage scandaleux et inique, Frédéric II et Catherine II.

Catherine II et Frédéric II; leur complot contre la Pologne. — Ce fut surtout la Prusse qui eut l'idée du partage, car, au fond, la Russie eût préféré une conquête totale; mais Frédéric II, plus pratique et plus mesuré dans sa cupidité, préoccupé surtout de coudre ses États épars du Rhin au Niémen, n'en voulait à la Pologne que parce qu'elle coupait le duché de Prusse du Brandebourg et tenait les embouchures de la Vistule. Le monarque qui n'avait point eu de scrupule à enlever la Silésie à l'Autriche résolut de saisir les provinces polonaises qui lui convenaient. Pour plus de sûreté, il songea à un partage et amena à cette idée Catherine II. La tsarine était déjà toute-puissante en Pologne, car elle avait fait écarter le candidat saxon et élire roi une de ses créatures, *Stanislas Poniatowski*.

Le premier partage (1772). — Catherine et Frédéric s'entendirent pour maintenir en Pologne la discorde et intervinrent dans les querelles religieuses qui désolaient ce pays. Les catholiques voulaient ramener les Grecs à l'union avec l'Église romaine : persécutions, supplices même étaient employés pour les convertir, et les Polonais s'aliénèrent par là les sympathies des puissances occidentales. Catherine II, chef de la religion grecque, prit sous sa protection les populations professant sa croyance, força la diète à retirer les lois votées contre elles, et l'ambassadeur russe commanda en maître à Varsovie.

Suivant l'usage traditionnel, les catholiques formèrent des *confédérations*, d'abord celle de **Radom**, puis celle de **Bar**. L'anarchie fut au comble. Catherine et Frédéric II en profitèrent pour faire entrer leurs armées en Pologne; l'Autriche, espérant une part des dépouilles, se fit leur complice. Le reste de l'Europe s'émut, mais n'agit point. La Turquie seule comprit le danger et déclara la guerre à la Russie. Elle fut vaincue. Frédéric, s'alarmant des progrès de Catherine II dans les provinces ottomanes, la rappela aux affaires de la Pologne, et en 1772, malgré le courage des défenseurs de l'indépendance polonaise, Oginski, Paulawski, les Français Dumouriez et Choisy, le premier traité de partage fut conclu (26 septembre 1772).

La Prusse obtint la *Pologne prussienne* (Kulm, Marienbourg), sauf Danzig et Thorn, et une bande de la Grande Pologne, environ 900000 âmes; l'Autriche eut la *Russie Rouge*, la *Galicie* et la *Lodomérie*, avec 2500000 habitants.

La Russie prit l'ancienne *Russie Blanche*, le *pays au delà de la Dvina, du Dniéper, de la Bérésina*, c'est-à-dire Witepsk, Orcha, Polotsk, Mohilev, avec 1600000 habitants. Catherine II s'occupa ensuite d'écraser la Turquie, seul obstacle à ses projets en Pologne, et, lorsqu'elle lui eut imposé deux traités onéreux, elle put songer à de nouveaux partages.

Le deuxième partage (1793). — Cependant l'esprit national s'était réveillé en Pologne. On comprenait que, pour sauver le pays, il fallait réformer la constitution. Les réformateurs, soutenus par le roi de Prusse *Frédéric-Guillaume II*, successeur de Frédéric II (Frédéric était mort en 1786), se mirent à l'œuvre. On abolit le *liberum veto*, on attribua le pouvoir législatif au roi et à la diète; on déclara la royauté héréditaire (1791). Mais ce n'était point le compte de la Russie; bientôt la Prusse elle-même se plaignit de ce qu'elle avait conseillé. La Révolution triomphait à Paris et effrayait tous les souverains, qui songeaient à venir l'étouffer dans notre capitale. La Prusse et la Russie, voulant porter un nouveau coup à la Pologne, traitèrent les Polonais de révolutionnaires, de *jacobins* (nom des plus ardents partisans de la Révolution à Paris). En vain les plus nobles familles polonaises, parmi lesquelles les *Czartoriski*, s'efforcèrent-elles de conjurer ce nouveau péril; en vain Kosciusko, avec huit mille hommes, chercha-t-il à soutenir la lutte. Il fut accablé. La Prusse et la Russie signèrent deux nouveaux traités (juillet et septembre 1793), par lesquels elles s'adjugeaient de nouveaux territoires.

La Russie occupa *la moitié de la Lithuanie, de-la Podolie,* la *Volhynie,* avec 3 millions d'habitants, etc. La Prusse préleva une nouvelle bande sur la Grande Pologne (avec Posen, Gnesen, Kalisch) et prit *Danzig* et *Thorn.* Elle enlevait encore 1 million et demi d'habitants, fermait l'embouchure de la Vistule, coupait la Pologne de la mer; c'était presque l'étouffer. L'Autriche ne prit point part à cette seconde curée. Les spoliateurs eurent l'audace de faire sanctionner par la diète de Grodno, que bloquaient les grenadiers russes, ce nouveau morcellement.

Le troisième partage (1794-95). — Le troisième démembrement ne se fit point attendre. Indignés de tant d'iniquités, les Polonais, oubliant leurs funestes divisions, se révoltèrent. Le désespoir doubla leur énergie. *Kosciusko* battit douze mille Russes à **Raslawice.** Mais, cette fois, l'Autriche se réunit à la Russie et à la Prusse. Cernés de tous côtés, les Polonais furent écrasés. Vaincu à **Maciejowice** (10 octobre 1794) par le farouche général russe *Souvarov.* Kosciusko tomba blessé et fut fait prisonnier. Il s'était écrié en tombant : « *Finis Poloniæ!* (fin de la Pologne!) » Les Russes marchèrent sur Varsovie. *Praga,* citadelle et boulevard de Varsovie, fut emportée d'assaut, et l'impitoyable Souvarov n'arrêta point le massacre, qui fut affreux. Le roi Poniatowski, qui n'avait régné que par la permission des Russes, dut abdiquer et se retirer en Russie.

La Prusse obtint au dernier partage (1795) la *Pologne orientale,* plus la *province de Varsovie* presque entière. L'Autriche reçut ce qui lui convenait des palatinats de *Cracovie,* de *Sandomir* et de *Lublin.* La Russie *prit le reste de la Lithuanie :* elle s'avança jusqu'au Niémen (Vilna, Kovno, Grodno, etc.) et jusqu'au Boug, affluent oriental de la Vistule.

La Pologne se trouvait rayée du nombre des nations. Et cependant elle n'était point morte. Ces partages, l'une des plus grandes iniquités du xviii° siècle et de l'histoire, l'épée de Napoléon les déchira, mais il n'osa reconstruire la Pologne, et les trois puissances solidaires renouvelèrent, en 1815, ce démembrement dans des proportions plus avantageuses encore à la Russie.

II. — Catherine II et la Turquie.

La Russie et la Turquie; traité de Kaïnardji (1774). —

Tandis qu'à l'ouest la Russie, sous l'énergique impulsion de Catherine II, s'efforçait d'atteindre à la Vistule et d'entrer en relations avec l'Allemagne, elle touchait, au midi, à la mer Noire. La Turquie avait fait les plus honorables efforts pour sauver la Pologne. Elle les paya cher. De 1768 à 1770 ses armées essuyèrent une série de revers à **Choczim**, à **Azof**, à **Bender** [1]; elles perdirent la Moldavie, la Valachie. Les Russes arrivèrent sur le Danube. Une flotte russe, partie de la Baltique, ayant fait un grand détour par la mer du Nord, l'océan Atlantique, la Méditerranée, alla jusque sur les côtes d'Asie Mineure incendier la flotte ottomane dans la baie de **Tchesmé**, près de *Smyrne*. La Prusse et l'Autriche s'effrayèrent, et, pour arrêter les progrès des Russes, poussèrent Catherine à conclure le premier démembrement de la Pologne. Quand elle eut les mains garnies, l'impératrice de Russie recommença néanmoins la lutte contre les Turcs. Ceux-ci défendirent héroïquement Silistrie, sur le Danube, mais le grand vizir, battu près de Kaïnardji, en Bulgarie, signa dans cette ville (19 juillet 1774) un traité par lequel la Turquie cédait *Kinburn*, à l'embouchure du Dniéper, *Azof*, *Iénikalé*, *Taganrog*, c'est-à-dire l'embouchure du Don et la mer d'Azof; ouvrait la *navigation de la mer Noire*; enfin reconnaissait l'*indépendance du Kouban* et des Tartares de la *Crimée*, indépendance illusoire. La tsarine obtint en même temps un *droit de protection* sur les Grecs de la *Moldo-Valachie*, premier point de départ d'une politique astucieuse qui cherchait à intervenir, au nom de la religion grecque, dans les affaires intérieures de la Turquie. La Russie désarmait sa proie en attendant de pouvoir la saisir.

La Crimée ne demeura pas longtemps libre. Catherine acheta du khan des Tartares la souveraineté du pays. Les troupes russes, d'ailleurs, facilitèrent le marché (1777). Potemkin fonda Sébastopol (1786) et commença cette redoutable forteresse qui allait dominer la mer Noire. Le Kouban passa également sous la domination russe, et Catherine fit accepter son protectorat au roi de *Géorgie*, étendant ainsi son empire au delà du Caucase.

Traité de Jassy (1792). — En 1787, Catherine II ne craignit point de dévoiler ses projets dans un voyage fastueux en Crimée. L'ambassadeur d'Angleterre, en considérant les arcs de

---

1. Choczim et Bender, dans la Bessarabie.

triomphe dressés partout en l'honneur de l'impératrice, traduisait en riant, mais judicieusement, les inscriptions prodiguées
sur ces arcs de triomphe par ces simples mots : « Chemin de
Byzance ». De telles manifestations provoquèrent une nouvelle
guerre. Catherine II s'assura contre la Turquie l'appui de l'Autriche, qui ne comprenait point encore ses véritables intérêts.
Toutefois cette guerre commença mal. Russes et Autrichiens
furent vaincus (1788). Mais ils prirent leur revanche. *Belgrade*
tomba entre les mains des Autrichiens, *Bender* entre celles des
Russes. Souvarov s'empara d'**Ismaïl** (sur le Danube), où il fit
un affreux carnage. Les puissances européennes s'émurent. La
Prusse, la Hollande, l'Angleterre arrêtèrent l'empereur Léopold II (1790). La Prusse menaça la Russie de la guerre si elle
n'accordait point la paix à la Turquie. Catherine céda.

Le *Dniester* devint la frontière de l'empire russe au midi, et
Catherine garda la *Crimée* et le *Kouban* (*traité de* **Jassy**,
1792). Peu satisfaite malgré ces riches acquisitions, elle se
dédommagea, comme nous l'avons vu, en Pologne.

III. — L'ADMINISTRATION DE CATHERINE II.

**Commission législative; gouvernement; fondation de
villes.**—Catherine II, comme les autres souverains qui l'avaient
précédée, s'était entourée de favoris, Orlof, Potemkin, etc., mais
du moins elle avait choisi des généraux capables, des diplomates habiles et avait repris à l'intérieur aussi bien qu'à l'extérieur les vues de Pierre le Grand. Elle se rendait compte de ce
qui manquait à la Russie pour tenir sa place parmi les nations
civilisées, et, malgré les soucis de ses guerres, avait consacré ses
soins à réorganiser l'administration de son empire. Imbue des
idées philosophiques du XVIIIe siècle, elle faisait parade, en
théorie, d'un libéralisme dont elle s'affranchissait dans la pratique. Elle alla jusqu'à réunir, sous le nom de *commission
législative*, une assemblée de plus de six cents membres qu'elle
avait chargée de travailler à un nouveau code et qui, agitant
toutes les questions, prit un air d'*États généraux*. Mais il ne
pouvait venir à sa pensée de régulariser une pareille institution et n'en tira que quelques indications pour améliorer la procédure et les lois. Elle s'efforça de changer les mœurs administratives, où la concussion et le péculat étaient de règle. Les

circonscriptions de l'empire, remaniées, furent multipliées jusqu'au nombre de *cinquante*, de façon que leur étendue moindre diminuât l'orgueil des gouverneurs. La tsarine essaya d'introduire dans ces gouvernements une certaine division des pouvoirs et établit une hiérarchie de tribunaux qui aboutissait, par les appels, au Sénat.

Comme Pierre le Grand, elle eut recours à des colonies étrangères pour peupler les espaces déserts, et, à l'exemple de Frédéric II, ouvrit un asile aux proscrits religieux. On lui dut la fondation de plus de deux cents villes. Elle sécularisa les immenses biens de l'Église, ne laissant aux monastères que des allocations proportionnées à leur importance.

Catherine II et les lettres. — Catherine II, disciple et amie des écrivains français, ne pouvait manquer de favoriser les progrès intellectuels. Elle n'entendait pas qu'on instruisît le peuple et voulait maintenir les paysans dans l'ignorance et la servitude. Mais elle voulait une noblesse éclairée et savante. Elle fonda de magnifiques établissements pour l'éducation des filles nobles et bourgeoises.

Jamais la littérature française ne fut plus en honneur que sous son règne. Au courant de tout ce qui se publiait en France, Catherine II s'honorait de correspondre avec Voltaire et faisait venir Diderot à sa cour. Elle avait souscrit à l'*Encyclopédie* et laissait répandre dans son empire des livres que le Parlement de Paris condamnait au feu. Elle fit faire sa statue par un artiste français, Falconet. Néanmoins nul souverain ne fut plus patriote. Elle ordonnait en riant à son médecin de la saigner de sa dernière goutte de sang allemand et cultivait la langue russe avec tant de zèle qu'elle put écrire des drames, des comédies, des satires. Elle fonda une *Académie russe* et fit entreprendre la publication d'un dictionnaire. La littérature russe, encouragée, fit ses débuts par des comédies, des poèmes épiques, des poésies légères, des histoires, et le mouvement littéraire était assez considérable pour assurer le succès de *revues* et de *journaux*.

Catherine II mourut en 1796, à la veille d'intervenir dans les guerres contre la Révolution française : ce qui prouve que les philosophes français avaient été dupes de bien des illusions en croyant cette souveraine acquise à leurs idées. Le vernis brillant qu'elle avait donné à son administration ne saurait dissimuler aux yeux de l'histoire les crimes et les vices de cette impératrice dissolue et ambitieuse. La Russie, sans doute, lui doit une remarquable extension du territoire, une organisation sérieuse et de réels progrès; mais si ce pays a salué Catherine II du titre de *grande*, nous ne saurions oublier que les succès ne suffisent pas pour le mériter, et qu'il faut aussi la dignité de la vie et la grandeur de l'âme.

XVIII. — La fin du règne de Louis XV.

Le Parlement. — Choiseul et Maupeou.

I. — LE MINISTÈRE DE CHOISEUL.

La politique intérieure de Louis XV. — Durant les guerres de la succession d'Autriche et de Sept Ans, le gouvernement de Louis XV n'avait pas même essayé de relever par une sage politique intérieure son honneur compromis au dehors. C'était en plein XVIIIe siècle, au moment où les philosophes raisonnaient, discutaient et où les classes inférieures, plus instruites, demandaient une administration vigilante et juste, le même despotisme qu'au temps de Louis XIV. Les fêtes et le luxe de la cour contrastaient avec les souffrances du peuple, accablé d'impôts. La guerre incessante faite à la pensée, de plus en plus hardie, les emprisonnements arbitraires en vertu des lettres de cachet, les vexations de toute sorte, commençaient à soulever l'opinion contre une administration à la fois faible et tyrannique. Les grands corps de l'État, le clergé, le Parlement, se discréditaient par leurs querelles incessantes. Les opérations militaires des armées ou l'héroïsme des marins préoccupaient moins l'opinion que les mandements du clergé, exigeant, pour les derniers sacrements, des adhésions écrites à la fameuse bulle *Unigenitus*, condamnation des doctrines jansénistes[1]. Les arrêts du Parlement annulaient ces mandements, et les magistrats enlaçaient dans leurs procédures l'archevêque de Paris et plusieurs évêques. Le roi frappait de l'exil les magistrats qui cherchaient à renouer l'union entre toutes les cours souveraines

---

1. La bulle *Unigenitus* avait été publiée en 1713 par le pape Clément XI, et condamnait cent propositions extraites d'un livre du P. Quesnel, et rappelant les théories jansénistes.

pour résister à la royauté. Les esprits s'exaltaient tellement, qu'un fanatique, *François Damiens*, attenta à la vie du roi et le blessa avec un canif (1757). Cet imitateur de Ravaillac périt dans les mêmes supplices, qui firent horreur en un siècle où. les mœurs s'étaient adoucies. Ce crime n'en épouvanta pas moins les adversaires les plus opiniâtres de la politique royale et permit à Louis XV de terminer les querelles religieuses, dont les philosophes se réjouissaient. Enfin, l'avènement de Choiseul au ministère en 1758 donna au moins le pouvoir à un homme habile et soucieux de la dignité du royaume.

Ministère de Choiseul (1758-1770). — Le duc de Choiseul était l'un des hommes qui avaient le mieux conservé, au milieu de la corruption du xviii° siècle, l'intelligence et le goût des grandes affaires. Quoiqu'il eût d'abord dû son crédit à l'appui de Mme de Pompadour, et qu'il pût compter parmi les courtisans, il s'inspirait surtout, dans les charges qu'il remplissait, de sentiments nobles et élevés. Son ambassade à Vienne avait révélé ses qualités de diplomate. C'est de Vienne qu'il fut appelé pour prendre, en 1758, la direction des affaires étrangères. Il échangea bientôt ce ministère contre celui de la guerre (1760), puis contre celui de la marine (1763), mais en réalité il n'eut autour de lui que des auxiliaires soumis et exerça, sans en avoir le titre, un pouvoir aussi étendu que celui du cardinal de Fleury. C'était un premier ministre[1].

Réorganisation de l'armée et de la marine. — Si Choiseul ne put changer tout à fait le cours défavorable de la guerre de Sept Ans, du moins essaya-t-il d'en atténuer les désastres. Esprit ouvert à tous les progrès et rendu attentif par une longue observation des pays voisins, Choiseul sut se rendre compte des changements introduits dans l'art de la guerre par la tactique de Frédéric II : il mit sur un excellent pied les corps de *l'artillerie* et du *génie*. Enfin l'attitude qu'il donna à l'armée, la force qu'il rendit aux alliances naturelles de la France, le *Pacte de famille,* ne contribuèrent pas peu à la conclusion de la paix de Paris.

Les clauses les plus funestes de ce traité étaient relatives à nos colonies, trop vite abandonnées. Ce n'est pas que Choiseul

---

1. Choiseul est un bourg de la Haute-Marne, qui a donné son nom à une ancienne seigneurie, dont les titulaires se distinguèrent plusieurs fois par leurs services militaires sous Henri IV, Louis XIII, Louis XIV,

les ait sacrifiées de gaieté de cœur. Au contraire; mais il se rendait compte de la faiblesse de la marine, il estimait que la France serait hors d'état de conserver des colonies lointaines tant qu'elle ne disposerait point d'une flotte capable de les protéger. Aussi le duc de Choiseul donna-t-il tous ses soins à la réorganisation de la flotte. En sept ans les forces maritimes, naguère anéanties, s'élevèrent à soixante-quatre vaisseaux de ligne et à cinquante frégates ou corvettes. C'est un diplomate qui a peut-être fait le plus grand effort pour notre marine depuis Colbert, le fils d'un marchand de draps.

Réunion de la Lorraine à la France (1766). — Choiseul eut cependant l'occasion de mettre à profit encore plus d'une fois son expérience de la politique européenne et son tact diplomatique. A la mort de Stanislas Leczinski, en 1766, la Lorraine devait être, en vertu du traité de Vienne de 1738, réunie à la France, mais il fallait compter avec la jalousie de l'Angleterre et des puissances voisines. Grâce à l'habileté de Choiseul, s'opéra, sans effort apparent, la *réunion pacifique de la Lorraine à la France*, et cette province, enclavée depuis longtemps dans les provinces françaises, rentra dans le cadre naturel de notre pays. Les Lorrains, loin de protester, entrèrent avec joie dans la famille française, tout en conservant un souvenir reconnaissant du roi polonais Stanislas, qui avait décoré *Nancy* de monuments corrects et imposants, grâce auxquels cette ville est encore aujourd'hui une des plus belles de France.

Acquisition de la Corse (1768). — En 1768 Choiseul négocia une autre acquisition, celle de l'*île de Corse*, à portée de nos côtes et admirablement située pour fortifier notre influence dans la Méditerranée. La Corse dépendait de la république de Gênes, mais supportait cette domination avec impatience. La république de Gênes, sentant cette île lui échapper, implora l'intervention de la France et conclut une convention qui nous abandonnait ses droits. En dépit des efforts du patriote *Paoli* qui, aidé secrètement par les Anglais, essaya de résister aux troupes françaises, la Corse fut réunie à la France en 1768, juste une année avant que Napoléon Bonaparte y naquît.

Choiseul et la Pologne. — Choiseul, toujours attentif aux questions européennes, s'inquiétait du sort qui menaçait la Pologne. L'intervention ouverte de la Russie et de la Prusse dans les troubles sans cesse renouvelés de ce royaume faisait présager un asservissement prochain. Mais la France était trop loin, et Choiseul, qui envoya aux Polonais quelques officiers isolés, ne pouvait, au lendemain de la guerre de Sept Ans, renouveler une grande lutte européenne.

Le meilleur éloge de la conduite de Choiseul dans ces complications qui tenaient l'Europe en éveil fut fait par Louis XV lui-même, lorsque, ayant appris le partage inique de la Pologne en 1772, il s'écria : « Ah ! si Choiseul eût été là, cela ne serait pas arrivé ! »

Expulsion des Jésuites (1762-1765). — Choiseul en effet, si souple et si habile dans sa politique extérieure, avait trouvé une pierre d'achoppement à l'intérieur, où les passions avaient été vivement excitées par l'expulsion des Jésuites et la lutte des Parlements contre la cour.

L'ordre des *Jésuites*, institué pour combattre le protestantisme, était devenu une milice redoutable, qui depuis plusieurs siècles servait dans tous les royaumes, avec une obéissance aveugle, les desseins de la papauté. Cet ordre insinuant avait su se rendre maître de l'éducation, des consciences et des cours. Malgré les services qu'ils avaient rendus par le courage de leurs missionnaires répandus en Asie et en Amérique, par la science de leurs professeurs, les travaux de leurs érudits, l'éloquence de leurs prédicateurs, les Jésuites étaient devenus en Europe, à cause de leur puissance, l'objet d'une défiance universelle, même de la part du clergé, qui n'admettait ni leurs doctrines sur certains points de la théologie, ni la morale relâchée de plusieurs de leurs casuistes. En Portugal les Jésuites venaient d'être chassés par le roi Joseph I⁽ᵉʳ⁾ et son ministre, le célèbre marquis de Pombal. En France, malgré la faveur dont ils avaient joui à la cour dans les dernières années du règne de Louis XIV et pendant le règne de Louis XV, ils n'avaient cessé d'être en lutte avec les *Jansénistes* et avec les Parlements.

La faillite du *P. Lavalette*, qui, mêlant le négoce à la religion, avait fondé un établissement de commerce à la Martinique, entraîna un procès à Marseille, puis devant le Parlement (1761). Les magistrats examinèrent alors les statuts de la Compagnie et bientôt condamnèrent l'Ordre lui-même, comme étant un corps politique indépendant et usurpant l'autorité (1762). Les collèges des Jésuites furent fermés, et La Chalotais, procureur général au parlement de Rennes, revendiqua pour l'État le droit d'instruire la jeunesse. Les Jésuites cessèrent d'exister en France comme ordre religieux, furent même bannis (1765), et la proscription de cet Ordre, devenant générale, s'étendit bientôt aux autres États de l'Europe. En 1773 le pape Clément XIV se vit contraint de supprimer cette milice, qui avait servi si fidèlement la cour de Rome.

II. — DISSOLUTION DU PARLEMENT; DERNIÈRES ANNÉES DE LOUIS XV.

Le Parlement de Paris et la royauté. — Le Parlement avait triomphé des Jésuites, mais il soutenait depuis longtemps une autre lutte, dans laquelle il devait succomber. Victime d'une contradiction qui subsistait depuis de longs siècles, il était considéré tantôt comme un corps politique, tantôt comme une cour purement judiciaire, suivant que son intervention était utile ou désagréable à la royauté. En l'absence de toute constitution, à défaut d'États généraux régulièrement convoqués, le Parlement, investi du droit d'enregistrer les édits, s'autorisant aussi de son droit de remontrance, se rendait populaire par son opposition constante aux impôts vexatoires auxquels le roi avait recours pour satisfaire les folles dépenses de son gouvernement corrompu et corrupteur. Les parlements provinciaux se montraient jaloux des privilèges que les traités conclus avec les provinces lors de leur réunion avaient maintenus en leur faveur. Louis XV, imbu des idées de pouvoir absolu, était excédé de ces luttes incessantes. Il craignait toujours une révolution et se rappelait les paroles sinistres de sa favorite lui montrant le portrait de Charles Ier et lui disant : « Ton parlement te fera couper la tête ».

Choiseul était, non moins que les ministres ses prédécesseurs, gardien zélé de l'autorité royale; mais, si dans les nombreux conflits qui s'élevaient entre la magistrature et la royauté il prenait parti pour celle-ci, sa modération le portait à ménager celle-là. S'il se prêtait aux coups d'autorité par lesquels le roi intimidait le Parlement, le ministre se hâtait de rentrer dans la légalité.

Disgrâce de Choiseul (1770). — Choiseul était trop libéral pour un roi tel que Louis XV, et celui-ci écoutait plutôt les avis du chancelier *Maupeou*, qui allait bientôt le pousser à des mesures extrêmes contre la magistrature. De plus, les Jésuites, chassés, avaient conservé des partisans nombreux. Choiseul, enfin, d'une noble et antique maison, ne voulait pas s'incliner devant le cynique crédit de Mme du Barry, qui avait remplacé la marquise de Pompadour. Il avait cherché un autre appui plus moral en faisant épouser au jeune dauphin (le petit-fils de Louis XV) une archiduchesse d'Autriche, Marie-Antoinette. Mais cette princesse, encore presque une enfant, ne pouvait être d'aucun secours à Choiseul.

La lutte de la royauté avec le Parlement devint plus vive à l'occasion d'un procès intenté par le parlement de Bretagne à l'ancien gouverneur, le *duc d'Aiguillon*. Ce procès fut évoqué au Parlement de Paris, et les magistrats allaient condamner le duc, lorsque le roi, abusant de son autorité, annula la procédure. D'Aiguillon, ennemi de Choiseul, l'emportait ; le Parlement était humilié. Choiseul succomba alors sous les efforts réunis de la favorite, de Maupeou, des Jésuites et des ennemis des parlements. Le 24 décembre 1770 il reçut l'ordre de se retirer dans sa terre de Chanteloup, près d'Amboise. Son exil ressembla à un triomphe. Jamais ministre en faveur ne se vit accompagné d'un plus brillant cortège d'amis, courtisans de la disgrâce. Il faut dire toutefois que l'homme renvoyé par Louis XV semblait devoir être, dans un avenir prochain, le ministre tout-puissant de Louis XVI. Les prévisions furent trompées. Les événements marchèrent trop vite pour que Choiseul pût être considéré, quatre ans plus tard, comme le ministre nécessaire. Mais, s'il ne pouvait être l'homme des temps nouveaux, il reste un des plus dignes serviteurs de l'ancienne monarchie[1].

Le Triumvirat; dissolution du Parlement; le parlement Maupeou (1771). — Louis XV donna le pouvoir aux ennemis de Choiseul, au *duc d'Aiguillon*, à l'abbé *Terray*, contrôleur des finances, et au chancelier *Maupeou* : ce fut ce qu'on appela le *Triumvirat*. Maupeou fit une telle guerre au Parlement, qu'en 1771 plus de sept cents magistrats étaient exilés de Paris. Le chancelier voulut changer la constitution de ce grand corps et forma un autre parlement, composé d'hommes médiocres qui montrèrent une honteuse vénalité. Ce nouveau corps fut tourné en ridicule sous le nom de *parlement Maupeou* ; on disait, en jouant sur les mots, « qu'il commençait à prendre ».

Le Parlement protégeait le trône : il paraissait contrôler le pouvoir. Lui enlever toute influence politique, ruiner ses préten-

1. Choiseul mourut en 1785.

tions, le réduire à l'état de simple cour de justice, sa véritable mission, c'était très logique en théorie, mais, au point de vue de la royauté, souverainement impolitique. Le Parlement tombé, que restera-t-il devant le trône? Rien. Détruire ce corps respecté, c'était presque s'engager à convoquer les États généraux.

Désordre financier; mort de Louis XV (1774). — En même temps les finances étaient gaspillées par l'abbé *Terray*, qui regardait le peuple « comme une éponge qu'il faut pressurer ». Au dehors, le gouvernement, faible et impuissant, laissait partager la Pologne par la Prusse, la Russie et l'Autriche (1772).

Cette honte, ces violences contre une magistrature séculaire, ces désordres, d'effrontées spéculations sur les blés, auxquelles se mêlaient les courtisans, le roi même, dit-on, et qui étaient flétries sous le nom de *Pacte de famine*, tout cela excitait de vives colères. Mais Louis XV, confiant dans la force de son autorité, se rendormait insouciant et disait : « Tout cela durera bien autant que moi », et en répétant avec Mme du Barry : « Après nous le déluge! »

Louis XV mourut en effet en 1774, laissant le trône à son petit-fils Louis XVI, qui devait, quoique meilleur que lui, expier ses fautes.

XIX. — Le mouvement intellectuel et politique au XVIIIe siècle.

Les lettres et les arts; les sciences; les philosophes et les économistes en France. — Les livres, la presse, les salons, les parlements.

I. — LES LETTRES.

La littérature au XVIIIe siècle. — Au XVIIIe siècle, l'ascendant politique en Europe passe à l'Angleterre, à la Prusse, à la Russie. La France pourtant n'avait décliné qu'en apparence, son gouvernement seul était usé. La nation au contraire, pleine de vie, dominait intellectuellement l'Europe, et les rois courtisaient nos hommes de lettres tout en raillant nos hommes politiques. Les écrivains du XVIIe siècle, auxquels les grands sujets étaient défendus, c'est-à-dire les questions religieuses et sociales, s'étaient maintenus dans les régions de l'art et du sentiment. Au xviii° siècle les *salons* abordèrent tous les problèmes, remuèrent une foule d'idées. Le *club de l'Entresol* (place Vendôme), en 1724, devint une réunion célèbre, et parmi les salons fameux on citait ceux des marquises de Tencin, du Deffand, de Mlle de Lespinasse, de la marquise d'Épinay, de Mme Geoffrin, de Mme Necker.

Au début, le xviii° siècle parut continuer les traditions du précédent avec l'élégant prédicateur *Massillon*[1], le *chancelier d'Aguesseau*[2], *Saint-Simon*[3], le fameux auteur de *Mémoires*, dont l'œuvre ne fut pas connue de son vivant. Mais la littérature, malgré sa forme légère et spirituelle, devint une littérature de combat, qui prépara la Révolution française.

Voltaire (1694-1778). — Un écrivain en quelque sorte universel, **Voltaire**, remplit de sa vie et de ses œuvres le xviii° siècle (1694-1778). Il sema ses tragédies de maximes hardies, que les spectateurs saisissaient au passage et couvraient d'applaudissements. A vingt ans enfermé à la Bastille, il sentit les inconvénients de cette société brillante aux plaisirs de laquelle il s'était abandonné. En Angleterre il s'éprit d'un vif amour pour la liberté de l'esprit et de la parole. *Poète, historien, philosophe*, Voltaire excellait dans tous les genres. Il savait s'élever aux plus hautes pensées, défendre la tolérance, l'humanité, la justice, et nul n'était plus léger, plus mordant, plus incisif : mais il abusa de son esprit, et le scepticisme railleur en matière religieuse a gardé le nom de voltairien.

Montesquieu (1689-1755). — Le sévère et digne **Montesquieu**, né à la Brède, près de Bordeaux, homme pratique et modéré, sut, par des études immenses, réunir la profondeur à la finesse. Il ne se contenta pas de railler la société de son temps, il songea à l'améliorer. Son livre de l'*Esprit des lois* analysait les différentes formes de gouvernement et les législations diverses; il exaltait surtout le *gouvernement anglais*. Un de ses plus courts mais un de ses meilleurs livres expliquait les causes de la *Grandeur et de la Décadence des Romains*.

Jean-Jacques Rousseau (1712-1778). — Mais le mal, chez nous, n'était pas seulement dans le gouvernement et les lois, il était encore dans la société; **Rousseau** (Jean-Jacques), né à Genève, s'attaqua à la fois au gouvernement et à la société.

---

1. Massillon (1663-1742).
2. D'Aguesseau (1668-1751).
3. Saint-Simon (1675-1755).

Étrange dans sa conduite et dans ses écrits, il voulait ramener la société à l'état de nature. Idée fausse, qui le conduisit à proclamer quelques vérités trop oubliées. « L'homme est né libre »; tels furent les premiers mots par lesquels il commença le *Contrat social*. Ce livre, qui exerça la plus grande influence, démontrait les droits du peuple à la souveraineté et proclamait les principes républicains. Dans l'*Émile*, Rousseau traitait la grave question de l'éducation de l'enfance, mais, là comme ailleurs, mêlait les paradoxes aux vérités, le mal au bien, l'utopie à la réalité.

Les littérateurs secondaires. — Le xviii° siècle fut fécond en talents de tout genre. Mais la poésie se traînait dans l'imitation des formes classiques, et *Jean-Baptiste Rousseau*[1], dans ses *Odes*, essaya vainement de s'élever à l'enthousiasme lyrique. La poésie légère, celle de *Gresset*[2], de *Gilbert*[3], de *Delille*[4], plaisait mieux. Un seul poète fit présager la renaissance de la vraie poésie, *André Chénier*[5], dont le génie fut malheureusement arrêté court par la hache révolutionnaire. La comédie en vers languissait avec *Destouches*[6], mais la comédie en prose donna des modèles raffinés avec *Marivaux*[7], puis, élevant le ton, à la fin du siècle, servit à la lutte contre l'ancien régime, avec *Beaumarchais*[8] à la verve étincelante. Le *roman* devint, avec le spirituel **Le Sage**[9], une satire de la société, mais les autres auteurs restèrent fades et ennuyeux jusqu'à ce que *Bernardin de Saint-Pierre*[10] ranimât, par ses idylles, les sentiments vrais et annonçât une autre époque.

Parlements; philosophie; Condillac, Helvétius, d'Alembert, Diderot. — En dépit des *Parlements* qui rendaient des arrêts sévères contre les livres trop hardis, les philosophes se donnaient libre carrière. Ils avaient pour complices certains magistrats eux-mêmes gagnés à leurs idées. La philosophie du xviii° siècle s'écartait tout à fait de la tradition du xvii° siècle. *Condillac*[11] prétendait que nos idées naissent de la *sensation*, et penchait vers le matérialisme. *Helvétius*[12], tirant les conséquences de cette doctrine, semblait réduire la morale à celle de

---

1. Jean-Baptiste Rousseau (1670-1741). — 2. Gresset (1709-1777). — 3. Gilbert (1751-1780). — 4. Delille (1738-1813). — 5. André Chénier (1762-1794). — 6. Destouches (1680-1754). — 7. Marivaux (1688-1763). — 8. Beaumarchais (1732-1799). — 9. Le Sage (1668-1747). — 10. Bernardin de Saint-Pierre (1737-1814). — 11. Condillac (1714-1780). — 12. Helvétius (1715-1771).

l'intérêt et du plaisir. *D'Alembert*[1] et *Diderot*[2] dirigèrent la rédaction d'une vaste **Encyclopédie** qui embrassait toutes les connaissances humaines, revisées avec un esprit de scepticisme et d'irréligion.

Naissance de l'économie politique ; Gournay, Quesnay, Adam Smith. — Le développement considérable des intérêts matériels avait amené la création d'une science qui s'occupait de tracer une voie régulière à l'activité humaine, et de formuler les lois de la richesse publique, *l'économie politique*. Au XVIIe siècle *Bois-Guillebert, Vauban*, au XVIIIe *Montesquieu*, avaient deviné quelques principes de la science nouvelle, mais deux hommes se distinguèrent entre tous par leurs théories : l'intendant du commerce *Gournay* et le médecin *Quesnay*.

L'axiome du premier était « *Laissez faire et laissez passer* », c'est-à-dire : Tout le monde a le droit de fabriquer ce qu'il veut, de vendre toute sorte de marchandises au prix qui lui convient, à qui il peut. Chacun en cherchant à améliorer son sort saura, bien mieux qu'une administration indifférente, améliorer celui de la société. Encouragez, n'entravez pas.

D'après les principes de *Quesnay*, il fallait surtout songer à l'accroissement des revenus de la terre. *Quesnay* se trompait gravement : si l'agriculture est une source incontestable et féconde de richesses, comment soutenir que l'industrie n'ajoute pas une grande valeur à cette valeur première, et que la classe industrielle et commerçante est stérile ?

La théorie de l'Écossais *Adam Smith*[3], qui vécut longtemps en France, fut plus générale et plus juste ; pour lui, la richesse était dans le travail. Il demanda la *liberté* du travail. Une visite dans une manufacture d'épingles lui fit concevoir un autre principe : la *division* du travail. Il montra qu'en confiant les diverses parties d'une épingle à divers ouvriers, on arrive, avec dix ouvriers, à obtenir quarante-huit mille épingles dans un jour, au lieu de quatre à cinq cents. Le premier aussi il établit l'influence de l'*offre* et de la *demande* sur la hausse et la baisse des prix. Son beau livre, *Recherches sur la nature et les causes de la richesse des nations* (1776), répondait aux désirs et aux besoins de la société.

Éclat de la littérature allemande. — L'Allemagne avait

1. D'Alembert (1717-1783). — 2. Diderot (1713-1784). — 3. Adam Smith 1723-1790).

déjà au xvii° siècle produit le philosophe et mathématicien *Leibniz*. Au xviii° siècle, 'sa littérature prit une place importante parmi les littératures européennes. Ses fruits étaient tardifs, mais remarquables, et dès cette époque on voit paraître **Lessing**, le poète *Klopstock*, le génie quasi universel de **Gœthe**, l'auteur dramatique et historien **Schiller**, le poète *Wieland*, le philosophe **Kant**.

La littérature anglaise. — Les Anglais, qui avaient brillé au xvii° siècle, ont encore une multitude d'écrivains. C'est le temps d'*Addison*, de *Daniel de Foë*, le temps des *revues* et des *journaux*. La poésie trouve des accents nouveaux avec *William Cowper*, *Burns*, *Chatterton*, *Macpherson*.

La philosophie est représentée par *David Hume*, *Thomas Reid*, et l'histoire par *Hume* et *Gibbon*.

II. — LES SCIENCES.

Les sciences mathématiques. — Le mouvement scientifique, pour avoir moins appelé l'attention à cette époque que le mouvement littéraire, fut pourtant plus remarquable encore. C'est le vrai point de départ de ce beau développement qui s'est continué si brillamment au xix° siècle.

Les mathématiques, fort cultivées en Angleterre, en Allemagne où se distingue surtout *Euler*[1], eurent en France des représentants illustres : **D'Alembert, Clairaut**[2] et **Lagrange**[3]. L'astronomie, à laquelle, au siècle précédent, Newton avait ouvert la voie, poursuivait ses découvertes en Angleterre avec *Bradley* et *Herschel*. En France, *Bouguer*, *La Condamine*, *Maupertuis*[4], *Méchain*[5], *Delambre*[6], faisaient d'admirables travaux pour le tracé des méridiens. *Lalande*[7] dressait une carte astronomique célèbre, et **Laplace**[8], reprenant les calculs de Newton, expliquait avec un rare génie les mouvements des astres.

Les sciences physiques. — L'étude méthodique des phénomènes de la nature préoccupait un grand nombre de savants. *Réaumur*[9] régla le thermomètre qui porte son nom. En Angleterre, *Newcommen* cherchait à appliquer la force de la vapeur,

---

1. Euler (1707-1783). —2. Clairaut (1713-1765). —3. Lagrange (1736-1813). — 4. Maupertuis (1698-1749). — 5. Méchain (1744-1805). — 6. Delambre (1749-1822). — 7. Lalande (1732-1807). — 8. Laplace (1749-1827). — 9. Réaumur (1683-1757).

et **James Watt** y réussit avec un tel bonheur, que les fabriques anglaises furent bientôt munies de machines à vapeur. La théorie de l'électricité était formulée par l'abbé *Nollet, Romas, Dalibard, Richmann,* tandis qu'en Amérique **Franklin** faisait des expériences analogues (1752) et imaginait le paratonnerre. En Italie, **Galvani** et **Volta** trouvaient l'*électricité* que nous appelons aujourd'hui *dynamique.* La chimie était créée par l'Anglais *Priestley* et les Français **Lavoisier**[1] et *Berthollet*[2]. Vers la fin du siècle les frères *Montgolfier* faisaient (1783) les premières expériences aérostatiques.

Les sciences naturelles : la médecine. — Les sciences naturelles furent singulièrement avancées par **Buffon**[3], à la fois savant et écrivain, **Daubenton**[4], le Suédois **Linné**[5], **Bernard de Jussieu**[6]. *Parmentier*[7] étudia les propriétés alimentaires de la pomme de terre, qu'il popularisa.

La médecine dut une de ses belles découvertes à l'Anglais **Jenner**[8], qui, par la vaccination, combattit un des fléaux les plus redoutables, la petite vérole.

Les institutions philanthropiques. — Ce siècle se préoccupait de soulager toutes les infortunes de l'humanité. L'*abbé de l'Épée*[9] instruisait les sourds-muets et leur donnait un langage. *Valentin Haüy*[10] suppléait à la vue qui manquait aux aveugles et remplaçait le sens perdu par le sens du toucher.

III. — LES ARTS.

L'art au XVIIIᵉ siècle. — Mais les arts, si brillants au XVIIᵉ siècle, étaient en décadence au XVIIIᵉ. Époque de raisonnement et de discussion, cet âge n'était point favorable aux conceptions élevées. Le sentiment, affaibli, n'inspirait plus les artistes, qui se traînèrent dans l'imitation ou n'innovèrent que pour satisfaire le caprice des générations aimant trop le joli et le maniéré.

L'architecture et la sculpture. — Les architectes *Louis,* **Gabriel, Servandoni, Soufflot** imitent les colonnades du temps de Louis XIV et les coupoles italiennes. Ils réussissent principa-

1. Lavoisier (1743-1794). — 2. Berthollet (1748-1822). — 3. Buffon, né à Montbard (Côte-d'Or) (1707-1788). — 4. Daubenton (1716-1800). — 5. Linné (1707-1778). — 6. Bernard de Jussieu (1699-1777).— 7. Parmentier (1737-1813). — 8. Jenner (1749-1823). — 9. L'abbé de l'Épée, né à Versailles (1712-1789). — 10. Valentin Haüy (1745-1822).

lement dans l'aménagement confortable et élégant des hôtels particuliers.

Sans doute les sculpteurs, comme **Coustou** (*Guillaume*) [1], **Falconet** [2], **Pigalle** [3], montrèrent encore les nobles traditions de l'art, mais *Bouchardon* [4] n'en fit plus qu'une recherche affectée de l'agrément. Et ce qu'il y eut de plus artistique à cette époque, ce fut le mobilier, pour lequel les ébénistes prodiguèrent les ressources d'une riche imagination.

La peinture. — La peinture française surtout se plia au goût nouveau, et les compositions légères de **Watteau** [5], de **Boucher** [6] suffisent pour caractériser l'art souriant et factice qui ne recherchait que les fleurs, les guirlandes et les amours. La vraie nature ne reparut sur la toile qu'avec les marines de *Joseph Vernet* et les scènes villageoises, les poétiques figures de **Greuze** [7], précurseur du siècle suivant.

La musique. — Un art cultivé depuis longtemps dans le monde, la *musique*, arriva au XVIIIe siècle à un éclat magnifique. Les instruments s'étaient perfectionnés. L'*orgue*, compliqué depuis le XIVe siècle de tuyaux gigantesques, emplissait les églises de ses graves sonorités. Puis la *harpe*, la basse *viole*, le *violon*, la flûte et ses variétés, devenues le *piano-forte*, mariaient leurs accords et permettaient les combinaisons les plus heureuses.

On eut alors des musiciens qui surent parler à l'âme, **Rameau**, **Gluck**, **Grétry**, et surtout, en Allemagne, **Bach**, **Hændel**, **Haydn**, puis, en Autriche, **Mozart**, un de ces génies qui portent les arts à la perfection

---

XX. — Le gouvernement parlementaire en Angleterre.

Rois, Parlement et Ministres; triomphe des Whigs; les libertés politiques, la presse.

LE RÉGIME PARLEMENTAIRE EN ANGLETERRE.

L'Angleterre depuis Guillaume III; Anne Stuart. — Les

1. Guillaume Coustou (1678-1746). — 2. Falconet (1716-1791). — 3. Pigalle (1714-1785). — 4. Bouchardon (1698-1762). — 5. Watteau (1684-1721). — 6. Boucher (1703-1770). — 7. Greuze (1725-1805).

Anglais, depuis la chute des Stuarts, ne craignaient plus pour leurs libertés intérieures, qui se fortifièrent sous les règnes de Guillaume III, de la bonne reine Anne, de George Ier de Brunswick et de George II[1].

George Ier (1714-1727). — A la mort d'Anne Stuart, la couronne, au lieu de revenir à son frère le prétendant Stuart, toujours exilé, passa à *George* de Brunswick-Lunebourg, arrière-petit-fils de Jacques Ier, par la princesse Sophie, sa mère, électrice douairière de Hanovre. George Ier était protestant et violent ennemi de Louis XIV : c'était un titre suffisant pour les Anglais. Le prétendant Stuart essaya bien de le renverser, et débarqua en Écosse en 1715 ; mais la bataille de *Sheriffmuir*, dans le comté de Perth, fit tomber ses espérances. **Walpole**, chef du parti *whig*, et qui gouvernait réellement sous le nom du roi, profita de cette occasion pour fortifier le pouvoir, en faisant déclarer le Parlement *septennal*. George, menacé par le prétendant, se rapprocha du régent de France Philippe d'Orléans, qui avait à craindre Philippe V. Nous avons vu les effets de cette alliance.

Walpole, tombé du pouvoir en 1717, y revint quatre ans plus tard, pour n'en plus sortir qu'en 1742. Au dehors, il s'efforça de maintenir la paix ; au dedans, il s'affermit en achetant la majorité dans le Parlement. Son gouvernement corrupteur n'en continua pas moins d'attacher de plus en plus la nation aux bienfaits de la révolution de 1688 et lança le commerce dans une voie de prospérité où il ne devait plus s'arrêter.

George II (1727-1760). — Le roi George II garda Walpole malgré les scandales de ses marchés avec le Parlement. Le ministre employa, pour faire taire l'opposition, l'or et les rigueurs. Mais en 1739 il dut déjà faire à l'opinion le sacrifice de son système pacifique, et déclarer la guerre à l'Espagne, qui refusait d'ouvrir ses colonies au commerce anglais. Cette guerre se confondit en 1742 avec la guerre générale de la succession d'Autriche. Walpole ne pouvait plus être ministre de cette politique nouvelle ; il tomba. Nous avons vu la part que prit l'Angleterre à la lutte : le roi George II combattit lui-même en Allemagne, où il avait des intérêts comme électeur du Hanovre ; il ne se tira d'un mauvais pas à *Dettingen* que par la faute d'un

---

1. Guillaume III (1688), Anne Stuart (1702-1714), George Ier (1714-1727), George II (1727-1760), George III (1760-1820).

de nos généraux. Le duc de Cumberland, son fils, commandait à *Fontenoy* (1745). Cette même année le prétendant *Charles-Édouard*, petit-fils de Jacques II, appuyé par la France, avait débarqué en Écosse, battu à *Preston* le général Cope, et pénétré jusqu'à *Derby*, à 178 kilomètres de Londres. Contraint à la retraite, il fut vainqueur à *Falkirk*; mais, défait à *Culloden* (1746), il ne put quitter la Grande-Bretagne qu'après bien des périls. Le sang de ses partisans coula de nouveau sur les échafauds. L'Écosse perdit son système de clans ou de tribus et la juridiction héréditaire, dernier vestige du régime féodal.

A Walpole avaient succédé lord *Carteret* et lord *Newcastle*. Celui-ci jeta l'Angleterre dans la guerre de Sept Ans, au commencement de laquelle arriva au pouvoir le fameux William Pitt.

William Pitt. — Celui qui tient, sinon la plus longue, du moins la plus belle place dans l'histoire de cette époque, c'est *William Pitt*, le grand député des Communes, l'un des premiers qui, dans les temps modernes, s'élevèrent au pouvoir par l'éloquence et joignirent l'action à la parole : l'un de ces hommes dont la race semblait perdue depuis l'antiquité, parce qu'ils ne fleurissent que dans les gouvernements libres. William Pitt, né en 1708, mort en 1778, membre du Parlement en 1735, s'était placé, dès son début, au premier rang des orateurs. Il avait combattu le ministère Walpole et était, après la chute de ce ministre, devenu vice-trésorier d'Irlande. Il rentra dans l'opposition en 1745, mais arriva au pouvoir en 1756, avec le titre de secrétaire d'État. William Pitt ne devint premier ministre qu'en 1757; mais il imprima à la guerre de Sept Ans une activité, un acharnement qui nous furent bien funestes.

Le nom de William Pitt reste attaché aux plus éclatants succès de l'Angleterre. C'était le chef du parti *whig*, qui soutenait la maison de Hanovre et les prérogatives du Parlement respectées par cette maison étrangère. Les Tories les plus exaltés rêvaient encore le rétablissement des Stuarts; leur nombre toutefois diminuait, et les prétendants que la politique française lança à plusieurs reprises sur l'Angleterre ne trouvèrent d'appui et de dévouement qu'en Écosse.

William Pitt, malgré ses succès, résigna le pouvoir en 1760 à l'avènement de *George III*, trop favorable aux Tories. Mais il reparut à la tête du gouvernement en 1766 et fut créé *pair*, avec le titre de *lord Chatham*. Les infirmités néanmoins ne tardèrent pas à l'éloigner du pouvoir (1768). Toutefois, lorsque sa santé le lui permit, il intervint dans les discussions du Parlement, surtout à l'époque de la guerre d'Amérique, qu'il déplorait, mais qu'il conseillait de pousser avec énergie et dont il ne vit pas la fin.

Un autre orateur, l'Irlandais *Burke* (1730-1797), débutait quand Pitt était près de mourir. Mais Burke avait trop de fougue, trop d'emportement, et son éloquence, abondante comme un torrent, roulait des flots d'invectives, de métaphores, d'allégories bizarres.

La presse. — Un des résultats de la révolution de 1688 avait été de faire naître les publications périodiques, la *presse*. *Daniel Defoe*, héritier des vieux puritains, persécuté sous la reine Anne, commença, sous les verrous de la prison de New-gate, une publication périodique qu'il rédigea seul pendant neuf ans; essais critiques, théologie, politique, histoire, théories économiques, s'y trouvaient mêlés, concourant, par leur variété, à un même but religieux. *Steele* publia alors le *Babillard* (*Tattler*, 1709), puis le *Spectateur* (1711), dont *Addison* (1672-1719) fut le principal rédacteur et qui conserva le premier rang dans les publications périodiques aussi bien politiques que littéraires.

L'Angleterre précédait ainsi, par le mécanisme du gouvernement, le jeu des partis politiques, l'organisation de la presse, les autres nations et révélait la forme qu'allaient prendre, au siècle suivant, les gouvernements modernes.

XXI. — Mouvement de réforme en Europe.

Influence des idées françaises. — Charles III en Espagne. — Pombal en Portugal. — Léopold en Toscane et Beccaria en Italie. — Gustave III en Suède. — Joseph II en Autriche. — Frédéric II en Prusse. — Situation de la Prusse en Allemagne à la fin du règne de Frédéric II.

Le Portugal; le marquis de Pombal. — L'activité des esprits avait été telle au XVIIIe siècle, que la vieille Europe semblait partout prête à se modifier. Un mouvement important de réforme se produisait jusque dans les pays qui avaient paru le plus voués à l'immobilité. Ces réformes étaient dues à l'esprit d'initiative de souverains et de ministres éclairés qui cherchaient avec bonne foi à satisfaire les peuples et comprenaient les obligations de leur rôle.

L'exemple vint d'un petit royaume, le *Portugal*, qui eut la bonne fortune d'avoir un grand ministre, le marquis de **Pombal**. Ministre du roi Joseph Ier en 1750, le marquis de Pombal montra un rare esprit de décision joint à une inflexibilité qu'on a comparée à celle du cardinal de Richelieu. Grâce à ses mesures intelligentes, l'agriculture et l'industrie se relevèrent, le commerce se ranima et put braver la concurrence anglaise, si écrasante depuis le traité de sir Methuen (1703), qui avait en réalité fait du Portugal une ferme anglaise. Des malheurs affreux, le tremblement de terre qui bouleversa Lisbonne en 1755, ne découragèrent point l'imperturbable ministre. Il releva les ruines, répara les désastres, soulagea les infortunes, réprima les brigandages et profita des besoins du Trésor pour établir un impôt de 4 1/2 pour 100 sur toutes les marchandises étrangères, nouvelle brèche au traité avec l'Angleterre.

La noblesse, forcée à l'obéissance, conspira. Pombal fit dresser l'échafaud et abattre les plus hautes têtes. Le clergé trembla à son tour, quand il vit Pombal frapper l'ordre des Jésuites en 1759 et faire transporter en Italie ces religieux naguère si puissants. La lutte avec le Saint-Siège devint si vive, qu'on put craindre une séparation de l'Église portugaise; mais le pape Clément XIV céda, comme tout le monde, devant l'impérieux marquis, et Pombal fit décréter qu'à l'avenir nul bref, nulle bulle, nul écrit pontifical ne serait valable sans l'autorisation préalable du gouvernement. Pombal détruisit les anciennes listes de l'Inquisition et chercha à terminer toutes les querelles religieuses. Il encourageait l'imprimerie, la traduction des meilleurs livres français, créait le Collège royal des nobles, instituait des écoles élémentaires et professionnelles au profit du peuple et en établissait 800 gratuites. Jamais peut-être on n'avait appliqué plus d'idées libérales avec une autorité aussi absolue. Philosophe, mais despote, Pombal favorisait parmi les innovations celles-là seules qui lui convenaient; il maintenait la censure royale sur tous les livres, il en fit brûler même. Il chercha à diminuer les privilèges, à améliorer la condition du peuple, et défendit le pouvoir royal avec d'autant plus d'énergie qu'il se défendait lui-même. Le grand marquis, *o gram marquez*, comme disent les Portugais, fut un imitateur du terrible cardinal transporté dans un siècle et dans un pays différents. Richelieu eut au moins des continuateurs. Pombal, disgracié, exilé, après la mort de Joseph Ier (1777), n'eut pas de successeur. Son œuvre demeura interrompue, ses projets furent abandonnés; le Trésor se vida, la marine dépérit, les abus reparurent comme ces mauvaises plantes qui étouffent les bonnes dès que la main du cultivateur n'est plus là pour les arracher.

L'Espagne sous la maison de Bourbon; d'Aranda. — La maison de Bourbon avait tenté quelques efforts pour relever l'Espagne. Trois princes de cette maison, *Philippe V* (1701-1746), *Ferdinand VI* (1746-1759), *Charles III* (1759-1788), remplissent de leurs longs règnes tout le xviiie siècle. Toutefois cette dynastie ne répondit pas aux espérances que son origine avait fait concevoir. Philippe V, mou et incapable, ne gouverna jamais par lui-même et demeura enfermé dans ses palais. Ferdinand VI commença à céder un peu au courant du siècle, sans le suivre hardiment; Charles III seul montra une réelle intelligence des nécessités de l'époque.

L'Italien *Alberoni*, qui fut d'abord le principal ministre de Philippe V, dépensa au dehors le peu de forces qui restaient au royaume et songeait à dominer l'Europe avec un État ruiné. Il tenta cependant à l'intérieur des réformes utiles, rétablit la discipline dans l'armée, ranima la marine, créa une manufacture royale à Guadalaxara, pour laquelle il fit venir cinq cents familles de Hollande. Il appela d'Angleterre de bons teinturiers et établit à Madrid des fabriques de toiles. Il améliora les chemins; les lettres et les arts firent des progrès, et l'Académie royale des beaux-arts, de la langue et de l'histoire, à Madrid, date du règne de Philippe V.

Le sage règne de *Ferdinand VI*, ses encouragements à l'agriculture, le soin avec lequel il mit l'ordre dans les finances, ramenèrent l'Espagne dans la véritable voie, où elle marcha d'un pas plus rapide sous *Charles III*.

L'influence française se fit sentir alors au delà des Pyrénées d'une manière plus continue et plus efficace : alliance avec la France, *Pacte de famille*, qui unit les intérêts des Bourbons de France, d'Espagne et d'Italie; appui prêté à la France dans les dernières années de la guerre de Sept Ans et dans la guerre d'Amérique. La marine espagnole ne figura pas sans honneur dans les guerres, mais Gibraltar ne put être arraché à l'Angleterre ; et, aux colonies, l'Espagne, ayant perdu la Floride, reçut de la France, comme compensation, la Louisiane. A l'intérieur, trois ministres habiles, surtout le comte d'Aranda (1766), *Florida Blanca* (1777), *Campomanès* (1788), se succédèrent avec des talents variés, mais tous imbus de l'esprit philosophique.

Les publicistes français avaient battu en brèche la puissance des ordres religieux, démontré les inconvénients des propriétés de mainmorte. Nulle part plus qu'en Espagne les ordres religieux n'avaient d'autorité et de richesses. En 1719 on estimait que le clergé, les confréries, les familiers de l'Inquisition, la Sainte-Hermandad formaient plus du quart de la population adulte du royaume. Cette proportion avait diminué dans le cours du xviiie siècle, mais était encore considérable. Le comte d'Aranda attaqua principalement la célèbre société des Jésuites, qui avait porté ombrage à tous les gouvernements et qui, chassée du Portugal en 1759, de la France en 1762, fut proscrite en Espagne en 1767 et avec plus de violence qu'en aucun autre pays. Enlevés de leurs collèges pendant la nuit, sur tous les points de l'Espagne, 2 300 Jésuites furent embarqués de force pour être conduits en Italie, et leurs immenses propriétés furent confisquées. Quant aux autres ordres, d'Aranda se contenta de réformer les abus et d'astreindre les moines à la stricte observation de leur règle. D'Aranda ne craignit point de se mettre en hostilité ouverte avec le Saint-Siège, de supprimer le droit d'asile qui faisait des églises un lieu de refuge pour les criminels, de diminuer le nombre des *rosarios* ou processions, de s'attaquer au tribunal même de l'Inquisition et de restreindre sa juridiction.

Ces hardiesses amenèrent bientôt la chute du comte d'Aranda, envoyé comme ambassadeur en France (1773). Mais les autres réformes qu'il avait entreprises, purement matérielles, furent poursuivies par son rival Florida Blanca, par Campomanès, qui avait publié d'utiles traités sur l'instruction élémentaire de la classe pauvre, sur la nécessité de multiplier les manufactures et contre les taxes arbitraires nuisibles à l'industrie. Charles III se sentait plus à l'aise en aidant ses ministres à embellir Madrid, qui fut dès lors éclairé la nuit, à le doter d'une police vigilante, à encourager l'agriculture. Il appela 8 000 laboureurs allemands à Sierra Leone, fit faire des plantations dans les provinces arides et nues de la Manche et de la Castille, reprendre les travaux du canal d'Aragon, établit une fabrique de toiles dans la résidence royale de Saint-Ildefonse, releva l'industrie des armes blanches de Tolède. Des écoles d'artillerie, de cavalerie, de tactique furent créées, la marine se développa : à la fin de la guerre de Sept Ans, l'Espagne avait 37 vaisseaux de ligne ; en 1788 elle en comptait 80.

Malgré ces réformes, Campomanès et Florida Blanca n'entendaient nullement renoncer aux principes de la monarchie absolue, et le culte de la royauté était encore une religion.

Italie ; Tanucci ; Léopold de Toscane ; Firmian. — Des princes espagnols, c'est-à-dire de la maison de Bourbon, étaient maîtres, en Italie, du royaume de Naples, des duchés de Parme et de Plaisance, mais ces princes étaient des Bourbons, des descendants de Louis XIV. Un Français, *Dutillois*, régentait, au nom de don Philippe, les duchés de Parme et de Plaisance, et copiait dans ces États en miniature les réformes des vrais États.

Le royaume de Naples avait été d'abord gouverné par *Charles VII*, qui devint Charles III en Espagne et qui avait donné sa confiance à un ministre libéral, *Tanucci*. Tanucci garda le pouvoir sous Ferdinand IV et, dans un ministère qui dura 42 ans (1735-1777), réalisa une foule d'améliorations. Sans oser détruire la constitution encore féodale du pays, il restreignit au moins les privilèges des barons, leur enleva le droit de justice, abolit les dîmes ecclésiastiques, arrêta l'envahissement des biens de mainmorte et limita l'action du Saint-Siège en exigeant pour la publication des bulles l'autorisation royale. Imitant la cour d'Espagne, il bannit les Jésuites en 1767. Naples vit s'élever dans son sein un enseignement libre et sérieux, et en 1758 son université s'enrichit d'une chaire d'économie politique.

L'Autriche régnait en Toscane sous le nom d'un descendant des princes lorrains, le grand-duc *Léopold I*ᵉʳ ; mais Léopold mettait en pratique les idées françaises. L'instruction, la justice, la législation, l'administration furent réformées suivant les idées nouvelles. Les universités de Pise et de Sienne refleurirent ; beaucoup de juridictions particulières et de privilèges disparurent. Des terres insalubres furent assainies par la culture, de vastes maremmes desséchées. Sans inquiétude sur sa souveraineté, placée sous la protection des grandes puissances, Léopold avait supprimé l'armée et fait de Florence une sorte de Salente où l'on s'énervait dans la mollesse.

Le duché de *Milan* appartenait à l'Autriche, mais le maître de l'Autriche, à la fin du XVIII° siècle, c'était le comte de *Firmian*, formé aux leçons de la philosophie française. Firmian pratiquait les sciences et la philosophie, établissait une chaire d'économie politique pour *Beccaria*, et rendait son ancien éclat à l'université de Pavie, où bientôt devait briller le grand physicien *Volta*. Le gouverneur s'appliquait à faire oublier la domination étrangère en veillant aux intérêts matériels de la province, en embellissant Milan, en réunissant cette ville par un canal au Tessin et à l'Adda, en dégageant de ses entraves le commerce des grains.

Allemagne et Autriche; l'empereur Joseph II (1765-1790). — Mais l'homme qui attirait le plus l'attention, c'était le fils de Marie-Thérèse, **Joseph II**, maître des nombreuses possessions autrichiennes et empereur d'Allemagne depuis 1765. Joseph II joua un grand rôle dans l'histoire du XVIII° siècle, non comme empereur, mais comme prince autrichien.

Ce souverain était si pénétré de l'esprit nouveau du XVIII° siècle, et ses voyages en Europe, imités de ceux de Pierre le Grand, lui avaient fait concevoir tant de réformes, qu'on le vit, pour ainsi dire, opérer une révolution à lui tout seul. Simple, ennemi du faste, Joseph II réduisit le luxe de la cour, imposa les terres de la noblesse et du clergé pour soulager les habitants des campagnes, chercha, dans des pays habitués à des juridictions particulières, à établir l'unité pour l'administration de la justice. Il fit beaucoup de bien en supprimant une foule d'offices judiciaires et féodaux, les servitudes personnelles, les chasses réservées, les corvées; mais les États provinciaux disparurent, la volonté absolue de l'empereur dirigea tout, régla tout, et les provinces se plaignirent. Joseph II précéda l'Assemblée Constituante française et l'Assemblée Législative dans la suppression des ordres religieux; il fit fermer plus de deux mille couvents, confisqua leurs biens et se fit l'administrateur suprême du temporel de l'Église; il exerça sur les évêchés une autorité sans limites, en érigea de nouveaux, en réunit d'anciens, distribua comme il l'entendit leurs revenus et, empiétant même sur le domaine liturgique, prohiba les pèlerinages, réduisit le nombre des fêtes, réglementa les ornements des saintes images, les offrandes votives aux églises, les heures où l'on sonnerait les cloches, où l'on ouvrirait les églises, et fit composer un catéchisme politique et moral à l'usage des écoles. Les réformes allèrent si loin, sa lutte avec le pape fut si vive, qu'on a pu dire avec raison : « Sous le règne de Joseph II, l'Autriche sortait du catholicisme, sans entrer dans le protestantisme ». Joseph II précéda encore la Révolution française en établissant la liberté des cultes par son *Édit de tolérance* du 13 octobre 1781 et l'admission de tous les chrétiens à l'égalité des droits civils; en instituant le mariage civil, en abolissant le droit d'aînesse. Il interdit les sépultures somptueuses et ordonna que riches et pauvres fussent ensevelis de la même manière, dans un sac. Si son beau-frère, Louis XVI, avait réalisé le quart des réformes de Joseph II, même avec son activité un peu brouillonne, il aurait évité les abîmes où s'engloutit sa monarchie. Joseph II encouragea les lettres et favorisa les artistes : il sut si bien s'attacher Mozart, que ce grand musicien, malgré les offres les plus brillantes des princes étrangers, refusa de quitter sa cour.

Malgré les bienfaits réels de son règne, Joseph II mourut (le 20 janvier 1790) triste, fatigué par ses guerres avec les Turcs, par la lutte qu'il soutenait contre la cour de Rome, par les résistances de toute sorte que ses réformes avaient suscitées. Il avait vu commencer l'orage de 1789, dont il suivait la marche avec anxiété et qui devait être si funeste à sa sœur Marie-Antoinette.

La Suède; Gustave III. — L'esprit de réforme avait pénétré jusque dans les États du Nord.

En Suède, *Gustave III* abolit la torture, interdit la mendicité, fonda des maisons de travail, favorisa l'accroissement de la population en exemptant de l'impôt personnel les familles nombreuses, encouragea le travail, l'industrie, le commerce, favorisa les écrivains, les artistes et eut à sa cour un théâtre français.

Ce prince cependant cherchait à relever la Suède au dehors, et en 1788, au moment où Catherine II poussait ses armées sur la Crimée, il envahit la Finlande. Mais les rancunes de la noblesse le firent échouer; il avait déclaré la guerre sans consulter les États : l'armée refusa de marcher. Gustave se vit obligé, comme Louis XVI, de convoquer enfin les États, qui se réunirent au mois de février 1789. Une révolution sembla près d'y éclater, mais il s'y passa le contraire de ce qui devait arriver en France : ce fut la noblesse qui se sépara du roi; le clergé, les paysans, les bourgeois soutinrent Gustave, et celui-ci, mêlant les concessions à l'énergie, fit lire et adopter, le 21 février, un acte *d'union et de sûreté*. Cet acte confirmait les prérogatives royales, proclamait l'admission des roturiers dans le tribunal suprême du roi, reconnaissait à toutes les classes des droits égaux, réservait aux nobles les principales dignités et les charges de cour, mais n'admettait pour les autres places que des conditions de capacité et de mérite, soumettait les subsides à la décision des États et confirmait les privilèges de la noblesse, du clergé et des villes. Bien qu'il y eût dans cet acte des principes qui allaient être proclamés par l'Assemblée Constituante, Gustave III était, comme les autres souverains de son temps, trop imbu des maximes féodales pour comprendre la Révolution française.

Le Danemark ; les Bernstorff. — Le Danemark n'était plus cette puissance autrefois souveraine dans le Nord. Toutefois chaque règne de ses princes avait été marqué à l'intérieur par des progrès sérieux : développement du commerce et de la marine, création de l'industrie danoise, fondation d'écoles dans chaque village, diminution des corvées, amélioration du sort des paysans.

Copenhague tendait à rivaliser avec les autres capitales de l'Europe par le nombre de ses établissements scientifiques, littéraires, artistiques, le caractère monumental de ses établissements hospitaliers. Frédéric V (1746-1766), à qui Copenhague dut la plupart de ses fondations et le Danemark une réelle prospérité, favorisait les écrivains et, à côté d'un théâtre danois, à côté de l'opéra italien, ouvrit un théâtre français. Un ministre, le comte de *Bernstorff*, aida puissamment Frédéric V à donner à l'industrie, aux manufactures, une impulsion qui lui a fait décerner le nom de Colbert du Danemark. Le neveu de ce grand ministre, André Bernstorff, continua plus tard ses traditions.

Au dehors, dans la guerre d'Amérique, appuyé sur une forte marine, il adhéra à la ligue des neutres, sans toutefois rompre avec l'Angleterre. Au dedans il reprit avec une sage persévérance les réformes commencées, fit modifier le Code criminel, améliora les finances et s'attacha surtout à relever la condition sociale des paysans. Une ordonnance du 20 juin 1788 détruisit le dernier lien qui attachait le paysan à la glèbe, le *sternsband*, qui devait prendre fin au 1ᵉʳ janvier 1800. Aussi les Danois, loin de songer à une révolution, élevèrent-ils à une des entrées de Copenhague la colonne de la Liberté.

La Hollande. — La Hollande ressentait le contre-coup des agitations européennes. Le stathoudérat, rétabli en 1747, était fortement ébranlé par le parti républicain Le roi de Prusse, prenant la défense du prince d'Orange, qui avait épousé sa sœur, venait d'intervenir en 1787 ; un corps de 20 000 hommes, sous le commandement de ce même duc de Brunswick qui allait bientôt menacer la France, s'était rendu maître d'Amsterdam et avait rétabli le stathouder dans la plénitude de ses droits. Aussi, dans quelques années, les soldats de la République française seront-ils accueillis comme des libérateurs.

La Suisse. — Il eût été difficile à la Suisse d'échapper aux idées du XVIII⁰ siècle, car, à sa porte, la République indépendante de *Genève* en était le plus ardent foyer. De Genève était déjà partie la révolution protestante de Calvin, plus hardie que celle de Luther. De Genève, où les esprits pouvaient plus librement se développer, partit le grand mouvement philosophique. Ferney, où se réfugia Voltaire, n'était qu'à quelques kilomètres de la cité où était né Jean-Jacques Rousseau. Le ministre Necker en sortit pour commencer les réformes qui devaient précéder la Révolution, et arriva dans les conseils de Louis XVI avec les principes qui prévalaient dans la petite république dont il était citoyen.

La Prusse. — Frédéric II avait réellement créé la Prusse. Il n'avait pas été seulement un grand capitaine, il avait excellé comme administrateur. A la fin de son règne les campagnes étaient prospères, la population augmentait, les villes s'embellissaient. Ennemi de la France, mais imbu des idées françaises, ami des savants, des écrivains et des philosophes français, Frédéric II avait été un des plus hardis réformateurs de son siècle. Nul n'avait eu plus d'initiative et d'énergie. Mais par là il avait consolidé son pouvoir absolu, appuyé sur une forte aristocratie militaire. Il laissait son peuple, selon son expression, dire ce qu'il voulait, mais lui ne faisait que ce qu'il voulait.

Frédéric II (mort en 1786) avait formé et constitué la nation prussienne. La royauté à Berlin n'avait rien à redouter, parce qu'elle marchait d'accord avec le peuple et le devançait. Et si elle avait favorisé les idées françaises, si elle leur avait pris tout ce qui lui paraissait utile, profitable aux intérêts matériels, économiques et sociaux, elle se garda bien de les accepter tout entières. La Révolution française n'aura pas d'ennemie plus empressée à ameuter l'Europe contre elle et à la combattre dès la première heure.

Cet esprit de réforme qui travaillait les divers pays et sollicitait les souverains à se préoccuper enfin des besoins de leurs peuples, ne doit donc pas faire illusion sur les sentiments des ministres et des rois les plus réformateurs. Les princes de l'Europe, même ceux qui paraissaient le mieux intentionnés, seront les ennemis de la Révolution sortie de ce mouvement des esprits.

XXII. — Préludes de la Révolution française.

La France à l'avènement de Louis XVI. — État des esprits à cette époque. — Opposition entre les idées et les institutions. — Essais de réforme. — Turgot, Malesherbes, Necker. — Désordres financiers. — Les États généraux.

I. — Tentatives de réforme. — Turgot.

Louis XVI (1774). — Louis XVI, monté sur le trône de France en 1774, à l'âge de vingt ans, était un prince bon, honnête, mais d'un esprit peu étendu et d'un caractère indécis. Plus fait pour la vie privée, dans laquelle il se complaisait, que pour la vie publique, il avait un vague instinct des nécessités de son époque. Mais la faiblesse de son caractère l'empêcha de réaliser ses excellentes intentions.

Il remit au peuple le don de joyeux avènement, diminua quelques impôts, ramena à la cour la décence, et donna l'exemple des vertus de famille. Il rappela le Parlement supprimé par Louis XV, et toutes les espérances furent permises quand on le vit faire entrer au ministère deux hommes de bien, *Turgot* et *Malesherbes;* mais le ministre en faveur était le vieux et frivole *Maurepas.*

Malesherbes. — Lamoignon de Malesherbes était un magistrat éminent, ancien président de la Cour des aides et directeur de la Librairie sous Louis XV, ami des philosophes, qu'il avait protégés. Dès l'année 1771 il avait demandé la convocation des États généraux. Nommé ministre de la maison du roi, il rompit avec les traditions absolutistes et proposa des réformes humanitaires. Il voulut rendre aux accusés la faculté d'être défendus, aux protestants la liberté de conscience, aux écrivains la liberté de la presse, à tous les Français la sûreté de leur personne. Il proposa l'abolition de la torture, le rétablissement de l'édit de Nantes, la suppression des lettres de cachet et celle de la censure. Il ne put malheureusement réaliser toutes ses idées et se retira bientôt devant les résistances qu'il rencontrait (1776).

Turgot; les finances (1774-1776). — Turgot, né en 1727, était un disciple des économistes. Nommé par Louis XV intendant du Limousin, l'une des provinces les plus arriérées et les plus pauvres, il l'avait, en treize ans, complètement transformé par son intelligente administration. Il y avait réparé les routes, en avait ouvert de nouvelles, supprimé la corvée et les réquisitions militaires, mieux réparti la taille, relevé l'agriculture, affranchi le commerce; aussi la renommée l'avait-elle en quelque sorte désigné à Louis XVI, qui l'appela d'abord au ministère de la marine, puis, au bout de quelques semaines, au contrôle général des finances, le poste le plus important, car il donnait autorité à la fois sur les finances, l'agriculture, le commerce et l'industrie. Turgot, dont Malesherbes disait : « Il a la tête de Bacon et le cœur de L'Hôpital », n'entreprit pas moins que de faire la Révolution à lui tout seul, et il lui aurait fallu un prince capable de le comprendre.

Quand il arriva au pouvoir, il formula hardiment son programme financier : « Point de banqueroute, point d'impôts nouveaux, point d'emprunt ». Il fallait donc, pour établir l'équilibre du budget, recourir aux économies et tailler en grand dans les dépenses de la cour, dans les pensions prodiguées à la noblesse et dans les privilèges.

Turgot s'appliqua à améliorer le système de *perception des impôts*, fit disparaître les croupiers qui attiraient à eux la plus grande partie des sommes arrachées au peuple, et quintupla le revenu du bail des *fermes générales*. Il étendit le système des *régies directes* pour le compte du roi, résilia les marchés frauduleux, diminua le nombre des *offices* qui s'achetaient, supprima les gratifications ou pots-de-vin que les fermiers généraux donnaient aux ministres, aux courtisans, argent qu'ils devaient retirer du produit des impôts, diminua considérablement le nombre des offices de finances, en un mot restreignit les dépenses et augmenta les recettes. En outre, il abaissa *l'intérêt* de l'argent, disant que la baisse de l'intérêt, c'est la mer qui se retire laissant à sec des plages que le travail de l'homme peut féconder.

L'agriculture. — Turgot, par ses réformes financières, en protégeant le contribuable contre l'avidité des traitants, soulageait déjà les campagnes. Il leur apporta un soulagement bien plus grand encore par la suppression de la **corvée** et des *réquisitions militaires* qui pesaient sur les paysans. On les embrigadait de force pour les travaux des routes, on leur prenait chevaux et voitures non seulement pour ces travaux, mais pour les transports des équipages militaires. Turgot substitua à ces vexations une taxe qui permettait à l'État de faire exécuter les travaux nécessaires par des ouvriers qu'on payait.

Enfin, et c'était principalement sur ce remède que comptait Turgot, il fit décréter la **liberté du commerce des grains** à l'intérieur. L'interdiction de ce commerce empêchait les provinces qui avaient du blé d'en envoyer à celles qui en manquaient. Et les paysans, ne sachant que faire de l'excédent des récoltes, cultivaient le moins possible de terres. Ils n'étaient point stimulés, et, si une mauvaise année survenait, les réserves, vite épuisées, ne suffisaient point pour empêcher la famine.

L'industrie. — Aussi partisan des théories de Gournay que de celles de Quesnay, aussi préoccupé de l'industrie que de l'agriculture, Turgot voulut détruire les entraves qui gênaient le travail. Les corporations avaient pu le protéger au moyen âge : elles l'arrêtaient au xviii° siècle, et les règlements exagérés par Colbert étaient autant de lisières qui enchaînaient les métiers, empêchaient la concurrence et le progrès. Turgot supprima les **jurandes** et les **maîtrises**[1]. Dans le préambule de l'édit par lequel les corporations étaient abolies, il disait : « Dieu, en donnant à l'homme des besoins, en lui rendant nécessaire la ressource du travail, a fait du droit de travailler la propriété de tout homme, et cette propriété est la première, la plus sacrée et la plus imprescriptible de toutes. »

Les idées politiques et la retraite de Turgot (1776). — Pour faire pénétrer la vie politique dans toute la nation, et l'habituer à contrôler son gouvernement, Turgot, sur le modèle des États provinciaux, imagina un vaste système d'**assemblées provinciales** dans lesquelles on ne tiendrait point compte de la distinction des trois ordres. *Ces assemblées devaient être élues*, mais Turgot n'appelait à concourir à l'élection que les propriétaires. C'était toutefois un progrès immense. Les *muni-*

---

1. Pour être maître, patron, il fallait passer par une série d'épreuves et payer des droits onéreux ; c'était ce que l'on appelait la *maîtrise*. Les *jurés* avaient la police de la corporation, et leur charge, qui s'achetait, s'appelait *jurande*.

cipalités envoyaient des délégués à *l'assemblée de l'arrondissement*; les assemblées d'arrondissement envoyaient des délégués à *l'assemblée de la province*; enfin, les délégués des assemblées provinciales auraient formé la *grande municipalité du royaume*. Ce vaste plan, bien exécuté, aurait peut-être amené une décentralisation modérée et une juste liberté. Turgot n'eut pas le temps de la réaliser. Il se brisa contre les résistances que devait vaincre plus tard le mouvement de 1789.

La noblesse et le clergé réclamèrent pour leurs privilèges. Le peuple même, accoutumé à être trompé, et qui, malgré les réformes économiques, souffrait toujours de la disette, se laissa exciter contre le ministre patriote. *Encore des mangeries!* disaient les laboureurs en entendant parler des nouvelles assemblées. Les accapareurs de blés avaient produit sur certains points des famines factices dont on accusait le système de Turgot. On persuadait aux paysans qu'en laissant passer leurs blés dans une autre province, ils s'exposaient à en manquer. Des émeutes troublèrent les provinces et les environs de Paris. Des bandes de brigands arrêtaient les convois et les bateaux et amenaient ainsi la cherté du pain. Turgot triompha de ces émeutes, qu'on appela *la guerre des farines*; mais toutes ces clameurs, jointes à celles des privilégiés, ébranlaient l'esprit faible de Louis XVI. Il avait pourtant dit : « Il n'y a que M. Turgot et moi qui aimions le peuple ». Bientôt il se trouva ennuyé des longs mémoires philosophiques que lui apportait le ministre réformateur : « Encore un mémoire! » dit-il un jour. Il l'écouta pourtant, mais quelques heures après il signifiait son congé au ministre qui seul eût pu l'empêcher de courir à sa ruine. Turgot se retira dignement, mais il mourut quelques années après (1781), assez à temps pour ne pas voir sombrer cette monarchie qu'il avait voulu et qu'il aurait pu sauver.

Le comte *de Saint-Germain*, de son côté, avait essayé de réorganiser l'armée « à la prussienne ». Il fut obligé aussi de se retirer, parce qu'il avait dépassé le but et blessé le caractère du soldat français.

II. — Necker. — La convocation des États généraux.

Premier ministère de Necker (1777-1781); premières assemblées provinciales. — Après quelques essais de ministres insuffisants, Louis XVI confia les finances à un banquier genevois, **Necker**. Appelé pour combler le déficit, celui-ci chercha, avec toute l'habileté d'un homme expert en matière de finances, à établir une comptabilité régulière, à transformer le système des impôts, et réussit du moins à donner assez de crédit à l'État pour faire face aux dépenses de la *guerre d'Amérique*. Cette guerre était venue atténuer l'effet de ses économies, et il tomba avant qu'elle fût terminée. Quoiqu'il n'eût point les vues d'un homme d'État de premier ordre, Necker, bien placé, par sa qualité même d'étranger, pour juger le chaos de l'administration française, essaya de reprendre quelques-uns des plans de Turgot et de Malesherbes. En dehors des améliorations financières, il marqua son premier passage aux affaires par des réformes sociales et philanthropiques (abolition des derniers restes du *servage* et de la *mainmorte* dans le domaine royal, abolition de la *question préparatoire*, amélioration du régime des prisons).

Il essaya le système des *assemblées provinciales* en l'appliquant à des provinces dépourvues d'états particuliers, dans le Berry, dans les généralités de Grenoble, de Montauban, de Moulins. Ce n'était pas une vraie représentation des provinces, car le roi nommait une partie des députés, mais c'était une brèche considérable au pouvoir absolu. Necker n'eut pas le temps de multiplier ces nouvelles assemblées : en éclairant d'une trop vive lumière les abus du gouvernement par la publication de son *Compte rendu* des finances, le premier budget qui ait été porté à la connaissance du pays, il excita parmi les privilégiés une telle clameur, que la faiblesse de Louis XVI s'en alarma. « Avez-vous lu le conte bleu? » disaient en riant et en jouant sur les mots les courtisans. Necker se retira (1781); quand on le rappellera une deuxième fois, il sera trop tard.

Prodigalités de Calonne (1783-1787). — Après avoir, en deux ans, épuisé deux ministres insuffisants, le roi se laissa prendre aux pièges d'un homme qui se montra incapable avec éclat, chercha à éblouir tout le monde par la hardiesse de ses combinaisons, et, en voulant dérober aux yeux le déficit, l'augmenta par une déplorable prodigalité de quatre années. *Calonne*, qui gardait l'argent que le roi lui avait donné pour payer ses dettes, se jouait également des intérêts de l'État : ses affirmations, ses promesses, ses libéralités, raffermirent le crédit du Trésor, et ses emprunts lui facilitèrent encore des largesses qui firent pousser des cris d'admiration aux courtisans. Il y eut là quelques années d'illusions. Marie-Antoinette, qui commençait à exercer une grande influence sur le roi, soutenait Calonne. Loin de pressentir l'orage qui s'approchait, elle se livrait avec insouciance à ses goûts champêtres dans les riants jardins de Trianon. Ses désirs les plus coûteux et ceux des princes étaient satisfaits, et l'on s'extasiait devant le génie financier de Calonne qui semblait avoir découvert un nouveau Pactole.

Mais ce Pactole, c'était le crédit, fleuve qui se tarit bien vite. Calonne fut obligé de révéler au roi la vérité, c'est-à-dire l'accroissement du déficit. Il proposa de le combler en réformant l'État, et reprit les plans de Turgot, les projets de Necker : assemblées provinciales, réforme des impôts, liberté plus grande laissée à l'industrie et au commerce. « Mais c'est du Necker tout pur que vous me donnez là! s'écria Louis XVI. — Sire, répondit-il, dans l'état des choses on ne peut rien vous donner de mieux. » Louis XVI cependant ne renvoya pas Calonne, qui crut tout sauver en demandant non pas les États généraux, dont on parlait déjà, mais une assemblée des Notables.

Assemblée des Notables (1787). — Les *Notables* se réunirent à Versailles le 29 janvier 1787[1]. Assemblée de privilégiés et encore fort restreinte, puisqu'elle ne comptait que cent quarante-quatre membres, cette réunion, qui ne pouvait donner d'ombrage à la cour, scandalisait cependant les partisans du pouvoir absolu. Ceux-ci allaient répétant que « le roi donnait sa démission ». Calonne aggrava encore la situation en attaquant lui-même les privilèges et les abus avec une vigueur qu'un Turgot ou un Necker eût modérée par plus de convenance ou au moins justifiée par son honnêteté personnelle. Les Notables convenaient bien qu'il y avait quelque chose à faire, mais se refusaient aux réformes gênantes pour les privilégiés, et ne se reconnaissaient pas assez d'autorité pour entreprendre celles qu'ils trouvaient justes. Une forte opposition contre Calonne, dont les témérités déplaisaient depuis qu'elles ne profitaient plus, se forma dans l'assemblée, et le président des Notables, *Loménie de Brienne,* archevêque de Toulouse, puis de Sens,

---

1. Depuis l'année 1626 il n'y avait eu aucune réunion de ces assemblées, très fréquentes du XIIIe au XVIe siècle et qui avaient souvent dispensé les rois de recourir aux États généraux.

fut nommé chef du conseil des finances. Calonne avait accru le déficit et amené la convocation des Notables. Loménie de Brienne allait achever de creuser le gouffre, affaiblir l'autorité royale par sa lutte contre les parlements, et rendre inévitable la convocation des États généraux.

Loménie de Brienne ; lutte contre les parlements (1787-88) ; convocation des États généraux (8 août 1788). — Calonne n'avait su ni contenir ni gagner les Notables qu'il avait appelés. La cour s'imagina que Brienne les disciplinerait mieux. puisqu'il s'était appuyé sur eux pour arriver au pouvoir. Brienne n'obtint pourtant aucun résultat : les Notables ne voulurent point assumer la responsabilité de voter des impôts et abdiquèrent en laissant au roi le soin de décider quelles nouvelles contributions aideraient le mieux à subvenir aux nécessités du moment. Mais un grand mot avait été prononcé par le marquis de la Fayette, enthousiaste des libertés qu'il était allé le premier défendre en Amérique : il avait demandé une Assemblée nationale. « Quoi! monsieur, dit le comte d'Artois, vous demandez les États généraux? — Oui, monseigneur, et même mieux que cela. »

Le mouvement était tel, que le Parlement lui-même, qui s'était, durant des siècles, considéré comme le représentant de la nation, refusa d'enregistrer les impôts nouveaux et déclara les États généraux seuls en droit d'octroyer au roi les subsides nécessaires. Sans doute, dans l'esprit des magistrats du Parlement, les États généraux ne pouvaient manquer de définir et d'augmenter les attributions politiques d'une Compagnie qui s'était toujours interposée entre le peuple et le roi. Mais le public, ne tenant compte que du fait, soutint le Parlement dans son opposition. Brienne eut recours à des actes d'autorité qui n'imposaient plus parce qu'on en avait trop abusé. Les lits de justice, les appels à Versailles devenaient fréquents, si bien qu'il était aisé de prévoir un nouveau coup d'État à la Maupeou. Averti, le Parlement rendit un arrêt dont les considérants formaient comme un préambule de constitution. La cour se résolut aux moyens extrêmes : elle donna l'ordre d'arrêter deux des plus jeunes et des plus fougueux conseillers, Goislard de Montsabert et d'Éprémesnil; ils se réfugièrent au Parlement, qui se déclara en permanence. Alors eut lieu cette scène fameuse qui n'avait pas eu d'égale dans la Fronde, et où tous les conseillers, couvrant leurs deux collègues de leur solidarité, refusèrent de les désigner au capitaine des gardes françaises et s'écrièrent d'une voix unanime : « Nous sommes tous d'Eprémesnil et Montsabert ! » (5 et 6 mai 1788.) Les deux conseillers finirent pourtant par se livrer, et Brienne crut avoir triomphé en déférant l'enregistrement des édits à une *cour plénière*.

Les parlements de province protestèrent à la fois contre la cour plénière et contre une réforme de la juridiction qui tendait à affaiblir leur importance. La Normandie, la Bretagne, s'agitaient pour le maintien de leurs privilèges et de leur quasi-indépendance. En Dauphiné, l'exil du parlement de Grenoble fut le signal de troubles graves (7 juin 1788); les états de la province, qu'on ne réunissait plus depuis le règne de Louis XIII, se réunirent d'eux-mêmes. La cour fut forcée d'autoriser cette assemblée, qui siégea au château de *Vizille* et décida le refus de tout impôt nouveau jusqu'aux États généraux (21 juillet 1788).

Brienne, qui avait tout prévu, disait-il, même la guerre civile, semblait ne rien redouter; mais l'ordre même dont il sortait lui porta le dernier coup. L'assemblée du clergé de France présenta aussi des remontrances contre la cour plénière et réclama également les États généraux. Brienne dut céder : il était à bout de ressources; il dut proposer au roi la convocation des États, qui furent annoncés, par un arrêt du Conseil du 8 août, pour le 1er mai 1789. Quelques jours après, le 25 août, Loménie de Brienne, qui avait trouvé le temps de s'enrichir encore en cette époque de crise, se retira du ministère[1], et le peuple manifesta bruyamment sa joie. En réalité la Révolution commençait.

III. — ÉTAT DE LA FRANCE EN 1789.

Opposition entre les idées et les institutions. — Le mouvement intellectuel était immense : de tous côtés, dans la littérature, dans les sciences, les esprits cherchaient la vérité, l'ordre, la raison de toutes choses. Le peuple, instruit par tant de livres répandus depuis un siècle, avait appris à discuter. Il n'entendait parler que d'égalité des hommes, de liberté, de bonheur; il

---

1. Loménie de Brienne prêta plus tard serment à la constitution civile du clergé, mais il fut arrêté en 1793 à Sens, et mourut en prison (1794). Les autres membres de sa famille furent traduits devant le tribunal revolutionnaire.

s'indigna profondément de souffrir de l'inégalité des classes, de l'arbitraire du gouvernement, de l'injustice d'une législation mauvaise, et enfin de la misère qui allait sans cesse en augmentant.

État politique; gouvernement; administration. — La royauté avait fondé l'unité de la France : elle avait soumis la féodalité sans la détruire. Sous un ordre apparent régnait une véritable confusion : les petites souverainetés du moyen âge avaient toutes laissé des traces de leur existence, et, si les seigneurs courbaient la tête devant le roi, ils la redressaient bien haut hors de Versailles, pesant sur les classes inférieures de tout le poids de leur orgueil et de leurs privilèges. La société, comme le gouvernement, s'était formée au hasard, et il en résultait dans tous deux une grande incertitude ou plutôt un manque absolu de principes.

Pour le gouvernement, point de *constitution écrite*. Nourri de maximes absolutistes qui, pour un prince religieux comme Louis XVI, s'élevaient à la hauteur de dogmes, et au maintien desquelles sa conscience même s'intéressait, le descendant de Louis XIV se croyait sincèrement armé d'un droit divin.

Les ministres, le *chancelier* (justice), le *contrôleur général des finances*, les quatre *secrétaires d'État* (maison du roi, affaires étrangères, guerre, marine) ne se partageaient pas seulement l'administration, mais encore le territoire de la France : de là un assemblage discordant d'attributions.

De plus, autant d'administrations, autant de circonscriptions différentes : 35 *généralités et intendances*, 32 *gouvernements de province*, 139 *diocèses ecclésiastiques*, 12 ressorts de *parlements provinciaux*, 100 *présidiaux* ou tribunaux d'appel, puis des tribunaux de *bailliages* et *sénéchaussées*, 20 *universités*, tout cela s'enchevêtrait.

Justice. — Les *Chambres des comptes*, la *Cour des aides*, la *Cour des monnaies*, le *Grand Conseil*, l'*Université de Paris*, les *capitaineries royales* avaient une juridiction particulière et distincte.

Le clergé avait ses *officialités*. La noblesse ne voulait être jugée que par les *présidiaux* et les *parlements*. La législation n'était point semblable pour elle, et le même délit n'entraînait pas les mêmes peines. Du reste, la justice pouvait être suspendue par des arrêts du Conseil du roi, qui évoquait l'affaire, ou bien on se passait des formes de la justice en emprisonnant en vertu d'une simple *lettre de cachet*. Les ministres étaient ainsi les maîtres de la liberté de tous.

Devant les tribunaux, point de défenseur pour l'accusé, et, pour sanction de lois inégales et cruelles, des supplices plus cruels encore. La corde et la *roue* fonctionnaient trop souvent.

Finances. — Les *impôts*, nombreux et vexatoires (*tailles, capitation*, impôts du *dixième*, du *vingtième*, *aides* ou impôts indirects, *gabelles*, monopole du sel), étaient pour la plupart affermés à des *traitants* et perçus par leurs agents : ils donnaient lieu à des bénéfices énormes, que les traitants partageaient avec les courtisans. De nombreux cas d'exemption empêchaient l'égale répartition de la taille. Une paroisse, même si elle se dépeuplait, devait toujours payer la même somme.

Armée. — L'armée comptait beaucoup de *régiments étrangers* et se recrutait fort mal, par voie d'*enrôlements*. La *milice* des provinces se formait par le tirage au sort, auquel les populations des campagnes ne pouvaient se résigner, surtout à cause de nombreuses exemptions qu'obtenaient la faveur et l'intrigue.

De plus, les grades *s'achetaient* : avec de l'argent, un noble acquérait le commandement d'un régiment, et les roturiers ne pouvaient espérer, même avec un réel mérite, les grades supérieurs.

État social; la noblesse. — La France alors se considérait comme une nation formant un tout compact, et cependant, en la regardant de près, on s'aperçoit qu'elle n'avait rien moins que cette unité dont elle était fière. Elle était réellement divisée en trois nations : *noblesse, clergé, tiers état*. Nobles de vieille souche ou d'origine récente, descendants des ducs et des comtes, ou héritiers de titres acquis à prix d'argent, se croyaient presque d'une autre race. De plus, la *noblesse d'épée* dédaignait la *noblesse de robe*. Le *droit d'aînesse* maintenait l'inégalité même dans les familles nobles, et les domaines restaient attachés au titre. Les nobles, qui depuis longtemps s'étaient réconciliés avec la royauté, entendaient ne point renoncer à leurs droits seigneuriaux, qui pesaient sur les roturiers et les habitants des campagnes.

A mesure qu'on supportait plus difficilement les privilèges de la noblesse, la noblesse augmentait; 4 000 charges, en 1789, conféraient la noblesse à ceux qui les acquéraient. Le droit forçait les cadets à prendre l'épée ou à se jeter dans l'Église. La vocation venait si elle pouvait, mais l'intrigue et le nom suffisaient pour élever bien haut le fils de famille. L'Église était surtout recherchée; elle conduisait à la fortune.

Le clergé. — Au moment où le clergé avait à lutter et contre le protestantisme et contre les philosophes, lorsque les âmes ébranlées se détachaient de la religion, il ne réformait ni sa discipline ni ses mœurs. L'inégalité des diocèses donnait d'immenses revenus à certains titulaires et réduisait d'autres à la pauvreté. Brienne, archevêque de Toulouse, réalisa jusqu'à 678 000 livres de revenu ou bénéfices ecclésiastiques, pendant que beaucoup de vicaires de campagne mouraient de faim. Le clergé comptait alors 103 000 membres. Il percevait 125 millions de dîmes (206 millions d'aujourd'hui).

Le tiers état. — Les 25 millions d'habitants qui, dans les villes et dans les campagnes, formaient le troisième ordre ou *tiers état*, demeuraient comme une nation inférieure. La bourgeoisie pourtant avait grandi en savoir et en richesse : elle fournissait un grand nombre d'officiers de justice et de financiers; mais elle était entachée de roture. Les nobles consentaient bien à recourir à sa bourse, mais affectaient toujours de la tenir à l'écart; sans doute les mœurs avaient bien adouci les anciennes servitudes, mais celles-ci subsistaient en droit et en fait.

Situation économique; servitudes de l'industrie; entraves au commerce; dépérissement de l'agriculture. — A cette époque où l'industrie et le commerce ne demandaient qu'à prendre l'essor, on sentait de plus en plus les inconvénients qui les arrêtaient : *corporations, jurandes, maîtrises,* qui avaient été rétablies après la disgrâce de Turgot. Des inspecteurs brûlaient les produits des manufactures si les règlements sur la fabrication des étoffes n'avaient pas été ponctuellement observés. La *diversité des poids et mesures,* les *monopoles,* les *douanes intérieures,* les *péages* surtout rendaient le commerce bien difficile.

L'agriculture était en pleine décadence. Sans doute la division de la propriété avait commencé, mais les servitudes dont la terre était grevée, le peu de garanties qu'on avait pour la conservation de sa propriété, le mauvais état des routes et des chemins, impraticables huit mois de l'année, décourageaient les paysans. Les grands seigneurs ne s'occupaient nullement de leurs terres.

La conséquence de tous ces abus, c'était la profonde misère

du peuple. Le pain fut la grande affaire du xviiie siècle. C'est
en demandant du pain que le peuple se souleva plusieurs fois,
et ce cri sinistre : « Du pain! » fut le premier cri des terribles
émeutes de la Révolution.

Vices d'une société à la fois féodale et moderne. —
Ainsi trois classes, ou plutôt trois nations dans la nation,
pouvoirs mal définis du gouvernement, mauvaise organisation
administrative et judiciaire, rigueur du code pénal, iniquité de
la procédure, perception des contributions publiques onéreuse
aux particuliers et onéreuse à l'État, inégalité dans la condition
des provinces et dans la condition des personnes, qui ne peuvent toutes arriver aux mêmes dignités, qui ne payent point
toutes l'impôt, qui ne sont point soumises à la même justice;
entraves au commerce et à l'industrie, liberté individuelle et
propriété mal garanties, intolérance, misère générale, voilà
ce qui irritait les esprits au xviiie siècle. La société, féodale
dans sa constitution, était moderne par l'esprit et les aspira-
tions. La hardiesse de la pensée ne connaissait point de bornes.
La royauté aurait pu favoriser l'émancipation de cette société
avide d'égalité et de liberté. Au lieu de se mettre à la tête du
mouvement, elle essaya tantôt de le contenir, tantôt de le diriger, ne sachant point le conduire et n'ayant plus la force de le
comprimer. Elle sera emportée par le torrent.

XXIII. — La guerre de l'indépendance en Amérique

*Les colonies anglaises d'Amérique; leur soulèvement. —
Intervention de la France. — Constitution américaine
de 1787.*

I. — LES COLONIES ANGLAISES D'AMÉRIQUE.

La colonisation de l'Amérique du Nord par les Anglais.
— L'Europe était déjà fort ébranlée par la propagande des
idées libérales, lorsque de l'autre côté de l'Atlantique une
guerre éclata, inspirée par ces idées. Jusqu'alors on n'avait eu
que des luttes de souverains se disputant les peuples comme
des troupeaux. Tout à coup un peuple se soulève par delà les
mers et proclame des maximes traduites sans doute des livres

français, mais que le premier il fit passer dans les faits : le peuple américain.

Ces Américains étaient des fils d'Européens émigrés au siècle précédent, victimes des révolutions et assez forts maintenant pour en opérer une à leur profit.

Sur la côte orientale de l'Amérique du Nord, au-dessous du Saint-Laurent, au-dessus du golfe du Mexique, dans l'espace que borne à l'ouest la chaîne des Alleghanys, se fondèrent des colonies anglaises, les unes nées de la générosité, les autres de la persécution des rois. L'intolérance religieuse de Jacques Ier et de Charles Ier, les troubles de la Révolution, les rigueurs de la Restauration amenèrent des émigrations successives, variées, de Cavaliers et de Têtes rondes, de protestants et de catholiques. Ils venaient, sur ces côtes dont sir Walter Raleigh avait révélé la fertilité, chercher la sécurité de leurs biens et de leur foi, la liberté de leurs opinions, de leurs discussions, de leur conscience, s'étendant à l'aise dans ces vastes contrées, travaillant, priant, dogmatisant et défrichant; gardant au milieu des forêts envahies la discipline, la ferveur religieuse, les sentiments de famille, le génie du travail; mesurant leur activité, sur ce sol vierge, à l'immensité de la tâche ; empruntant à cette nature sauvage je ne sais quoi d'âpre et de rude; devenant plus avides à mesure que la terre donnait davantage; puisant dans leur prospérité un légitime orgueil de leur force, et, dans l'aisance de leur vie sur cette terre nouvelle, un amour de la liberté, robuste comme leur foi, violent comme leur caractère.

Sir Walter Raleigh avait colonisé la **Virginie** sous Élisabeth. Des puritains débarquèrent près du cap *Cod* et fondèrent l'État de **Massachusetts** en 1618, qui, organisé définitivement en 1627, donna lui-même naissance, par des persécutions religieuses, aux États de **New-Hampshire**, du Maine, du **Connecticut**, de **Rhode-Island** (1630-1636). Les émigrants d'Angleterre purent dès lors, sur les rivages américains, choisir les colonies qui convenaient le mieux à leurs croyances.

En 1632 un Irlandais, lord Baltimore, reçut du roi Charles Ier le pays qu'il appela, en l'honneur de la reine Marie, **Maryland**, et dans lequel il établit deux cents gentilshommes catholiques. Sous Cromwell, les Anglais s'emparèrent de la belle île de la *Jamaïque* et commencèrent à chasser du voisinage de leurs colonies les Hollandais établis sur la rivière Hudson, où ils avaient fondé la Nouvelle-Amsterdam. Sous Charles II, au traité de Bréda (1667), les Hollandais cédèrent leurs établissements, qui devinrent les États de **New-York**, de **New-Jersey**, de **Delaware**. La Nouvelle-Amsterdam prit le nom du frère de Charles, le duc d'York, et devint cette ville de *New-York* destinée à un si brillant avenir.

Charles II encouragea d'ailleurs le mouvement d'émigration, et donna à huit lords anglais le pays que de son nom ils appelèrent **Caroline**, et qui plus tard fut divisé en **Caroline du Nord et Caroline du Sud**. Enfin il céda (1682) à Guillaume *Penn*, un des chefs de la secte bizarre des *quakers*, le pays qui fut la **Pennsylvanie** et où s'éleva la belle ville de *Philadelphie*. La **Georgie** ne fut colonisée qu'en 1732, sous le roi George II. N'oublions pas que des réfugiés français allèrent s'établir dans la Caroline après la révocation de l'édit de Nantes, et se distinguèrent entre tous par leur amour de l'indépendance.

Les gouvernements des colonies anglaises. — « Dans le berceau des colonies anglaises, dit M. Guizot, à côté de leurs libertés, et consacrés par les mêmes *chartes*, trois pouvoirs différents se rencontraient : la *couronne*; les *propriétaires* fondateurs, à qui était faite la concession du territoire, en vertu du principe féodal qui attache à la propriété une part considérable de la souveraineté ; la *métropole*, en vertu du principe colonial qui, de tout temps et chez tous les peuples, par une liaison naturelle de faits et d'idées, leur a attribué un grand empire. Dès l'origine et dans les événements comme dans les chartes, la confusion fut extrême entre ces pouvoirs, tour à tour dominants ou abaissés, unis ou divisés, tantôt protégeant l'un contre l'autre les colons et leurs franchises, tantôt les attaquant de concert.

« Après 1688, lorsque l'Angleterre fut en possession définitive d'un gouvernement libre, ses colonies en ressentirent peu les bienfaits. Les chartes que Charles II et Jacques II avaient abolies ou mutilées ne leur furent qu'incomplètement rendues. La même confusion régna, les mêmes luttes éclatèrent entre les pouvoirs. La plupart des *gouverneurs*, venus d'Europe, dépositaires passagers des prérogatives et des prétentions royales, les déployaient avec plus de hauteur que de force, dans une administration en général incohérente, tracassière, peu efficace, souvent avide, plus préoccupée de ses propres querelles que des intérêts du pays. Ce n'était plus d'ailleurs à la couronne seule, mais à la couronne et à la métropole réunies, que les colonies avaient affaire. Leur souverain réel n'était plus le roi, mais le roi et le peuple de la Grande-Bretagne, représentés et confondus dans le *Parlement*. Et le Parlement regardait presque les colonies du même œil, et tenait à leur sujet le même langage qu'affectaient naguère, envers le Parlement lui-même, ces rois qu'il avait vaincus. Un sénat aristocratique est le plus intraitable des maîtres. Tous y possèdent le pouvoir suprême, et nul n'en répond. »

Prospérité des colonies anglaises d'Amérique. — Cependant les colonies croissaient rapidement en population, en richesse. Au lieu de quelques établissements obscurs, uniquement occupés d'eux-mêmes et à peine en état de maintenir leur propre vie, un peuple se formait, dont l'agriculture, le commerce, les entreprises, les relations prenaient place dans le monde.

L'usage des denrées exotiques ou coloniales, telles que *sucre, café, cacao, thé, épices*, se répandait de plus en plus en Europe. On peut ajouter aussi aux produits nécessairement tirés de l'Amérique les cotons et laines, les diverses sortes de bois précieux, un grand nombre de pelleteries, certaines matières tinctoriales, plusieurs sortes de fruits secs ou confits. La culture du *tabac* avait été implantée en Virginie en 1616. La culture de la *canne à sucre* commença dans la Jamaïque en 1660. En 1702 la culture du *riz* fut importée de Madagascar dans les deux Carolines. En 1720 les Français plantèrent le *café* à la Martinique, et le café, une source de richesse pour l'Arabie, en devint une aussi pour les Antilles.

Les métropoles persistaient néanmoins dans le commerce exclusif avec leurs colonies. L'Angleterre essaya de tenir ainsi à la chaîne ses colonies américaines, mais celles-ci, dont l'activité était fiévreuse, voulaient se développer librement. L'immense étendue des côtes, le voisinage des colonies françaises et espagnoles, favorisaient la contrebande, qui assurait aux colons de beaux bénéfices : de là de fréquentes querelles avec l'Angleterre. Toutefois la provocation à la révolte ne vint point d'une question commerciale.

Développement de l'instruction; fierté des Américains. — Si les Américains se livraient avec ardeur à la satisfaction des intérêts matériels, ils ne négligeaient point les intérêts moraux. L'instruction chez eux fit de rapides progrès. *Dans le*

Massachusetts la loi forçait les villes et les villages à entre-tenir des écoles. L'imprimerie y fut portée dès l'année 1638. Les discussions religieuses, les débats politiques des assemblées locales développaient la vie intellectuelle.

Les colonies, raisonneuses, se glorifiaient d'être les filles de l'Angleterre, mais ne voulaient point être ses esclaves. Elles entendaient rester unies à la métropole, mais jouir des mêmes droits que les Anglais et ne point être taxées sans leur consentement. L'Angleterre, au contraire, prétendait que les lois faites par le Parlement étaient applicables aux colonies : de là le soulèvement.

II. — LA GUERRE DE L'INDÉPENDANCE.

Soulèvement des États-Unis (1774). — La guerre de Sept Ans avait grevé les finances britanniques d'une lourde dette. Il fallait de l'argent. Un *bill* de 1765 assujettit les colonies à l'impôt du *timbre* et les força à employer pour les actes, pour les contrats, un papier timbré à Londres. Grande fut l'émotion des Américains, qui protestèrent. On retira la loi. En 1767, des besoins pressants amenèrent l'établissement d'autres impôts, sur le *verre*, le *papier*, le *thé*. Nouvelles protestations, résistance de l'assemblée du Massachusetts, agitation à Boston; les défenseurs du droit constitutionnel s'assemblaient sous un grand orme : on le nomma l'*Arbre de la liberté*. Les délégués de quatre-vingt-seize villes s'assemblèrent à **Boston** et décidèrent qu'on ne recevrait plus de marchandises anglaises.

L'Angleterre, voyant diminuer son commerce, supprima les taxes sur le verre et sur le papier, ne maintenant que la taxe sur le thé. Concession inutile. Pour les Américains, il n'y a point là une question d'argent, mais de principe. « De quoi s'agit-il, écrivait Washington, et sur quoi disputons-nous? Est-ce sur le payement d'une taxe de six sols par livre de thé comme trop lourde? Non, c'est le droit seul que nous contestons. » La révolution américaine est sortie du droit : c'est là sa grandeur.

Le refus de recevoir des marchandises anglaises persista. Une cargaison de thé envoyée par la Compagnie des Indes ayant pénétré dans le port de Boston, les habitants la jetèrent à la mer. Le gouverneur frappa la ville d'interdiction (1774). Le pays soutint la résistance de Boston. Un *congrès*, réuni à Philadelphie, formula une Déclaration des droits fondée à la fois sur les lois immuables de la nature, sur les principes de la constitution anglaise et sur les chartes du pays. La guerre commença.

Washington; Déclaration d'indépendance. — Encouragés par un premier succès, près de Boston, à **Lexington** (1775), les Américains formèrent des milices qui, au nombre de trente mille hommes, vinrent assiéger le général Gage dans **Boston**. Mais ces milices ne pouvaient s'appeler une armée. On confia le soin de les organiser et de les commander à **Washington**, qui avait déjà acquis une honorable réputation durant la guerre de Sept Ans, et dont la vertu égalait les talents.

Washington, esprit aussi conciliant que ferme, aimant la liberté autant que l'ordre, connaissant les soldats, qu'il forçait à l'obéissance, ménageant ses concitoyens, qu'il protégeait, sachant persuader autant qu'imposer, avait les talents du général et l'habileté de l'homme d'État. Il triompha de toutes les difficultés, sans cependant réussir toujours à la guerre.

Les Américains essayèrent d'entraîner le Canada dans leur parti : ils échouèrent. Les généraux anglais les repoussèrent du pays. Washington répara ces revers en s'emparant de la ville de *Boston* (mars 1776). La lutte devint très vive. Les colonies anglaises rompirent les derniers liens qui les attachaient à la mère patrie, et un nouveau **Congrès de Philadelphie** proclama l'*indépendance des treize colonies* (4 juillet 1776). La **Déclaration** votée par le Congrès semblait inspirée des maximes philosophiques répandues par les écrivains français, surtout des maximes du *Contrat social* de Jean-Jacques Rousseau. « Nous regardons comme incontestables, disait-elle, les vérités suivantes : que tous les hommes ont été créés égaux et qu'ils ont été doués par le Créateur de certains droits inaliénables; que parmi ces droits sont la vie, la liberté et la recherche du bonheur; que, pour assurer ces droits, les gouvernements ont été établis par les hommes et qu'ils tirent leur juste autorité de ceux qui sont gouvernés ; que, quand un gouvernement ne tend point à ces fins, le peuple est en droit de le changer. » Le 4 octobre, l'*acte d'union* fut signé.

L'Angleterre n'avait point d'armée permanente : elle recruta des Indiens, elle acheta des mercenaires en Allemagne, et indigna ainsi plus profondément les Américains, qui toutefois eurent de la peine à résister aux troupes européennes, disciplinées et aguerries. Washington vit ses milices défaites près de la rivière **Brandywine** (affluent de la Delaware), New-York, Philadelphie occupés par l'ennemi. Il temporisa, harcela les troupes anglaises, raffermit le moral de ses soldats et frappa un coup vigoureux à **German-Town** (Pennsylvanie). Il retenait ainsi le général *Howe* et l'empêchait de joindre une autre armée anglaise qui descendait du Canada, conduite par *Burgoyne*. Burgoyne, enveloppé par les milices de l'Ouest à **Saratoga** (État de New-York), fut obligé de mettre bas les armes (1777).

Intervention de la France (1778). — Cette victoire acheva de décider la France, qui sympathisait avec les Américains, à leur porter secours. *Franklin*, savant illustre et patriote ardent (1706-1790), qui d'ouvrier imprimeur s'était élevé à un haut rang dans les sciences physiques, avait, par sa vertu, mérité d'être investi de la confiance de ses concitoyens. Suivant un vers latin célèbre, « il arracha la foudre au ciel et le sceptre aux tyrans ». Envoyé en France pour demander l'appui de Louis XVI, il fut accueilli avec honneur par les savants, qui admiraient ses travaux sur l'électricité, et par les philosophes, qui saluaient en lui le moraliste. D'ailleurs, en dehors de ses mérites personnels, son titre d'Américain avait déjà gagné sa cause dans l'opinion, vivement émue par les efforts que faisaient les colonies pour secouer le joug anglais. Déjà de jeunes nobles, entre autres le marquis de **la Fayette**, s'étaient embarqués pour aller offrir leur épée à ceux qui combattaient pour une si juste cause. Louis XVI signa enfin un traité avec les États-Unis (février 1778) et reconnut leur indépendance. La guerre s'étendit alors à toutes les mers, et la vieille rivalité de la France et de l'Angleterre recommença.

La marine, que Choiseul avait relevée dans les dernières années du règne de Louis XV, soutint la lutte cette fois avec honneur et succès. Une première bataille navale, livrée en vue d'Ouessant, par le comte d'Orvilliers, à l'amiral anglais Keppel, révéla l'égalité des forces françaises et de celles de l'Angleterre (juillet). La flotte française du comte d'Estaing alla sur les côtes américaines prendre part aux opérations et soutenir Washington, qui délivra Philadelphie. Liée à notre politique par le *Pacte de famille* et par ses intérêts, l'Espagne joignit sa marine à la nôtre (1779). On projeta une descente en Angleterre, qui se fût probablement accomplie sans une tempête. D'Estaing, dans les Antilles, s'empara de la Grenade, et gagna une victoire sur l'amiral anglais Byron. Les Espagnols mirent le siège devant Gibraltar.

L'amiral *Rodney*, retenu à Paris pour ses dettes, se vantait de mettre un terme à nos succès. De grands seigneurs imprudents, répondant à une bravade par une autre, payèrent ses dettes et le laissèrent libre de tenir sa parole. A la tête d'une flotte anglaise, Rodney ravitailla Gibraltar et s'en alla aux Antilles, où le comte de *Guichen* dut livrer trois combats indécis (1780).

Ces combats avaient opéré une diversion favorable aux Anglais, qui de New-York se portèrent dans le sud, occupèrent **Savannah**, **Charles-Town**, dominant les Carolines et la Georgie. Les Américains fléchissaient ; la misère de l'armée, les divisions intestines, conséquences ordinaires des revers, semblaient compromettre la cause de l'indépendance. Aussi un corps d'armée français, conduit par **Rochambeau**, fut-il accueilli avec transports.

La neutralité armée (1780). — En même temps la guerre maritime prenait un plus grand développement. Lasses de la tyrannie de la Grande-Bretagne sur les mers, indignées des mesures qu'elle prenait pour empêcher la France et l'Espagne de recevoir des munitions navales, les puissances européennes se liguèrent pour défendre les droits des neutres. L'impératrice de Russie, Catherine II, proposa un plan de **neutralité armée** (1780) pour soutenir les droits qu'avaient les puissances non belligérantes de faire librement leur commerce. Leur pavillon couvrait leur marchandise. Elles avaient droit de tout vendre, sauf la contrebande de guerre, poudre, boulets, canons. C'était le principe de la *liberté des mers*, principe pour lequel combattaient la France et l'Espagne, tout en défendant l'Amérique. La Suède, le Danemark, la Prusse, l'Autriche, le Portugal, les Deux-Siciles, la Hollande, accédèrent à la neutralité armée. Furieuse, l'Angleterre se précipita sur la marine hollandaise, qui se trouvait le plus à sa portée.

La guerre embrassa le monde entier. Elle se fit dans la Méditerranée, dans l'Océan, en Amérique, dans l'océan Pacifique, dans les mers de l'Inde, en Océanie. L'amiral Rodney se jeta sur celles des Antilles qui appartenaient aux Hollandais, s'empara des îles de *Saint-Eustache*, *Saint-Martin* et fit des prises qui s'élevèrent à plus de soixante-quinze millions. Heureusement nos flottes en ressaisirent une partie. Le brave *Lamotte-Piquet* se distingua surtout en enlevant ces dépouilles, en vue même des côtes d'Angleterre.

Capitulation des Anglais à York-Town (1781). — Une flotte française, commandée par le *comte de Grasse*, alla arrêter aux Antilles la fortune des Anglais, s'empara de Tabago et aida les opérations militaires qui avaient pour but d'expulser les Anglais des Carolines. Washington, appuyé par Rochambeau et La Fayette, reprenait l'avantage. Le général *Cornwallis*, bloqué dans la péninsule de **York-Town**, serré de près sur terre, ne pouvant recevoir d'approvisionnements par mer, se vit réduit à capituler avec sept mille hommes et plusieurs vaisseaux (11 octobre 1781). C'était un succès décisif. Les Anglais se maintenaient avec peine à Savannah, à New-York. Ils perdaient l'île de Saint-Eustache et, en Europe, l'île Minorque. Gibraltar était toujours assiégé. L'Angleterre avait aussi à lutter contre l'Irlande et se voyait obligée de reconnaître l'indépendance du parlement irlandais.

Aux Indes, le souverain du Mysore, *Hayder-Ali*, menaçait les possessions anglaises, et le bailli *de Suffren* gagnait (février-septembre 1782) quatre victoires navales sur les flottes britanniques. qui avaient perdu leur renom d'invincibles.

Traité de Versailles (1783). — En France cependant on s'émut de la bataille des **Saintes**, que le comte de Grasse, attaqué par des forces supérieures, perdit contre l'amiral Rodney (1782). On était mécontent aussi de l'échec essuyé par les troupes franco-espagnoles, qui avaient assiégé vainement le rocher de Gibraltar. Cette forteresse restait à l'Angleterre. Des deux côtés on était las de la guerre, qui, à cette époque de piraterie, désolait le commerce. L'indépendance des États-Unis était assurée. L'Angleterre la reconnut au traité de **Versailles** (1783), traité glorieux pour la France s'il en fut.

La France recouvrait ses possessions aux Indes, et, si la guerre eût continué, elle eût peut-être obtenu davantage. Aux Antilles, *Tabago, Sainte-Lucie* lui furent rendues avec les îlots de *Saint-Pierre* et de *Miquelon* et le droit de pêche à Terre-Neuve; elle reprit aussi *Gorée* et le *Sénégal* en Afrique.

L'Espagne recouvra l'île *Minorque*. La France avait réparé ses pertes de la guerre de Sept Ans, sauf celle du Canada. Elle avait montré que, si elle voulait, elle pouvait, libre du côté de la terre, soutenir avec avantage une lutte maritime.

L'Angleterre se consola en pensant qu'elle était toujours la seule nation qui profiterait du commerce américain. Sans doute, mais aussi il devait venir un jour où d'autres peuples lui disputeraient ce commerce, et de plus il s'élevait en Amérique une puissance maritime désormais sa rivale, qu'elle redoute aujourd'hui et avec laquelle elle a rarement vécu en bonne intelligence.

III. — La Constitution des États-Unis.

Indépendance des États-Unis; Constitution fédérale (1787). — Ayant triomphé avec l'appui de la France, n'ayant reculé devant aucun sacrifice pour conquérir leur liberté, les colons anglais considérèrent cette liberté comme leur bien le plus précieux et se montrèrent assez sages pour ne pas la perdre même au milieu de leurs dissensions intérieures. Washington, après la guerre, loin d'abuser de ses services pour usurper une autorité qu'on lui conseillait de prendre, s'inspira des vertus républicaines de l'ancienne Rome et montra un désintéressement qui révèle l'élévation de son caractère. Il employa son influence à ramener la concorde entre les États, qui, à peine unis pour la défense, tendaient à se séparer après la victoire. Il pressa vivement dans le Congrès l'élaboration de l'œuvre constitutionnelle nécessaire pour régler les conditions sous lesquelles les anciennes colonies devaient rester associées. Une Convention qui s'ouvrit à Philadelphie le 21 février 1787 donna à la Constitution fédérale sa forme définitive, et le temps en a prouvé l'excellence.

Confédération d'États indépendants liés par le besoin de la défense commune et de la commune prospérité, les États-Unis ne se laissèrent point entraîner par les théories de centralisation, et toutefois n'affaiblirent pas outre mesure le pacte qui rattachait les colonies les unes aux autres. Liberté de l'individu au sein de l'État, liberté des États au sein de l'Union, mais force sérieuse donnée au pouvoir général de l'Union, tels furent les principes sur lesquels s'appuya la Constitution de 1787. Ce n'était pas une simple agrégation d'États, mais un grand État qui venait de se former, un grand peuple qui venait de naître.

Le pouvoir législatif appartenait à deux Chambres : une *Chambre des représentants*, élue par le suffrage universel et direct pour deux ans; un *Sénat*, élu par les Chambres des divers États. Les deux Chambres formaient le *Congrès*, qui seul avait l'initiative des lois, votait les taxes et les impôts, contractait les emprunts, autorisait les traités de commerce et les grands travaux publics, enfin avait seul le droit de lever des troupes. Le Sénat avait le droit d'amendement aux bills de la Chambre des représentants et intervenait dans la plupart des actes du président.

Celui-ci, chef du pouvoir exécutif, nommé pour quatre années, par un système d'élection à deux degrés, n'avait pas d'initiative, et ses ministres ne siégeaient pas au Congrès. Il commandait en chef l'armée et la marine de l'Union, mais ne pouvait nommer les ambassadeurs, les ministres, les conseils, les juges de la Cour suprême qu'avec l'agrément du Sénat. Il ne pouvait se trouver en antagonisme avec le Congrès, car il lui était réellement subordonné, et, s'il pouvait faire recommencer la discussion sur une loi, il n'avait point de *veto* absolu.

Chaque État conserva son congrès, sa législation, sa loi d'élection, son gouverneur, ses tribunaux indépendants, son budget. De même que l'Union ne gênait en rien la liberté des États, de même les États ne gênèrent point la liberté des citoyens. Ceux-ci, pour tout ce qui regarde leurs intérêts matériels et moraux, ne demandaient rien à l'État, qui laissait les villes et les communes gérer leurs finances en toute liberté.

Les treize États primitifs. — Neuf États seulement adhérèrent d'abord à cette constitution (Delaware, Pensylvanie, New-Jersey, Géorgie, Connecticut, Massachusetts, Maryland, Caroline du Sud, New-Hampshire). La Virginie, New-York l'acceptèrent ensuite, et bientôt l'adhésion de la Caroline du Nord (1789) et du Rhode-Island (1790) porta à *treize* le nombre des États fédérés.

Les deux présidences de Washington (1789-1797). — Une acclamation unanime, lorsqu'il s'agit de nommer le premier président de la République américaine, désigna Washington, qui dut quitter sa retraite de Mount-Vernon (1789). Il eut à mettre en œuvre la nouvelle Constitution, à faire fonctionner ses rouages, simples sans doute, mais qui ne pouvaient du premier coup rencontrer l'harmonie. Au bout de quatre ans il voulut se retirer, mais, réélu président, il dut faire encore abnégation de ses goûts personnels et eut cette fois à réprimer des troubles intérieurs qui démontraient combien il était difficile de concilier les intérêts souvent opposés des États.

Inaccessible aux entraînements et insensible aux injures, Washington rétablit la paix intérieure, maintint la paix extérieure, et les huit années de sa présidence exercèrent une heureuse influence sur le sort de l'Union qu'il avait fondée et protégée. Aussi, lorsqu'il mourut, le 14 décembre 1799, à Mount-Vernon, le Congrès décréta qu'un marbre serait érigé à sa mémoire, et que les citoyens garderaient le deuil pendant un mois. Même l'Angleterre lui rendit les honneurs funèbres.

XXIV. — L'Europe en 1789.

Vue générale sur l'Europe en 1789. — Conclusion du Cours.

Angleterre. — L'Europe de 1789 ne ressemblait plus à celle du XVIII⁰ siècle. Des puissances nouvelles s'étaient élevées; d'autres avaient décliné.

L'Angleterre tenait le premier rang. Les deux royaumes d'Écosse et d'Angleterre avaient en 1707 consommé leur réunion politique; il n'y avait plus dans la *Grande-Bretagne* qu'un seul parlement. L'*Irlande* restait toujours une annexe qu'on traitait en pays conquis. Outre leurs possessions aux **Indes**, où ils n'avaient plus d'adversaires sérieux que les Mahrattes et Tippou-Saïb, roi de Mysore, les Anglais gardaient en Amérique la *Nouvelle-Bretagne, Terre-Neuve,* les *Bermudes,* les *Lucayes,* plusieurs des Petites Antilles, la *Jamaïque,* et sur la côte d'Afrique les comptoirs de la Gambie, la Côte de l'Or, *Sainte-Hélène,* l'*Ascension.* La puissance anglaise campait sur le sol allemand depuis l'adjonction du *Hanovre,* et sur le territoire espagnol depuis la prise de *Gibraltar.* Elle venait de fonder *Sydney* (1788), dans la *Nouvelle-Hollande* (l'Australie).

Espagne. — L'Espagne avait cherché à se relever du désastreux traité d'Utrecht, mais elle n'avait pu recouvrer ses anciennes annexes et s'était estimée heureuse de voir passer au moins Naples et Parme à des princes de la famille de Bourbon. Elle gardait les îles *Baléares* et, en Afrique, *Ceuta, Oran,* les *Canaries, Fernando-Po* et *Annobon;* aux Indes et dans l'Océanie, les *Philippines,* les *Mariannes;* en Amérique, *Buenos-Ayres,* le *Chili,* le *Pérou,* la *Nouvelle-Grenade, Caracas, Guatemala,* le *Mexique*, la *Louisiane*, qu'elle abandonna en 1792, la *Floride*, *Cuba*, *Porto-Rico* et la *partie orientale de Saint-Domingue*.

Le *Portugal* maintenait son indépendance et ses limites. De son magnifique empire colonial il ne conservait que *Goa* et *Diu* aux Indes, *Macao* en Chine, et une partie de *Timor* dans l'Océanie; tout autour de l'Afrique, le *Mozambique*, l'*Angola*, le *Congo*, les îles *Saint-Thomas*, du *Prince*, *Cap-Vert*, *Madère*, les *Açores*; enfin, en Amérique, le *Brésil*.

Italie. — L'Italie n'avait ni pu ni cherché à reconstituer son unité. Le royaume de **Sardaigne** s'étendait du lac de Genève et du Rhône au Tessin et au lac Majeur; il comprenait en outre l'île de Sardaigne. A l'est des États Sardes, les duchés de **Milan** et de **Mantoue**, avec la principauté de *Castiglione*, appartenaient à l'*Autriche*. Plus loin, à l'est de l'Adda, était la république de **Venise**, avec une partie de la Dalmatie et les îles Ioniennes. Un Bourbon régnait à **Parme**, à *Plaisance* et à *Guastalla*; un autre à **Naples**. *Modène* avait son duc, *Monaco* son prince. *Lucques* et *Gênes* étaient libres. Au centre de la péninsule, la **Toscane** appartenait à la maison de *Lorraine-Autriche* depuis 1737, et les **États de l'Église** s'étendaient entre les deux mers du Pô au Garigliano, enveloppant la petite république de *Saint-Marin*. Le pape possédait en France le comtat *Venaissin* avec Avignon, et dans le royaume de Naples le duché de *Bénévent*. Un faible lien de dépendance rattachait au royaume des *Deux-Siciles* l'île de *Malte*, occupée par l'ordre religieux de Saint-Jean, qui avait perdu, lui aussi, sa discipline et son esprit militaire.

Allemagne. — Le *saint-empire romain*, qui, suivant le mot de Voltaire, n'était ni saint ni romain, n'existait plus que de nom, l'autorité impériale étant à peu près nulle. Le titre d'empereur d'Allemagne semblait fixé dans la maison d'Autriche.

L'*Autriche*, elle, s'était agrandie aux dépens de l'Espagne en Italie (*Milanais* et *Mantouan*) et dans les Pays-Bas (*Belgique*). Elle avait compensé par le démembrement de la Pologne (*Galicie* et *Lodomérie*) la perte de la Silésie, que la Prusse lui avait enlevée.

Prusse. — La *Prusse* s'était accrue, au XVIIIe siècle, de la haute *Gueldre* (1713), de l'*Ostfrise* (1744), de la haute et basse *Silésie* avec la principauté de *Glatz* (1745), de *Stettin* et de la *Poméranie* jusqu'à la Peene, enlevées à la Suède (1772); de la *Prusse royale* ou polonaise, prise à la Pologne (1773). Elle s'étendait donc en 1789, sauf quelques interruptions, depuis la Meuse jusqu'au delà de la Vistule.

Hollande. — Les *Sept Provinces unies*, qui avaient rétabli le stathoudérat en 1747, après Fontenoy, venaient d'essayer de le détruire. Une ligue de la Prusse et de l'Angleterre l'avait maintenu. Leur commerce était toujours florissant, grâce à leurs nombreuses colonies (la *Guyane*, les îles de *Curaçao* et de *Saint-Eustache* en Amérique ; des comptoirs à la *Côte de l'Or* et le cap de *Bonne-Espérance* en Afrique ; *Cochin* sur la côte de Malabar, *Ceylan*, *Malacca*, les îles de la Sonde : *Sumatra*, *Java*, *Bornéo*, *Célèbes*, *Timor*, les *Moluques*, et un comptoir à *Nagasaki* au Japon). Le traité de Versailles (1783) leur avait enlevé Négapatam, cédé aux Anglais.

Russie. — La *Russie* prenait des proportions gigantesques. Par le traité de Nystadt (1721) elle avait reçu de la Suède la *Livonie*, l'*Esthonie*, la *Carélie*, et s'était ouvert la Baltique ; par le traité d'Abo (1743) elle acquit la moitié de la *Finlande*. Au nord-ouest elle touchait à la Laponie danoise et enveloppait de ce côté les possessions de la Suède. En 1772 elle pousse ses envahissements en Pologne jusqu'à la Dvina et au Dniéper, qu'elle dépasse même sur plusieurs points. En 1774, par le traité de Kaïnardji, elle obtient les deux *Kabardies* (Caucase) que le Térek arrose, et elle s'ouvre la mer Noire par l'acquisition d'*Azof*, de *Kertch*, de *Iénikalé* dans la Crimée, et par celle du pays entre le Boug et le Dniéper. En 1784 elle asservit les Tartares de la *Crimée* et du *Kouban*. En 1792 elle arriva jusqu'au Dniester. Au sud du Caucase, la *Géorgie* s'est placée sous sa protection (1783), et au delà de l'Oural s'étend la Sibérie, avec les îles *Kouriles* au nord du Japon, et les îles *Aléoutiennes* qui rattachent la Sibérie à l'Amérique russe.

Turquie. — La *Turquie*, entamée par l'Autriche, reculait devant la Russie. Mais elle dominait encore en Europe toute la péninsule des Balkans, et allait jusqu'au *Dniester*. Elle possédait toute l'Asie occidentale jusqu'au golfe Persique, et, en Afrique, l'*Égypte*, *Tripoli*, *Tunis* et *Alger*.

Pologne. — La *Pologne* a été réduite par la Prusse, qui s'avance jusque sous les murs de Danzig et de Thorn ; par l'Autriche, qui lui a pris la Galicie jusqu'à la haute Vistule ; par la Russie, établie sur la Dvina et le Dniéper ; elle est sur le point d'être anéantie. Un premier partage invite au second. Il aura lieu en 1793, et, après un troisième en 1795, la Pologne sera effacée de la liste des nations.

États Scandinaves. — La *Suède* possédait la péninsule Scandinave, moins la Norvège et la Laponie danoise, et s'étendait encore en Finlande : elle tenait les îles d'*Aland*. Elle occupait les îles de *Gotland* et d'*Œland* et, en Allemagne, *l'île de Rügen* avec la *Poméranie citérieure* depuis Stralsund jusqu'à la Peene, *Wismar*, plusieurs cantons du *Mecklembourg*.

Le *Danemark* possédait, outre le Jutland, le *Slesvig* et une partie du *Holstein*, les îles de *Fionie*, *Seeland*, *Langeland*, *Laaland*, *Falster*, *Mœn* et *Bornholm*, la *Norvège*, la *Laponie* septentrionale, les îles *Féroé*, l'*Islande*, le *Grœnland*, et avait acquis les comptoirs de *Tranquebar* dans l'Inde, et de *Christianborg* à la Côte de l'Or en Afrique, et, dans les Antilles, les îles de *Saint-Thomas*, *Saint-Jean*, *Sainte-Croix*.

Tel était l'état géographique de l'Europe au moment où la Révolution française allait bouleverser les États et les alliances. Nous avons vu son état moral. Les princes les plus réformateurs allaient tous se liguer contre la France, dont les idées, en se répandant, tendaient à amener la formation d'une nouvelle société et menaçaient les principes monarchiques.

DATES.	FAITS.
1610	Mort de Henri IV.
1618	Défenestration de Prague en Allemagne. La guerre de *Trente Ans*.
1619-1625	Période *palatine*.
1625-1629	Période *danoise*.
1629-1635	Période *suédoise*.
1631	Victoire de Gustave-Adolphe à *Leipzig*.
1632	Victoire et mort de Gustave-Adolphe à *Lutzen*.
1628	Richelieu soumet les protestants de France ; prise de *la Rochelle*.
1632	Supplice de Henri de Montmorency.
1635	Défaite des Suédois à *Nordlingen*. L'Académie française.
1635-1648	Période *française* de la guerre de Trente Ans.
1638	Réunion de l'Alsace
1640	Réunion de l'Artois. Le *Long Parlement* en Angleterre.
1642	Réunion du Roussillon. La guerre civile en Angleterre.
1643	Minorité de Louis XIV. Victoire d'Enghien à *Rocroy*.
1644	Victoire de *Fribourg*.
1645	Victoire de *Nordlingen*.
1648	Victoire de *Lens*. Traités de *Westphalie*. La Fronde.
1649	Mort de Charles Iᵉʳ en Angleterre. Olivier Cromwell.
1652	L'acte de *Navigation* en Angleterre.
1658	Bataille des *Dunes* en France. Mort de Cromwell en Angleterre.
1659	Paix des *Pyrénées*.
1660	Restauration des *Stuarts* en Angleterre.
1661	Gouvernement personnel de *Louis XIV* en France.
1667	Guerre de *dévolution*.
1668	Traité d'*Aix-la-Chapelle*.
1672	Invasion de la *Hollande* par Louis XIV.
1674	Bataille de *Senef*.
1675	Mort de Turenne.
1676	Victoires navales de Duquesne.
1678	Traités de *Nimègue*.
1681	Réunion de *Strasbourg*.
1685	Révocation de l'*édit de Nantes*.
1686	Ligue d'Augsbourg.
1688	Révolution en Angleterre. *Guillaume III*.
1688	Guerre de la ligue d'Augsbourg.
1689	Avènement de *Pierre le Grand* en Russie.
1690	Victoire de *Fleurus*.
1692	Désastre de la *Hougue* ; bataille de *Steinkerque*.

DATES.	FAITS.
1693	Bataille de *Nerwinden*.
1697	Paix de *Ryswick*.
1700	Victoire de *Charles XII* de Suède sur les Russes à *Narwa*.
1701	Succession d'Espagne. Le duc d'Anjou roi d'Espagne.
1701	Guerre de la succession d'Espagne.
1703	Victoire des Français à *Hochstett*.
1704	Défaite des Français à *Hochstett*.
1706	Batailles de *Turin* et de *Ramillies*.
1708	Bataille d'*Oudenarde*.
1709	Invasion de la Russie par Charles XII ; bataille de Pultawa.
1712	Bataille de *Denain*.
1713	Les traités d'*Utrecht*.
1715	Mort de Louis XIV.
1718	Mort de Charles XII.
1720	Catastrophe produite par le système de *Law*
1725	Mort de Pierre le Grand.
1726	Ministère de *Fleury* (1726–1743).
1733	Guerre la succession de Pologne.
1738	Paix de *Vienne*.
1740	*Frédéric II* roi de Prusse.
1740	Guerre de la succession d'Autriche.
	Frédéric II en Prusse ; conquête de la Silésie.
1745	Victoire des Français à *Fontenoy*.
1748	Paix d'*Aix-la-Chapelle*.
1754	Rappel de *Dupleix*, qui fondait un empire français dans l'Inde.
1756	Guerre de Sept Ans.
1757	Batailles de *Rosbach* et de *Lissa* (Frédéric II).
1758	Bataille de *Crevelt* ; bataille de *Québec* au Canada ; ministère de *Choiseul*.
1759	Bataille de *Minden*.
1761	Pacte de famille ; perte de Pondichéry par les Français.
1762	*Catherine II* en Russie.
1763	Traités de *Paris* et de *Hubertsbourg*.
1765	Bannissement des Jésuites en France.
1766	Réunion de la *Lorraine*.
1768	Réunion de la *Corse*.
1770	Disgrâce de Choiseul.
1772	Premier partage de la *Pologne*. Le second aura lieu en 1793. Le troisième en 1795.
1774	Traité de *Kaïnardji* entre les Russes et les Turcs.
	Avènement de Louis XVI : ministère de *Turgot*.
1776	Soulèvement des Etats-Unis.
1776	Guerre de l'Indépendance américaine.
1780	Neutralité armée.
1781	Capitulation de *York-Town*.
1783	Paix de *Versailles*.
1789	Convocation des *Etats généraux* en France. Commencement de la Révolution française.

LISTE CHRONOLOGIQUE DES SOUVERAINS
DES PRINCIPAUX PAYS DE L'EUROPE DURANT L'ÉPOQUE MODERNE DEPUIS 1610.

ANGLETERRE.
Stuarts.

Jacques Ier.	1603-1625
Charles Ier.	1625-1649
République. Cromwell.	
Charles II	1660-1685
Jacques II	1685-1688
Guillaume III d'Orange.	1688-1702
Anne Stuart.	1702-1714

Maison de Hanovre.

George Ier	1714-1727
George II.	1727-1760
George III	1760-1820

ESPAGNE.

Philippe III	1598-1621
Philippe IV	1621-1665
Charles II	1665-1700

Maison de Bourbon.

Philippe V	1700-1745
Ferdinand VI.	1745-1759
Charles III.	1759-1788
Charles IV.	1788-1808

AUTRICHE ET ALLEMAGNE.

Rodolphe II	1576-1612
Mathias	1612-1619
Ferdinand II.	1619-1637
Ferdinand III	1637-1658
Léopold Ier.	1658-1705
Joseph Ier	1705-1711
Charles VI.	1711-1740
Charles VII	1740-1745
François Ier de Lorraine, époux de Marie-Thérèse	1745-1765
Joseph II.	1765-1790
Léopold II.	1790-1792

FRANCE.
Bourbons.

Henri IV.	1589-1610
Louis XIII.	1610-1643
Louis XIV.	1643-1715
Louis XV.	1715-1774
Louis XVI.	1774-1792

ITALIE.
Rome, Papes.

Grégoire XV	1621-1623
Urbain VIII	1623-1644
Innocent X.	1644-1655
Alexandre VII.	1655-1667
Clément IX.	1667-1670
Clément X.	1670-1676
Innocent XI	1676-1689
Alexandre VIII	1689-1691
Innocent XII.	1691-1700
Clément XI	1700-1721
Innocent XIII	1721-1724
Benoît XIII	1724-1730
Clément XII.	1730-1740
Benoît XIV	1740-1758
Clément XIII.	1758-1769
Clément XIV	1769-1775
Pie VI.	1775-1800

ITALIE. — NAPLES.

Les rois d'Espagne règnent à Naples depuis 1504, les princes bourbons depuis 1601 à 1713.

Après une interruption, les princes bourbons règnent de nouveau à Naples :

Don Carlos.	1735-1759
Ferdinand IV	1759-1798

PRUSSE.

Frédéric Ier . . . , ...	1701-1713
Frédéric-Guillaume Ier. .	1713-1740
Frédéric II.	1740-1786
Frédéric-Guillaume II . .	1786-1797

RUSSIE.
Maison de Romanof.

Michel III	1613-1645
Alexis	1645-1676
Fédor III.	1676-1682
Sophie et Ivan V	1682-1689
Pierre Ier.	1689-1725
Catherine Ire.	1725-1727
Pierre II	1727-1730
Anne de Courlande . . .	1730-1740

Ivan VI	1740-1741	Adolphe-Frédéric	1751-1771
Élisabeth	1741-1762	Gustave III	1771-1791
Pierre III	1762		
Catherine II	1762-1796		

SUÈDE.

POLOGNE.

		Sigismond III (de Suède)	1587-1632
		Ladislas VII	1632-1648
Charles IX	1604-1611	Jean Casimir	1648-1668
Gustave II Adolphe	1611-1632	Michel (Polonais)	1668-1674
Christine	1632-1654	Jean Sobieski	1674-1697
Charles X	1654-1660	Auguste II (de Saxe)	1697-1704
Charles XI	1660-1697	Stanislas Leczinski	1704-1709
Charles XII	1697-1718	Auguste II	1709-1733
Ulrique-Eléonore	1718-1720	Auguste III	1733-1763
Frédéric Ier	1720-1751	Stanislas Poniatowski	1764-1795

40965. — PARIS, IMPRIMERIE LAHURE

9, rue de Fleurus, 9

Librairie HACHETTE et Cie, à Paris

MÉMENTO DU BACCALAURÉAT
DE L'ENSEIGNEMENT SECONDAIRE
CLASSIQUE ET MODERNE
ÉDITION ENTIÈREMENT REFONDUE
et rédigée conformément aux programmes officiels
9 VOLUMES FORMAT PETIT IN-16, CARTONNÉS

PREMIÈRE PARTIE

Littérature, comprenant : Conseils sur les épreuves écrites ; Notices sur les auteurs et les ouvrages grecs, latins, français, allemands et anglais, indiqués pour l'explication orale : Notions de Rhétorique et de Littérature classique, par M. Albert Le Roy. Nouvelle édition entièrement refondue. 1 vol.. . . . . 5 fr.

Histoire : Histoire de l'Europe et de la France de 1610 à 1789, par M. G. Ducoudray. 1 vol. . . . . 2 fr.

Géographie : Géographie de la France et de ses colonies, par MM. Schrader et Gallouédec, professeur agrégé au lycée d'Orléans. 1 vol. . . . . 2 fr.

Partie scientifique, comprenant des notions d'Arithmétique (Troisième et Rhétorique), d'Algèbre (Troisième, Seconde et Rhétorique), de Géométrie (Quatrième, Troisième, Seconde et Rhétorique) et de Cosmographie (Rhétorique), par MM. Bos et Barré, astronome adjoint à l'Observatoire de Paris. 1 vol. . . . . 2 fr.

SECONDE PARTIE. — PREMIÈRE SÉRIE

Philosophie. Histoire contemporaine, comprenant : Conseils sur la composition de Philosophie. Histoire de la Philosophie, Notice sur les Auteurs philosophiques, Histoire contemporaine (1789-1889), par MM. R. Thamin et G. Ducoudray. 1 vol. . . . . 3 fr. 50

Éléments de Physique et de Chimie, nouvelle édition avec la notation atomique, par M. Banet-Rivet, professeur au lycée Michelet. 1 vol. . . . . 2 fr.

DEUXIÈME SÉRIE

Mathématiques, comprenant : l'Arithmétique, l'Algèbre, la Géométrie, la Géométrie descriptive, la Trigonométrie, la Mécanique et la Cosmographie, par MM. Bos, Bezodis, Pichot et Mascart, agrégés de l'Université. 1 vol. . . . . 5 fr.

Physique et Chimie, nouvelle édition avec la notation atomique, par M. Banet-Rivet. 1 vol. 3 fr. 50

Éléments de Philosophie scientifique et morale. Histoire contemporaine, par MM. R. Worms et G. Ducoudray. 1 vol. 2 fr.

40965. — Imprimerie LAHURE, rue de Fleurus, 9, Paris. — 10-89.